DOUGLAS TUFANO

GRAMÁTICA FUNDAMENTAL 8

SANTILLANA EDUCAÇÃO

SANTILLANA EDUCAÇÃO

PRODUTO
Direção Global de Produto e Pesquisa: Ernesto Alonso Núñez
Gerência: Anna Katarina Vasconcellos, Rodrigo Pucci
Coordenação: Gabriela Trevisan

CONTEÚDO
Gerência: Ana Paula Castellani
Design Educacional: Luciana Saito (*coordenação*), Edinaldo Andrade
Edição Executiva: Naira Gomes
Edição de Conteúdo: Grazielle Gomes da Veiga, Luisa Soler, Marília Gabriela Pagliaro, Letícia Figueiredo, Solange Scattolini

AVALIAÇÃO
Gerência: Cybele de Faria e Soares
Equipe: Adriano Santos Silva Jr., Alexandra Waltrick Russi, Carla Yamamoto Pimentel, José Augusto de Araújo Gonçalves, Laís Rocha da Silva

PRODUÇÃO, DESIGN E MULTIMÍDIA
Gerência: Carolina de Oliveira
Produção: Caroline Almeida (*coordenação*), Ed Goularth (*edição de arte*) Casa de ideias (*diagramação*)
Design: Otávio do Santos, Tiago Gomes (*coordenação*), Amanda Miyuki, Daniel Messias (*design*), Giselle Hirata, Priscilla Boffo (*infografia*)
Multimídias e Projetos Digitais: Deborah Visnadi (*coordenação*), Janaína Chervezan (*conteúdo*), Frodo Almeida, Rodrigo Andrade (*design*), Natália Lamucio (*produção*)
Iconografia: Luciano Baneza (*coordenação*), Carol Böck, Márcia Mendonça, Vanessa Manna (*iconografia*), Joel Aparecido (*tratamento de imagens*)

REVISÃO
Coordenação: Rafael Gustavo Spigel
Equipe: Vânia Bruno, André Annes Araujo, Carolina Vicente, Caroline Seco, Daniel Maduar, Geórgia Bedrosian, Luciene Lima, Marcela Batista, Mônica Surrage, Nicolly Amélia Lino do Vale, Patrícia Sbrissa, Renata Brabo, Silvia Almeida, Tatiana Tanaka

PLANEJAMENTO E PROCESSOS
Gerência: Letícia Scarp
Planejamento e Apoio: Rafael Galvão (*coordenação*), Vanessa Sterk (*acessibilidade*), Maryan de Fátima (*CID*), Rachel Corradini (*fluxo*)
Pagamento: Amanda Leite (*coordenação*), Aline de Lima, Vanessa de Brito

PLATAFORMAS
Coordenação: Luiz Duque
Equipe: Cesar Coll, Rodrigo Cassaro, Wiverson Seiti

BUREAU
Coordenação: Everton L. de Oliveira
Equipe: Ricardo Rodrigues, Vitória Sousa

PRODUÇÃO INDUSTRIAL
Gerência: Wendell Monteiro
Coordenação: Gisely Iácono
Equipe: Fernanda Dias Marta Souza, Renee Figueiredo Jorge, Silas Oliveira, Vanessa Siegl (*produção*), Cristiane de Araújo, Eduardo de Souza Fernandes, Tatiane Baptista Dias (*PCP*)

Capa: Amanda Miyuki, Daniel Messias, Ed Goularth
Ilustração de capa: Léo Natsume
Ilustrações: Biry Sarkis, Elder Galvão, Fábio Eugênio, Filipe Rocha, João Arenhart, Larissa Santos, Leandro Lassmar, Léo Natsume, Léo Teixeira, Marília Goldschmidt, Mila Hortêncio, Samuel QR, Kisu Hashi, Yasmin Ayumi

IMPRESSÃO E ACABAMENTO
A.S. Pereira Gráfica e Editora EIRELI
LOTE: 797693 - Código: 120009581

Dados Internacionais de Catalogação na Publicação (CIP)
(Câmara Brasileira do Livro, SP, Brasil)

Tufano, Douglas
Gramática fundamental : 8º ano / Douglas Tufano. -- 4. ed. -- São Paulo : Santillana Educação, 2024.

1. Língua portuguesa - Gramática (Ensino fundamental) I. Título.

24-208702 CDD-372.61

Índices para catálogo sistemático:

1. Língua portuguesa : Gramática : Ensino fundamental 372.61

Cibele Maria Dias - Bibliotecária - CRB-8/9427

ISBN 978-85-527-3121-4

SANTILLANA EDUCAÇÃO
Rua Padre Adelino, 758 – Belenzinho
São Paulo – SP – Brasil – CEP 03303-904
2024

1 3 5 7 9 10 8 6 4 2

Para você, jovem estudante

Esta coleção foi feita para ajudá-lo a desenvolver ainda mais seus conhecimentos da língua portuguesa. Além do conteúdo gramatical, você encontrará atividades variadas que vão enriquecer seu vocabulário, proporcionar o treino de ortografia e ampliar sua capacidade de ler e interpretar textos. Haverá também muitas oportunidades para debater diversos temas em sala de aula, melhorando assim sua expressão oral.

Saber ler e escrever bem pode fazer uma grande diferença na sua vida. Compreender bem um texto, conseguir se expressar com clareza e precisão ou fazer um bom resumo são habilidades que vão fazer de você uma pessoa mais preparada não só para exercer uma profissão, mas também para exercer sua cidadania, reivindicar seus direitos e se posicionar diante dos fatos.

Espero que goste desta obra, que foi carinhosamente preparada para você.

Um abraço do

Douglas Tufano

Veja como é o seu livro...

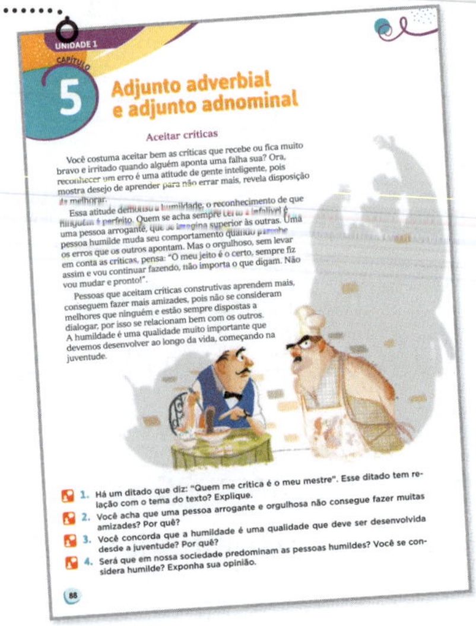

Na **abertura** de cada capítulo, você vai trabalhar a expressão oral com textos e questões que tratam de importantes aspectos sociais ou culturais.

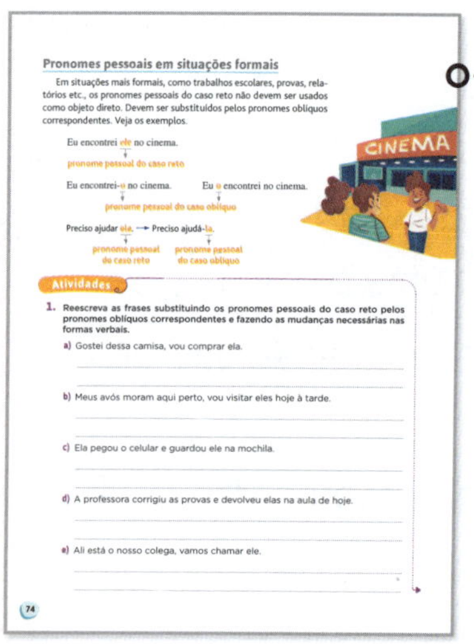

Em cada **capítulo**, conteúdos de **gramática** feitos para você aprender com facilidade.

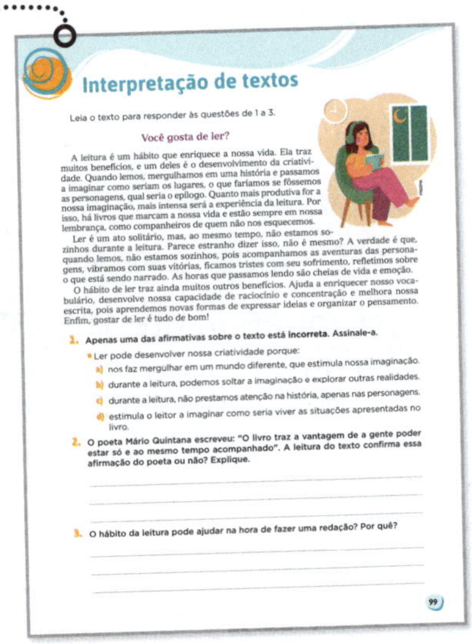

Com atividades de leitura de textos visuais e verbais, você **ampliará sua habilidade de interpretação de textos.**

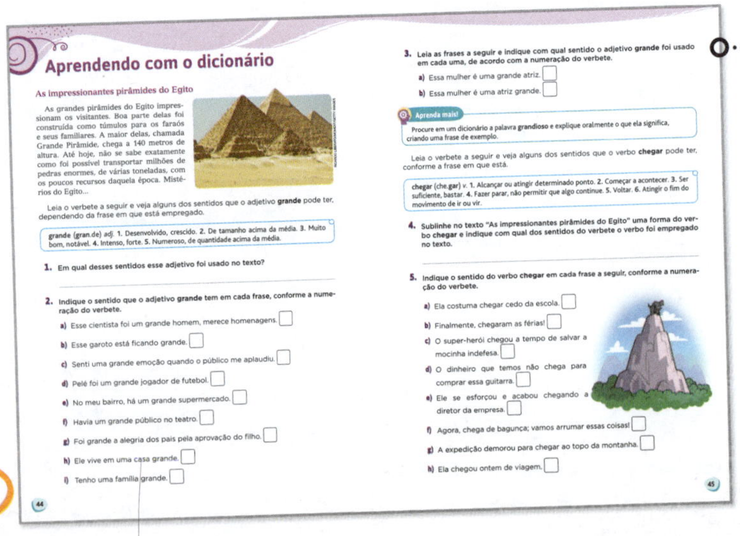

Atividades que vão ensiná-lo a **usar o dicionário** para identificar os vários sentidos das palavras em um texto.

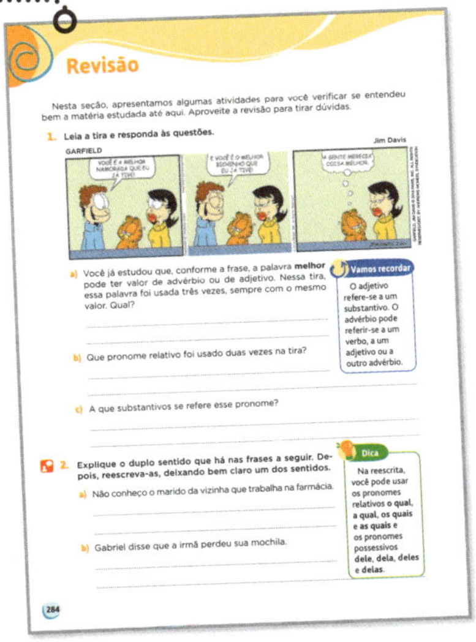

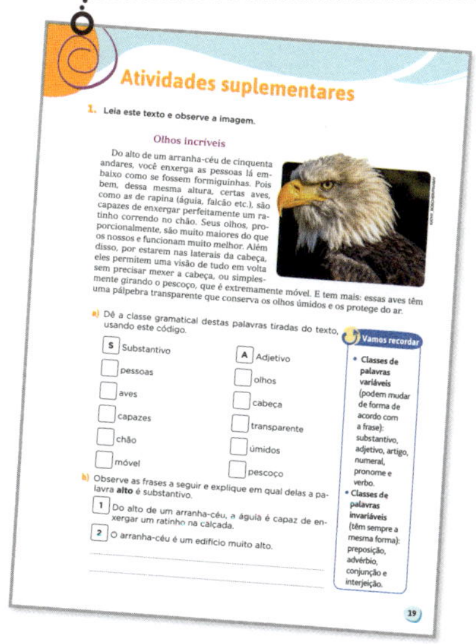

Em **Atividades suplementares**, você relembra conteúdos estudados em capítulos e anos anteriores.

Na **Revisão**, você retoma os conteúdos estudados na unidade.

Quadro com regras de acentuação, modelos de conjugação verbal e conjugação de alguns verbos irregulares para você consultar quando quiser.

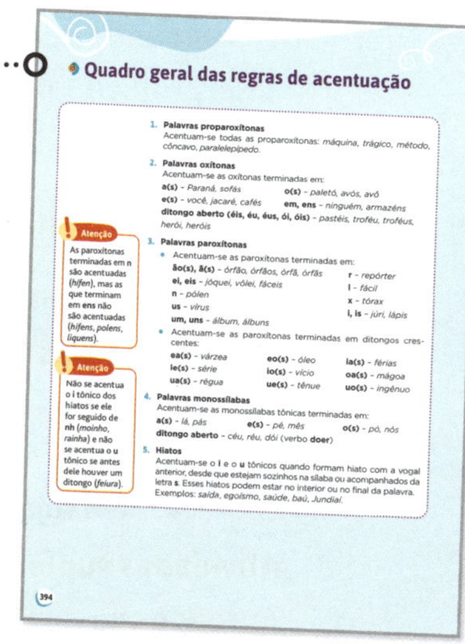

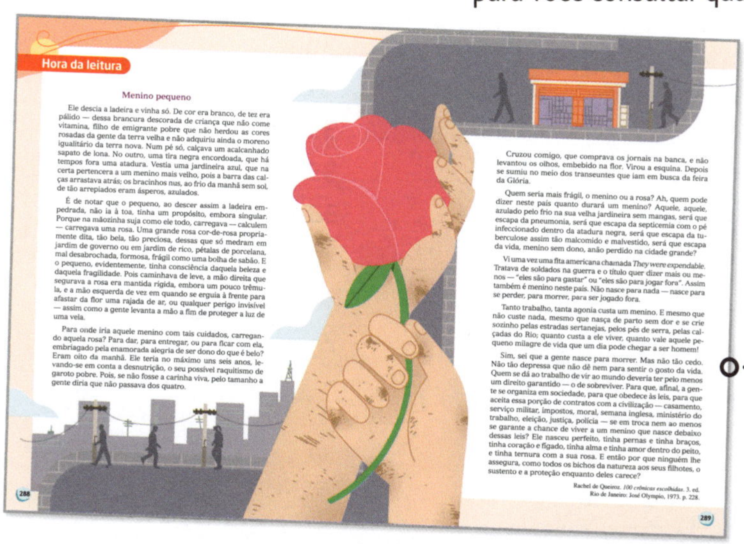

Textos literários de autores brasileiros renomados vão enriquecer sua experiência como leitor.

Na seção **Construindo um mundo melhor**, no fim de cada unidade, você vai conhecer alguns dos objetivos da ONU para a promoção de um futuro sustentável.

Este ícone indica que a atividade é oral.

Sumário 8º ano

UNIDADE 1

UNIDADE 4

CAPÍTULO 1

Termos essenciais da oração

Cuidado com as palavras!

Saber usar bem a língua portuguesa é uma porta de entrada para um mundo cheio de oportunidades para o crescimento pessoal. É importante conhecê-la cada vez melhor, pois ela é a chave que abrirá essa porta no futuro.

Por outro lado, não podemos nos esquecer de que as palavras que usamos no relacionamento com os outros podem produzir diferentes efeitos. Podem servir para fazer amizades, para mostrar solidariedade e afeto. No entanto, podem também ferir ou ofender outras pessoas, promover brigas ou *bullying*, provocar ressentimentos e mágoas. Por tudo isso, é preciso ter muito cuidado com o modo como usamos as palavras para não sermos agressivos ou preconceituosos, nem criarmos situações de conflito ou desentendimento. O modo como falamos e escrevemos revela muito sobre o que somos por dentro.

1. É possível dizer que, mesmo sendo o português a nossa língua materna, isto é, a primeira língua que aprendemos a falar, sempre podemos melhorar nossa comunicação com as outras pessoas? Por quê?

2. Considerando o relacionamento entre as pessoas, quais seriam as palavras que podem "poluir o ambiente"? E o que seria preciso fazer para "despoluir" o ambiente?

3. As palavras "poluidoras" podem estar relacionadas atualmente com as redes sociais? Por quê? Explique seu ponto de vista.

Frase e oração

Damos o nome de **frase** à palavra ou ao grupo de palavras com sentido completo que estabelece uma comunicação. A frase pode ou não ter verbo.

POLINA TOMTOSOVA/SHUTTERSTOCK

LEGIÃO NERD/SINALIZO.COM

Nessas placas, temos exemplos de frases sem verbo.

Quando a frase é construída em torno de um ou mais verbos (ou locuções verbais), é classificada como **oração**.

IVOERIKY/SHUTTERSTOCK

Observe que, nesse caso, a frase é construída em torno do verbo **pisar**. Temos, então, uma oração.

No exemplo a seguir, temos duas orações e uma delas é construída em torno de uma locução verbal.

PVLGT/SHUTTERSTOCK

Respeite o silêncio das 22 h às 8 h. → oração 1
↓
verbo

Vamos cuidar da nossa boa convivência. → oração 2
↓
locução verbal

Vamos recordar

Locução verbal é um grupo de dois ou três verbos seguidos. O último verbo expressa a ideia principal e os outros são classificados como auxiliares. Observe.

Hoje, **vamos sair** mais cedo.

vamos → verbo auxiliar; sair → verbo principal

Você **deveria ter preparado** a lição.

deveria ter → verbos auxiliares; preparado → verbo principal

Em uma locução verbal, pode haver a presença de uma preposição.

Depois da chuva, o céu **voltou a ficar** azul.

a → preposição

Período

Uma ou mais orações constituem um período. O **período** é classificado como **simples** quando tem uma só oração. É **composto** quando tem duas ou mais orações. Veja.

Fui à praia. → uma oração: período simples

(Fui → verbo; Fui à praia → oração)

Fui à praia e **encontrei** um amigo. → duas orações: período composto

(Fui → verbo; encontrei → verbo; Fui à praia → oração 1; e encontrei um amigo → oração 2)

Atividades

1. Leia o texto.

A Terra gira sem parar

A Terra gira como um pião. Ela faz um giro em torno de si mesma todo dia. Além disso, ela dá uma imensa volta em torno do Sol. No céu, tudo gira, mas não podemos ver a olho nu. Só conseguimos perceber isso por meio de aparelhos especiais, como os telescópios.

a) Sublinhe os verbos e as locuções verbais presentes no texto.

b) Quantos períodos há nesse texto?

c) Numere os períodos e classifique-os em simples ou composto.

2. Leia esta placa.

WORLD OF VECTOR/SHUTTERSTOCK

a) Quantas frases há nessa placa?

b) Por que podemos dizer que elas são orações?

c) Há alguma locução verbal nessa placa?

3. Leia este cartaz.

AMPHOTORA/E+/GETTY IMAGES

a) O cartaz tem duas orações. Sublinhe os verbos ou locuções verbais de cada uma.

b) Comparando as duas orações, o que você percebe com relação aos verbos?

Sujeito e predicado

Observe esta oração.

O tempo **voa**.

sujeito → O tempo; predicado → voa

Sujeito é o termo da oração sobre o qual se declara alguma coisa.
Predicado é aquilo que se declara a respeito do sujeito.

Veja outro exemplo.

Esse pomar **tem lindas árvores**.

sujeito → Esse pomar; predicado → tem lindas árvores

O sujeito pode estar antes ou depois do predicado.

Passa depressa **o tempo**.

predicado → Passa depressa; sujeito → o tempo

A professora **explicou o texto**.

sujeito → A professora; predicado → explicou o texto

Para reconhecer o sujeito, podemos fazer uma pergunta ao predicado. Veja.

Passa depressa o tempo. → O que passa depressa?
O tempo (sujeito).

A professora explicou o texto. → Quem explicou o texto?
A professora (sujeito).

Atividades

1. Sublinhe o sujeito das orações a seguir.

a) Alguns alunos não conseguiram terminar o exercício.

b) Amanhã vai começar o campeonato de futsal.

c) Nosso time venceu facilmente o torneio de vôlei.

d) Saíram cedo os alunos do oitavo ano.

e) Muita gente está se divertindo na praia.

f) Ela dança muito bem.

2. Complete as frases com um sujeito ou um predicado, de acordo com o caso. Depois, indique a função de cada termo preenchido, conforme o código:

[S] sujeito [P] predicado

a) ______________________ se matricularam nas aulas de inglês. [ ]

b) Os pássaros ______________________. [ ]

c) Pai e filho ______________________. [ ]

d) ______________________ se arrumaram com pressa. [ ]

e) Chegaram ontem ______________________. [ ]

Núcleo do sujeito

Quando o sujeito é formado por mais de uma palavra, damos o nome de **núcleo** à palavra mais importante, aquela que constitui a base do sujeito.

O núcleo do sujeito pode ser um substantivo ou um pronome. Observe.

sujeito: Meu irmão

Meu **irmão** usa esse computador.

núcleo do sujeito: irmão

sujeito: Nós três

Nós três gostamos muito de fazer trilhas.

núcleo do sujeito: Nós

sujeito: Todos os alunos

Todos os **alunos** vão participar da excursão.

núcleo do sujeito: alunos

KALI9/GETTY IMAGES

Atividades

1. Sublinhe o núcleo do sujeito de cada oração a seguir.

a) No ginásio de esportes, entraram milhares de torcedores.

b) Essas pombas fizeram ninho no telhado da minha casa.

c) Na hora da saída, começou a cair uma forte chuva.

d) Perto da cachoeira, parou a expedição de cientistas.

e) Participaram da festa muitos pais de alunos.

2. Complete as orações com um núcleo do sujeito.

a) Caiu um _______________ daquela árvore.

b) Essas são minhas _______________ favoritas.

c) Entraram vários _______________ naquela farmácia.

d) No parque, um lindo _______________ cantava no alto da árvore.

e) Chegaram à redação do jornal muitas ___________ dos leitores.

Dica

Atenção à **concordância verbal** (singular e plural) e **nominal** (masculino e feminino, singular e plural).

3. Os termos de cada oração estão fora de ordem. Ordene-os e forme orações com sentido completo. Depois, indique o núcleo do sujeito de cada oração.

a) no fim de semana | vários | na minha festa | estiveram | colegas meus

____

____

b) pelo jardim | aqueles | saíram | das abelhas | correndo | meninos | com medo | dois

____

____

Dica

Obrigado / obrigada

- Como expressão de agradecimento, o adjetivo **obrigado** concorda sempre com o sexo da pessoa que está agradecendo.

Obrigado, disse o garoto. | **Obrigada**, disse a garota.

- Se a expressão for usada como substantivo, a palavra **obrigado** fica sempre no masculino singular.

A cantora disse: "Meu **obrigado** a todos os que me incentivaram.".

Atividades suplementares

1. Leia este texto e observe a imagem.

Olhos incríveis

KATHY_BÜSCHER/PIXABAY

Do alto de um arranha-céu de cinquenta andares, você enxerga as pessoas lá embaixo como se fossem formiguinhas. Pois bem, dessa mesma altura, certas aves, como as de rapina (águia, falcão etc.), são capazes de enxergar perfeitamente um ratinho correndo no chão. Seus olhos, proporcionalmente, são muito maiores do que os nossos e funcionam muito melhor. Além disso, por estarem nas laterais da cabeça, eles permitem uma visão de tudo em volta sem precisar mexer a cabeça, ou simplesmente girando o pescoço, que é extremamente móvel. E tem mais: essas aves têm uma pálpebra transparente que conserva os olhos úmidos e os protege do ar.

a) Dê a classe gramatical destas palavras tiradas do texto, usando este código.

S Substantivo	**A** Adjetivo
☐ pessoas	☐ olhos
☐ aves	☐ cabeça
☐ capazes	☐ transparente
☐ chão	☐ úmidos
☐ móvel	☐ pescoço

b) Observe as frases a seguir e explique em qual delas a palavra **alto** é substantivo.

1 Do alto de um arranha-céu, a águia é capaz de enxergar um ratinho na calçada.

2 O arranha-céu é um edifício muito alto.

____

____

Vamos recordar

- **Classes de palavras variáveis** (podem mudar de forma de acordo com a frase): substantivo, adjetivo, artigo, numeral, pronome e verbo.
- **Classes de palavras invariáveis** (têm sempre a mesma forma): preposição, advérbio, conjunção e interjeição.

c) Destaque do texto o que se pede.

- um numeral: ______
- um substantivo composto: ______
- um verbo da 1ª conjugação: ______
- um verbo da 2ª conjugação: ______
- um verbo da 3ª conjugação: ______
- um pronome possessivo: ______

2. Você já aprendeu que as preposições podem estabelecer diferentes relações de sentido entre palavras.

chapéu **de** palha
↓
indica o material de que o chapéu é feito

MICHAEL BURRELL/ ISTOCK/GETTY IMAGES

Alguns dos sentidos mais comuns estabelecidos pelas preposições são: matéria, finalidade, meio, conteúdo, causa, companhia, lugar, posse, tempo, falta ou ausência de algo ou alguém.

- Indique as relações de sentido das preposições presentes nos itens a seguir.

a) Reformaram a quadra **de** vôlei. → ______

b) Comprei uma camisa **de** lã. → ______

c) Trabalho **para** sustentar a família. → ______

d) Viajei **sem** meus pais. → ______

e) Copo **de** plástico. → ______

f) Copo **de** suco. → ______

g) Moro **em** Salvador. → ______

h) Gritou **de** medo. → ______

i) Ração **para** gatos. → ______

j) Desmaiou **de** fome. → ______

k) Jantamos **com** ele. → ______

l) Viajamos **durante** as férias. → ______

3. **Reescreva as frases transformando os advérbios de modo em locuções adverbiais. Veja o exemplo.**

> O rapaz bateu **levemente** à porta.
> O rapaz bateu **com leveza** à porta.

a) Ela explicou tudo **pacientemente**.

____

b) Ele saiu de casa **apressadamente**.

____

c) Ele agiu **lealmente** com os colegas.

____

d) Ele se veste **modestamente**.

____

e) O homem respondeu **precipitadamente**.

____

f) Ela sempre dirige **prudentemente**.

____

g) **Certamente** ele nos ajudará.

____

h) Ele se comportou **timidamente** na festa.

____

i) Ele trata todas as pessoas **educadamente**.

____

j) Ele conversou **calmamente**.

____

4. **Todos os períodos a seguir são compostos de duas orações, ligadas por conjunções. Indique a ideia expressa pelas conjunções destacadas, usando este código.**

1 Oposição, contraste	**4** Acréscimo, adição
2 Condição, hipótese	**5** Causa
3 Tempo	**6** Conclusão

a) Poderemos sair **se** o tempo melhorar. ☐

b) Estou com sono **porque** fui dormir bem tarde. ☐

c) Essa flor é bonita, **mas** tem muitos espinhos. ☐

d) Acabei a tarefa **enquanto** você estava dormindo. ☐

e) Ele trabalhou muito bem, **portanto** merece elogios. ☐

f) Ele cuida do pomar **e** vende as frutas na cidade. ☐

5. **Complete os espaços usando os adjetivos na forma normal ou no superlativo, conforme o caso.**

a) O dia está muito frio. Está ____________________.

b) Esse homem é muito ____________________. É paupérrimo.

c) Esse animal é muito feroz. É ____________________.

d) Esse trem moderno é muito veloz. É ____________________.

e) O tirano era muito ____________________. Era crudelíssimo.

f) Esse problema é muito fácil. É ____________________.

g) Essa mancha no quadro é muito ____________________. É visibilíssima.

h) Ela estava muito feliz. Estava ____________________.

i) O passeio foi muito agradável. Foi ____________________.

6. **Complete as lacunas, flexionando no imperativo os verbos indicados. Atenção à concordância. Veja o exemplo.**

Quando **você** terminar a tarefa, **desligue** o computador.

você ↓ **3ª pessoa do singular** — **desligue** ↓ **3ª pessoa do singular**

a) Se puderem, ________________ essa pesquisa. fazer

b) Se você conseguir, ________________ com ele sobre esse assunto. falar

c) Quando puderem, ________________ à minha casa. vir

d) Você pode usar esse computador, mas ________________ cuidadoso. ser

e) Se você tiver dificuldade, ________________ ajuda aos colegas. pedir

f) Podem usar essa sala, mas ________________ cuidado com os livros. ter

g) Vocês podem estudar na biblioteca, mas ________________ tudo em ordem. manter

h) Você pode sair da sala, mas ________________ de volta em dez minutos. estar

7. A anedota a seguir foi reproduzida sem os sinais de pontuação e sem a divisão em parágrafos. Reescreva-a, dividindo-a em parágrafos e colocando os sinais de pontuação adequados. Atenção para o uso das letras iniciais maiúsculas.

o garoto chega atrasado mais uma vez na aula a professora reclama mas menino você chegou tarde de novo mas a senhora mesma diz que não tem problema professora como eu nunca disse isso disse sim senhora todo mundo sabe que a senhora vive dizendo que nunca é tarde para aprender não é verdade turma

____

____

____

____

____

____

____

- Leia em voz alta o texto que você reescreveu.

Aprendendo com o dicionário

Nesta seção, vamos realizar atividades que mostram como é importante fazer a leitura atenta de um verbete de dicionário para compreender os muitos sentidos que uma palavra pode ter, dependendo da frase em que é usada. Assim, enriquecemos o vocabulário e desenvolvemos a capacidade de leitura e compreensão de textos.

Atenção

Atente-se aos significados das abreviaturas que podem aparecer nos verbetes.

adj. → adjetivo
adv. → advérbio
fig. → sentido figurado
interj. → interjeição
num. → numeral
pop. → uso popular
pron. → pronome
s.f. → substantivo feminino
s.m. → substantivo masculino
v. → verbo

SKYNESHER/E+/GETTY IMAGES

A jogadora pulou e, de costas, chutou a bola no ângulo, marcando um lindo gol de bicicleta. Foi um lance incrível! O público ficou de boca aberta!

O verbo **pular** pode ter vários significados, dependendo da frase em que é usado. Veja alguns deles no verbete a seguir.

pular (pu.**lar**) *v.* **1.** Lançar-se de um lugar mais alto para um lugar mais baixo. **2.** Mover rapidamente o corpo para cima, afastando-se do chão; saltar. **3.** Passar por cima de um obstáculo. **4.** Não seguir a sequência normal. **5.** Atirar-se sobre uma pessoa ou um animal. **6.** Pôr-se de pé prontamente. **7.** *pop.* Festejar, brincar.

Observe que no sentido 7 aparece a abreviatura ***pop.***, que significa "uso popular". Essa abreviatura é usada para indicar que esse sentido é mais comum na língua falada pela maioria das pessoas no dia a dia.

1. Em qual dos sentidos do verbete o verbo **pular** foi usado na legenda da foto?

____

2. Indique o sentido que o verbo **pular** tem em cada frase a seguir, conforme a numeração do verbete.

a) O garoto pulou o muro e pegou a bola. ☐

b) Ele pulou algumas páginas do livro para ler logo o fim da história. ☐

c) Assim que o despertador tocou, ela pulou da cama e foi trocar de roupa. ☐

d) O pessoal se fantasiou e vai sair daqui a pouco para pular o Carnaval. ☐

e) O nadador pulou do trampolim e mergulhou na piscina. ☐

f) O cão era bravo e pulou em mim. ☐

g) O goleiro pulou e conseguiu desviar a bola. ☐

h) O paraquedista pulou do avião. ☐

3. Leia a tira a seguir.

ARMANDINHO Alexandre Beck

© ALEXANDRE BECK

a) O que o pai pensou que o filho queria fazer? Em que sentido ele pensou que o menino estava usando o verbo **pular**?

____

____

b) No último quadrinho, vemos que o menino estava usando o verbo **pular** em outro sentido. Qual?

____

____

4. **Na frase "A jogadora chutou a bola", a palavra bola foi empregada no seu sentido usual de "objeto esférico". Mas há muitas expressões populares em que essa palavra tem sentido figurado, apresentando outros significados. Leia as frases a seguir e relacione cada expressão destacada ao seu significado, conforme este código.**

Atenção

Dizemos que uma palavra está no **sentido figurado** quando é usada fora de seu sentido normal ou usual.

- 1 Dar importância.
- 2 Jogar futebol.
- 3 Ter muito sucesso ou destaque.
- 4 Saber jogar muito bem.
- 5 Não agir direito com alguém.

- ☐ Esse menino **pisou na bola** comigo, agora não confio mais nele.
- ☐ Gosto de **bater bola** com meus colegas.
- ☐ É melhor não **dar bola** para essas fofocas.
- ☐ Roberto é **bom de bola**, vai ser titular do time.
- ☐ Esse artista ficou famoso, ganhou prêmios, **está com a bola toda**.

Aprenda mais!

Pesquise em um dicionário o verbo **bolar** e explique oralmente o que ele significa, criando uma frase de exemplo.

Veja no verbete a seguir alguns dos sentidos que o substantivo **lance** pode assumir, dependendo do contexto em que está inserido.

lance (**lan**.ce) *s.m.* **1.** Acontecimento, fato. **2.** Jogada em uma competição esportiva. **3.** Oferta de preço em um leilão. **4.** Conjunto de degraus entre dois pisos. **5.** *pop.* Moda, tendência.

5. **Em qual desses sentidos o substantivo lance foi usado na frase "Foi um lance incrível!" na legenda da foto?**

____

- Crie outra frase em que a palavra **lance** tenha esse mesmo sentido.

____

6. **Indique o sentido que o substantivo lance tem nas frases a seguir, conforme a numeração do verbete.**

a) Durante a nossa viagem, houve vários lances engraçados. ☐

b) O goleiro falhou no lance do gol. ☐

c) O lance de muitos jovens agora é usar esse tipo de calça bem larga. ☐

d) Para chegar ao apartamento, subi três lances de escada. ☐

e) Quem der o maior lance leva o quadro desse artista famoso. ☐

f) O cancelamento da festa foi um lance que ninguém entendeu. ☐

g) Vou assistir aos melhores lances do jogo de ontem. ☐

7. **No texto, foi usada a expressão ficar de boca aberta, que significa "ficar muito surpreso ou admirado com alguma coisa". Mas há muitas outras expressões com a palavra boca. Leia as frases a seguir e relacione cada expressão destacada ao seu significado, conforme este código.**

1 Discutir.

2 Falar alguma coisa.

3 Reclamar aos gritos.

4 Ficar com muita vontade.

☐ Ao ver que tinha sido enganado, ele **pôs a boca no mundo**.

☐ **Fiquei com água na boca** só de pensar na sobremesa.

☐ Não gosto de **bater boca** por causa de futebol.

☐ A turma levou uma bronca e ninguém **abriu a boca**.

Aprenda mais!

Pesquise em um dicionário e explique oralmente o sentido destas expressões com a palavra **boca**, elaborando uma frase de exemplo para cada uma delas.

- pegar com a boca na botija
- falar da boca para fora
- falar de boca cheia
- fazer boca de siri

Interpretação de textos

Esta seção foi especialmente pensada para trabalhar o desenvolvimento da habilidade de interpretação de textos por meio de testes e questões discursivas. Com as últimas, você vai treinar a expressão escrita, elaborando respostas e redigindo com clareza pequenos textos explicativos e opinativos. Você vai explorar **textos verbais** — aqueles que empregam palavras — e **textos não verbais ou visuais** — aqueles que utilizam imagens.

Podemos dizer que ler não é apenas entender o que está escrito, mas também compreender a ideia que está sendo comunicada, percebendo as informações que não estão claramente expressas e que podemos deduzir da observação atenta de outros elementos do texto.

Então, desenvolver a habilidade de interpretação de textos é essencial na sociedade atual, pois estamos o tempo todo em contato com textos verbais e não verbais e precisamos compreender o que eles transmitem.

Atenção

Às vezes, um texto pode ser verbal e visual ao mesmo tempo, como no caso das tiras, das charges e dos infográficos.

Leia a **charge** a seguir para responder às questões 1 e 2.

Charge (ou cartum) é um desenho humorístico, com uma ou mais personagens, que trata de tema contemporâneo. Geralmente critica ou satiriza uma pessoa conhecida, um acontecimento ou situação social. Pode ter ou não legenda ou balão. É muito usada em jornais e revistas.

PEDRO X MOLINA/CARTOON MOVEMENT

1. Pelos comentários das personagens, podemos entender que o menino:

a) concorda com o homem.

b) está com medo da loucura do clima.

c) não entende por que o clima está mudando.

d) percebeu que não é o clima que está louco.

2. Apenas **uma** das afirmativas a seguir sobre a charge **não está correta**. Assinale-a.

a) As mudanças climáticas resultam das ações humanas.

b) A destruição da natureza produz perigosos efeitos no clima.

c) Só as crianças sabem a razão das mudanças climáticas.

d) O ser humano sofre as consequências das próprias ações.

Leia o texto e observe a imagem para responder às questões de 3 a 5.

O sucesso dos super-heróis

O sucesso dos filmes de super-heróis se deve a vários fatores. Um deles, sem dúvida, é a história: um jovem comum (poucas vezes *uma* jovem, infelizmente), parecido com os que estão na plateia, de repente adquire poderes fantásticos e consegue vencer os cruéis e poderosos vilões que ameaçam destruir tudo. Qual jovem não se identifica com esse super-herói, não é mesmo? O outro fator, certamente o mais importante, é a tecnologia que está por trás desses filmes, que faz com que as cenas de ação pareçam incrivelmente reais, envolvendo e emocionando os espectadores, levando-os a um mundo fictício onde tudo pode acontecer, por mais absurdo que pareça.

REPRODUÇÃO

3. Segundo o texto, quais fatores podem explicar o sucesso dos filmes de super-heróis?

____

____

____

4. Em que passagem do texto o autor lamenta que não haja muitas mulheres no papel de super-heroínas? Que palavra expressa esse sentimento?

____

____

____

5. Conforme o texto, que efeitos os recursos tecnológicos dos filmes podem provocar nos espectadores?

____

____

____

CAPÍTULO 2

Tipos de sujeito

Conversando a gente se entende

Esse ditado é certíssimo. Muitas discussões e brigas seriam evitadas se as pessoas conversassem mais, tivessem mais diálogo. Mas, para isso, é preciso ter uma qualidade muito importante e valiosa: saber ouvir. Muita gente, porém, só quer saber de falar, e não de ouvir. Vivemos em um tempo em que parece não haver espaço para conversar, e sim apenas para falar, falar... Todo mundo quer ter razão. Mas o diálogo exige disposição para a gente ouvir com atenção o que o outro tem a dizer.

É por meio do diálogo que podemos entender bem o ponto de vista do outro, suas razões e opiniões. Aos poucos, vamos encontrando muitas coisas em comum entre nós, e isso nos permite concordar em vários pontos. Não precisamos pensar exatamente como o outro, mas também não precisamos brigar por causa de nossas diferenças. Além disso, pode ser que o outro nos convença de que nosso ponto de vista está errado. Desse modo, aprendemos algo e nos tornamos pessoas mais sábias. Muitas discussões bobas acontecem entre duas pessoas simplesmente porque uma não ouve a outra.

É claro que ninguém nasce sabendo dialogar. Isso se aprende aos poucos. Por isso, vamos nos esforçar para sermos bons ouvintes, vamos praticar a arte de escutar com atenção. Esse é o primeiro passo para estabelecer diálogos produtivos, sem estresse, irritações ou mal-entendidos.

1. Que qualidade fundamental as pessoas devem ter se quiserem dialogar? Por quê?
2. Você acha que vivemos hoje em um tempo favorável ao diálogo? Por quê? Explique seu ponto de vista.

Sujeito simples e sujeito composto

Leia e compare as orações.

núcleo do sujeito

O **enfermeiro** cuidou do paciente.

sujeito simples — **predicado**

núcleos do sujeito

O **enfermeiro** e a **médica** cuidaram do paciente.

sujeito composto — **predicado**

O **sujeito** é **simples** quando apresenta um só núcleo. O **sujeito** é **composto** quando apresenta dois ou mais núcleos.

Atenção

Não confunda sujeito composto com sujeito simples formado por uma palavra no plural. O sujeito composto tem dois ou mais núcleos. O sujeito simples tem um só núcleo, que pode ser uma palavra no singular ou no plural. Observe.

sujeito simples

As **enfermeiras** atenderam à emergência.

núcleo

sujeito composto

Enfermeiros e **médicos** trabalham em conjunto.

núcleo — **núcleo**

FREEPIK

Atividades

1. Sublinhe o núcleo ou os núcleos dos sujeitos das orações a seguir e classifique-os em simples ou composto.

a) O equilibrista e a equilibrista fizeram uma apresentação incrível.

____

b) Foi emocionante o jogo da seleção brasileira.

____

c) De fato, estão excelentes as redações e os resumos desses alunos.

____

d) Todos nós devemos ter os mesmos direitos.

____

e) Na minha escola, ainda não começaram as aulas de educação física.

____

2. Reescreva as orações, invertendo a posição do sujeito com relação ao predicado. Mas atenção: passe o sujeito para o plural, fazendo as mudanças necessárias no restante da oração. Veja o exemplo.

> Essa **rosa vermelha** é muito bonita.
> São muito bonitas **essas rosas vermelhas**.

OKSANARADCHENKO/ISTOCKPHOTO/GETTY IMAGES

a) A bola de vôlei está guardada nesse armário.

____

____

b) O professor de ciências está na biblioteca.

____

____

c) O convite da festa ainda não chegou.

____

d) Esse filme de ficção científica é muito emocionante.

____

e) Esse celular parece ter vários recursos novos.

____

Sujeito oculto

O sujeito de uma oração pode ser simples ou composto. Mas nem sempre ele está claramente expresso na oração. Muitas vezes, para identificarmos o sujeito, temos de analisar a forma do verbo da oração. Leia.

GARFIELD Jim Davis

Observe que, no primeiro quadrinho, temos a locução **está piscando**. O sujeito é claramente expresso, **aquela garota**. No segundo quadrinho, a forma verbal é **vou**. Nesse caso, o sujeito não está claramente expresso, mas pode ser reconhecido pela forma verbal, que é da primeira pessoa do singular do presente do indicativo: (eu) vou. Logo, o sujeito é **eu**.

O mesmo ocorre com o verbo do último quadrinho, **comi**. Trata-se da primeira pessoa do pretérito perfeito do verbo **comer**: (eu) comi. Logo, o sujeito é **eu**. Nesses casos, dizemos que o sujeito é **oculto**, e ele pode ser identificado pela forma do verbo.

Esse tipo de sujeito é muito comum e é fácil de ser identificado. Observe estes exemplos.

Ontem à tarde **fomos** ao cinema. → sujeito: nós

Voltei cedo da escola. → sujeito: eu

Em alguns casos, além da forma do verbo, são outros elementos do texto que nos permitem identificar o sujeito de uma oração. Observe, por exemplo, este período.

A professora entrou na sala, **sentou-se** e **abriu o livro**.

- A professora entrou na sala → oração 1
- sentou-se → oração 2
- e abriu o livro → oração 3

Na oração 1, o sujeito do verbo **entrar** é **a professora** e está claramente expresso. Mas, nas orações 2 e 3, a terminação do verbo não basta para identificar o sujeito. Quem se sentou? Quem abriu? Nesse caso, pelo que foi dito antes, percebemos que o sujeito dessas orações é sempre o mesmo, **a professora**. Nesse exemplo, o sujeito dos verbos **sentar** e **abrir** também é classificado como oculto.

Atividade

- Leia este texto e responda às questões.

A Floresta Amazônica é um tesouro da humanidade. Ela garante as chuvas para boa parte da América do Sul e tem papel importante no combate ao aquecimento global. Além disso, abriga milhares de espécies animais e vegetais.

a) Sublinhe todas as formas verbais do texto.

b) Quantas orações há nesse texto? Quais são elas?

____

____

____

____

____

____

c) Classifique o sujeito de cada oração.

____

____

____

____

____

____

d) Quantos períodos há nesse texto? Classifique cada um deles em simples ou composto.

____

____

____

____

____

____

Sujeito indeterminado

Jean Galvão

Essa tira faz humor com outro tipo de sujeito que pode ocorrer em uma oração: o **sujeito indeterminado**. Observe que sabemos que as ações foram praticadas, mas não podemos identificar quem foi. Em língua portuguesa, quando não podemos ou não queremos dizer quem é o sujeito, usamos o verbo na 3ª pessoa do plural. Veja outros exemplos.

Mexeram nas minhas coisas!
↓
verbo na 3ª pessoa do plural

Picharam o muro à noite!
↓
verbo na 3ª pessoa do plural

Nesses exemplos, sabemos que alguém praticou a ação de mexer e pichar, mas não podemos identificá-lo. O sujeito existe, mas está indeterminado.

Quando o verbo está na 3ª pessoa do plural, sem indicação de sujeito na própria oração ou no contexto, o sujeito é classificado como **indeterminado**.

Outra forma de indeterminação do sujeito

Há outra forma de indeterminação do sujeito. Observe estas orações.

A escola precisa de um professor de violão. → sujeito simples (determinado)

Precisa-se de um professor de violão. → sujeito indeterminado

Observe que, na primeira oração, podemos identificar claramente o sujeito. Mas, na outra oração, não há elemento que indique quem está precisando de um professor de violão. O sujeito dessa segunda oração é classificado como indeterminado.

Note que o verbo está na 3ª pessoa do singular e é seguido do pronome **se**, o que indetermina o sujeito. O **se**, nesse caso, é chamado de **índice de indeterminação do sujeito**.

Esse tipo de frase é muito comum em anúncios. Veja os exemplos.

RACOOL_STUDIO/FREEPIK

FREEPIK

Atenção

Cuidado com as orações em que o sujeito é representado por um pronome indefinido. Observe.

Bateram palmas no portão.
↓
sujeito indeterminado

Alguém bateu palmas no portão.
↓
sujeito simples

Na primeira oração, não há elemento a que se possa atribuir a ação de bater palmas.

Na segunda oração, há uma palavra que exerce a função de sujeito: o pronome indefinido **alguém**. Nesse caso, dizemos que o pronome **alguém** é o sujeito da oração.

Portanto, podemos resumir assim os casos de ocorrência de sujeito indeterminado em uma oração:

- Quando o verbo está na 3ª pessoa do plural, sem nenhuma referência a algum elemento da oração ou sem algum contexto que permita identificar o sujeito.
- Quando o verbo está na 3ª pessoa do singular, acompanhado do pronome **se**.

Atividades

1. Leia a tira.

ARMANDINHO — Alexandre Beck

a) Podemos dizer que essa tira chama a atenção do leitor para um problema sério que ocorre na internet, principalmente nas redes sociais? Qual é esse problema?

____

b) Nessa tira, há um exemplo de sujeito indeterminado. Explique.

____

____

c) Na tira, há também um exemplo de sujeito representado por um pronome pessoal. Circule-o.

2. As orações a seguir apresentam sujeito de maneira evidente. Reescreva-as, transformando-as em orações com sujeito indeterminado, conforme o exemplo.

> **A população** vive bem nessa cidade. → sujeito evidente, determinado
> **Vive-se** bem nessa cidade. → oração com sujeito indeterminado

a) Devagar, a gente pode ir longe.

____

b) Essa loja precisa de funcionários.

____

c) Os moradores falavam bem do prefeito.

____

d) Com esforço, aprendemos muito.

____

Oração sem sujeito

Há certas orações que não têm sujeito, isto é, são constituídas apenas de predicado. Observe.

Choveu o tempo todo.	Amanheceu.
É cedo.	São 5 horas.

Nos exemplos anteriores, as orações não têm sujeito, pois elas são formadas por verbos que indicam fenômenos da natureza ou a passagem do tempo.

As orações formadas pelo verbo **haver** com o sentido de "existir" ou "acontecer" também são consideradas orações sem sujeito. Veja.

Há vários convidados no salão.

↓ sentido de "existir"

Houve manifestações nas ruas.

↓ sentido de "acontecer"

A **oração sem sujeito** tem apenas predicado e é formada por verbos que indicam fenômenos da natureza e tempo decorrido, além do verbo **haver**, com o sentido de "existir" ou "acontecer".

Em todas as orações sem sujeito, o verbo é considerado **impessoal**, e o sujeito, **inexistente**.

Atividades

1. **Empregando o verbo haver, transforme as orações com sujeito em orações sem sujeito. Veja o exemplo:**

Essa cidade **tem** um parque chamado "Mundo das crianças".
Nessa cidade, **há** um parque chamado "Mundo das crianças".

Atenção

O verbo **haver** deve ficar sempre na 3ª pessoa do singular e no mesmo tempo e modo do verbo **ter**.

a) Esse bairro logo terá uma nova biblioteca pública.

____

b) Essa escola tem muitos alunos.

____

c) Na fazenda, meu tio tinha um grande pomar.

____

d) Se a cidade tivesse mais praças arborizadas, ela ficaria bonita.

____

e) Nossa escola tem um grande auditório.

____

2. **Leia o texto.**

Quando anoiteceu, ainda estava chovendo forte. Relâmpagos cortavam o céu em todas as direções. A chuva batia nos telhados e fazia muito barulho. Na rua, havia poucas pessoas, quase todo mundo estava dentro de casa. Choveu durante horas, até que finalmente a tempestade acabou. Quando amanheceu, o céu estava claro, havia poucas nuvens no céu azul.

ANDREA STONE/STONE/GETTY IMAGES

a) Sublinhe os verbos e as locuções verbais presentes nesse texto.

b) Quantas orações há no texto? Classifique o sujeito de cada uma delas.

____

____

____

____

____

c) Quantos períodos há no texto? Classifique-os em simples e composto.

____

____

____

Dica

Perda / perca

- A palavra **perda** é um substantivo feminino relacionado ao verbo **perder**. Veja.

Eu lamento a **perda** de meus documentos.

- A palavra **perca** é uma forma do presente do subjuntivo do verbo **perder**. Veja.

Espero que você não **perca** o ônibus.

Atividades suplementares

1. **Preencha o diagrama de palavras escrevendo o infinitivo das formas verbais apresentadas.**

1. soube
2. seja
3. tinha
4. sirva
5. haja
6. venho
7. visse
8. rio
9. esteja
10. vamos
11. lia

2. **Coloque o sinal de dois-pontos que está faltando nas frases a seguir.**

a) Todos temos um importante dever cuidar bem do meio ambiente.

b) Havia muita gente na festa alunos, familiares, professores e professoras.

c) No fim do jogo, só se via isto jogadores se abraçando e comemorando a vitória.

d) Meu desejo é este conhecer a Amazônia.

e) No fim do almoço, ela nos ofereceu uma surpresa um delicioso bolo de frutas.

f) Para ser aprovado nesse exame só existe um jeito estudar bastante.

g) Uma das principais causas da destruição da natureza é a seguinte a ambição humana.

> **Dica**
>
> Usa-se o sinal de dois-pontos antes de uma enumeração e antes de uma explicação do que foi enunciado anteriormente.

3. **Classifique as palavras destacadas a seguir em substantivo ou adjetivo usando o código.**

S Substantivo   A Adjetivo

a) Os **bons** devem ser elogiados. ☐

b) Os **bons** pais devem ser elogiados. ☐

c) O **azul** do céu é muito bonito. ☐

d) O céu **azul** é muito bonito. ☐

e) As **fortes** chuvas prejudicaram as plantações. ☐

f) Os **fortes** também precisam de ajuda. ☐

g) Muitos problemas preocupam os **brasileiros**. ☐

h) Muitos problemas **brasileiros** precisam ser resolvidos. ☐

i) Meu avô é um homem **idoso**. ☐

j) Devemos ter respeito pelos **idosos**. ☐

4. **Escreva uma frase interrogativa usando a palavra jovens como adjetivo e uma frase no imperativo usando a palavra jovens como substantivo.**

____

____

____

____

5. **Complete as frases usando as conjunções do quadro.**

nem que	desde que	enquanto	no entanto
pois	por isso	assim que	já que

a) ______________ chegou de viagem, foi ao encontro dos pais.

b) As viagens ao espaço duram cada vez mais tempo, ______________ os astronautas podem parar em uma estação espacial por alguns dias.

c) ______________ chegou à cidade, ainda não conseguiu alugar um apartamento.

d) Vá ajudar seu irmão, ______________ você está desocupado.

e) Esse time parecia invencível, ______________ acabou sofrendo uma goleada.

f) O pessoal ficou conversando ____________________ o lanche estava sendo preparado.

g) Ele morou nessa cidade por muito tempo, ____________________ mostrou aos amigos os pontos turísticos mais interessantes.

h) Depois do jantar, meu pai gosta de ouvir música, ____________________ seja só um pouco.

6. **Complete as orações flexionando no presente do indicativo os verbos indicados.**

a) Minhas primas sempre ____________________ à minha casa nos feriados. vir

b) É claro que, antes de cortar, eu sempre ____________________ o tecido. medir

c) Ela lava os pratos e depois eu os ____________________. enxaguar

d) Eu ____________________ tudo organizado no meu quarto. manter

e) Eu sempre ____________________ nesse tipo de discussão para evitar brigas. intervir

f) Quando faz frio, eu sempre ____________________ esse agasalho de lã. pôr

g) Eu sempre ____________________ quando vejo a alegria desse bebê. sorrir

h) Sem dúvida, eu ____________________ na inocência desse rapaz. crer

Dica

Se for necessário, consulte as conjugações verbais que estão no fim deste livro.

7. **Leia o texto e responda às questões.**

Voando no escuro

CREATIVENATURE_NL/ISTOCK PHOTO/GETTY IMAGES

Há animais que voam sem problema na mais completa escuridão. O morcego é um deles. Ele consegue passar por fios estendidos sem encostar neles. Mas, se taparmos seus ouvidos, ele bate nos fios e fica desorientado. Vemos, portanto, que o morcego se guia pela audição. De que jeito? Enquanto voa, ele vai emitindo, sem parar, uns gritinhos, em ultrassom, que a gente não consegue ouvir. Se o som encontra um obstáculo, volta como um eco, que o morcego escuta. O tempo levado pelo eco para voltar revela ao morcego a que distância está o obstáculo, e assim ele consegue se desviar. Por isso, o morcego é capaz de voar no escuro.

a) Reescreva a primeira frase do texto substituindo o verbo **haver** pelo verbo **existir** e mantendo o tempo e a pessoa verbal.

___

___

b) Indique as ideias expressas pelas conjunções destacadas nos trechos a seguir usando o código.

[1] Condição [2] Tempo [3] Causa [4] Comparação [5] Conclusão

[ ] "**Por isso**, o morcego é capaz de voar no escuro."

[ ] "Vemos, **portanto**, que o morcego se guia pela audição."

[ ] "**Se** o som encontra um obstáculo [...]"

[ ] "**Enquanto** voa, [...]"

[ ] "[...] volta **como** um eco [...]"

c) Sublinhe todos os adjetivos do texto.

d) Separe as sílabas das palavras a seguir. Depois, classifique como **ditongo** ou **hiato** os encontros vocálicos que há em cada uma.

- audição: ___
- animais: ___
- jeito: ___
- fios: ___
- escuridão: ___
- desorientado: ___

8. Sublinhe o núcleo ou os núcleos dos sujeitos das orações a seguir e classifique-os em simples ou composto.

a) Estão corretas as respostas desse aluno. ___

b) Já começaram suas aulas? ___

c) Durante as férias, os dias e as noites pareciam curtos. ___

d) Afinal, quando vão começar as competições esportivas na escola? ___

e) Nesse parque, os adultos e as crianças observaram diferentes espécies de pássaros. ___

f) Felizmente, está terminando a temporada de chuvas fortes. ___

Aprendendo com o dicionário

As impressionantes pirâmides do Egito

As grandes pirâmides do Egito impressionam os visitantes. Boa parte delas foi construída como túmulos para os faraós e seus familiares. A maior delas, chamada Grande Pirâmide, chega a 140 metros de altura. Até hoje, não se sabe exatamente como foi possível transportar milhões de pedras enormes, de várias toneladas, com os poucos recursos daquela época. Mistérios do Egito...

RICARDO LIBERATO/MOMENT/GETTY IMAGES

Leia o verbete a seguir e veja alguns dos sentidos que o adjetivo **grande** pode ter, dependendo da frase em que está empregado.

grande (**gran**.de) *adj.* **1.** Desenvolvido, crescido. **2.** De tamanho acima da média. **3.** Muito bom, notável. **4.** Intenso, forte. **5.** Numeroso, de quantidade acima da média.

1. Em qual desses sentidos esse adjetivo foi usado no texto?

____

2. Indique o sentido que o adjetivo grande tem em cada frase, conforme a numeração do verbete.

a) Esse cientista foi um grande homem, merece homenagens. ☐

b) Esse garoto está ficando grande. ☐

c) Senti uma grande emoção quando o público me aplaudiu. ☐

d) Pelé foi um grande jogador de futebol. ☐

e) No meu bairro, há um grande supermercado. ☐

f) Havia um grande público no teatro. ☐

g) Foi grande a alegria dos pais pela aprovação do filho. ☐

h) Ele vive em uma casa grande. ☐

i) Tenho uma família grande. ☐

3. **Leia as frases a seguir e indique com qual sentido o adjetivo grande foi usado em cada uma, de acordo com a numeração do verbete.**

a) Essa mulher é uma grande atriz. ☐

b) Essa mulher é uma atriz grande. ☐

Aprenda mais!

Procure em um dicionário a palavra **grandioso** e explique oralmente o que ela significa, criando uma frase de exemplo.

Leia o verbete a seguir e veja alguns dos sentidos que o verbo **chegar** pode ter, conforme a frase em que está.

chegar (che.**gar**) *v.* **1.** Alcançar ou atingir determinado ponto. **2.** Começar a acontecer. **3.** Ser suficiente, bastar. **4.** Fazer parar, não permitir que algo continue. **5.** Voltar. **6.** Atingir o fim do movimento de ir ou vir.

4. **Sublinhe no texto "As impressionantes pirâmides do Egito" uma forma do verbo chegar e indique com qual dos sentidos do verbete o verbo foi empregado no texto.**

____

5. **Indique o sentido do verbo chegar em cada frase a seguir, conforme a numeração do verbete.**

a) Ela costuma chegar cedo da escola. ☐

b) Finalmente, chegaram as férias! ☐

c) O super-herói chegou a tempo de salvar a mocinha indefesa. ☐

d) O dinheiro que temos não chega para comprar essa guitarra. ☐

e) Ele se esforçou e acabou chegando a diretor da empresa. ☐

f) Agora, chega de bagunça; vamos arrumar essas coisas! ☐

g) A expedição demorou para chegar ao topo da montanha. ☐

h) Ela chegou ontem de viagem. ☐

Interpretação de textos

1. Leia a tira e responda à questão.

GATURRO — **Cristian Dzwonik**

GATURRO, NIK © 2020 NIK/DIST. BY ANDREWS MCMEEL SYNDICATION

- Em que sentido a frase dita pelo Gaturro é diferente da outra?

____

____

> **Vamos recordar**
>
> **Tira** (ou tirinha) é uma história curta formada por quadrinhos (geralmente três ou quatro). Os quadrinhos podem estar na horizontal ou na vertical. Podem ter uma ou mais personagens, com ou sem balões de fala ou pensamento. As tiras, em geral, contam uma história engraçada, mas também podem apresentar uma crítica social.

Leia o texto a seguir e observe as imagens para responder às questões 2 e 3.

Memes são imagens (desenhos ou fotos), vídeos e áudios que circulam pela internet, principalmente pelas redes sociais. Hoje, é quase impossível não encontrar novos *memes* todos os dias. São engraçados e podem tratar dos mais diversos assuntos, desde situações do cotidiano das pessoas em geral até brincadeiras com gente conhecida, como artistas, políticos, esportistas etc. As mesmas imagens podem gerar diferentes versões de *memes*. Veja, a seguir, alguns exemplos de *memes*.

OLLYY/SHUTTERSTOCK

NICOLETA IONESCU/SHUTTERSTOCK

2. **O *meme* 1 expressa ideia de:**

a) concentração.

b) tranquilidade.

c) desespero.

d) alívio.

3. **No *meme* 2, temos uma expressão de:**

a) contentamento.

b) raiva.

c) susto.

d) pavor.

4. **Animais também podem ser usados em *memes*, representando reações humanas. Veja o exemplo.**

ИРИНА МЕЩЕРЯКОВА/ISTOCKPHOTO/GETTY IMAGES

- Nesse *meme*, podemos dizer que a expressão do cão é:

  a) desconfiada.

  b) amistosa.

  c) simpática.

  d) animadora.

5. **Observe as imagens a seguir e crie uma frase para cada uma delas.**

DMYTRO ZINKEVYCH/SHUTTERSTOCK

STORYSET/FREEPIK

____

____

____

____

CAPÍTULO 3

Verbos transitivos e intransitivos

Desejo de ser outra pessoa

Este é um desejo bem esquisito,
mas existe.
Às vezes, exausta de mim,
queria ser outra pessoa,
com outro rosto, outro corpo,
mas principalmente
outros talentos.
Se não sei dançar, a outra saberia,
se não sei nada e não toco nenhum
instrumento,
a outra saberia.

Sendo medrosa, a outra seria
corajosa,
se não sei andar de bicicleta,
a outra andaria.
Se não sei costurar nem bordar
e a minha roupa anda sempre
meio desarrumada,
a outra seria elegante.
E de trás pra frente, de frente
pra trás,
tudo seria diferente.

Roseana Murray. *Poço dos desejos*.
São Paulo: Moderna, 2014. p. 46-47.

1. Você também já se sentiu cansada ou cansado de ser como é e teve desejo de ser outra pessoa? Por quê?
2. Que tipo de pessoa você gostaria de ser? E como acha que seria sua vida se você fosse essa pessoa?
3. Que qualidades você mais valoriza em si mesmo?
4. E que aspectos de sua personalidade você gostaria de mudar? Por quê?

Verbo intransitivo

Há verbos que apresentam sentido completo em si mesmos, isto é, não precisam de complemento para deixar claro o seu sentido básico. Veja estes exemplos.

O avião **decolou**.
↓
verbo intransitivo

O jogo **terminou**.
↓
verbo intransitivo

AAPSKY/ISTOCKPHOTO/GETTY IMAGES

Nessas orações, percebemos que o verbo **decolar** e o verbo **terminar** não necessitam de nenhum complemento. O sentido deles está completo. Podemos acrescentar algumas informações à frase, mas elas não completam o sentido básico dos verbos. Veja.

O avião decolou **ontem**.

O jogo terminou **mais cedo**.

O verbo que não exige complemento é classificado como **intransitivo**.

Verbo transitivo

Observe a análise destas orações.

sujeito: Nosso grupo — predicado: apresentou um trabalho artístico

Nosso grupo **apresentou** **um trabalho artístico**.

apresentou → **verbo transitivo direto**; **um trabalho artístico** → **objeto direto**

sujeito: Todos nós — predicado: confiamos em você

Todos nós **confiamos** **em você**.

confiamos → **verbo transitivo indireto**; **em você** → **objeto indireto**

Podemos perceber que os verbos dessas orações — **apresentar** e **confiar** — não apresentam sentido completo em si mesmos. Esses verbos necessitam de um termo para completar seu sentido. Esse complemento é chamado de **objeto**. Nesses exemplos, para reconhecer os complementos dos verbos, podemos fazer perguntas como:

- O grupo apresentou **o quê**? → trabalho (objeto direto)
- Todos nós confiamos **em quem**? → em você (objeto indireto)

O verbo que, em determinada oração, precisa de um complemento para ter sentido completo é classificado como **transitivo**.

Quando o complemento é ligado ao verbo por uma preposição, dizemos que ele é um **objeto indireto**. Nesse caso, o verbo é classificado como **transitivo indireto**. Observe este exemplo.

preposição

Ele precisa **de** ajuda.

verbo transitivo indireto **objeto indireto**

Quando o complemento vem ligado ao verbo sem precisar da preposição, dizemos que ele é um **objeto direto**. Nesse caso, o verbo é classificado como **transitivo direto**. Veja o exemplo.

O professor **começou** **a aula**.

verbo transitivo direto **objeto direto**

Atenção

Às vezes, a preposição que acompanha o objeto indireto pode vir unida a um artigo ou pronome, formando uma combinação ou contração. É o que ocorre na oração a seguir, por exemplo.

preposição **de** + artigo definido feminino **a**

Eu gostei **da** ideia.

objeto indireto

PROSTOCK-STUDIO/SHUTTERSTOCK

Vamos recordar

As preposições **a**, **de** e **em** podem juntar-se aos artigos e a alguns pronomes e formar uma só palavra. Observe os exemplos.

Vou **ao** colégio.

preposição **a** + artigo definido **o**

Venho **da** escola.

preposição **de** + artigo definido **a**

Estou **no** colégio.

preposição **em** + artigo definido **o**

Estou **na** escola.

preposição **em** + artigo definido **a**

Quando ocorre apenas a junção de palavras, temos a **combinação**: *Vou* ***ao*** *colégio*.

Quando ocorre a perda ou transformação de algum elemento da preposição, temos a **contração**: *Venho* ***da*** *escola*.

Quando ocorre o encontro da preposição **a** com o artigo definido feminino **a** ou **as** ou com o pronome demonstrativo **aquele(a)** ou **aqueles(as)**, temos a **crase**. Observe os exemplos.

Vamos **à** festa.

preposição **a** + artigo definido **a**

Dei o livro **às** meninas.

preposição **a** + artigo definido **as**

Dei o recado **àquela** jovem.

preposição **a** + pronome demonstrativo **aquela**

Dei os cadernos **àqueles** meninos.

preposição **a** + pronome demonstrativo **aqueles**

Observação: faremos um estudo mais completo da crase no capítulo 18.

Verbo com dois objetos (direto e indireto)

Um verbo transitivo pode ter dois objetos em uma mesma oração: direto e indireto. Nesse caso, ele é classificado como **verbo transitivo direto e indireto**. Observe estes exemplos.

Nossa turma **deu** **um presente** **ao professor**.

verbo transitivo direto e indireto — objeto direto — objeto indireto

Ela **ofereceu** **um lanche** **às amigas**.

verbo transitivo direto e indireto — objeto direto — objeto indireto

O objeto direto pode vir também depois do objeto indireto. Observe.

Ele **contou** **aos colegas** **uma história incrível**.

verbo transitivo direto e indireto — objeto indireto — objeto direto

BEARFOTOS/SHUTTERSTOCK

Atividades

1. Sublinhe as preposições que introduzem os objetos indiretos nas orações a seguir. Atenção: essas preposições podem estar contraídas com os artigos definidos.

a) Ninguém simpatizou com essa mulher.

b) Desconfio muito de sua honestidade.

c) Muita gente está reclamando do calor.

d) Ela pensa em você o dia todo.

e) Preciso urgentemente da sua ajuda.

f) Você acredita nas promessas dessas pessoas?

g) Não gostei de seu comportamento na festa.

2. Leia o cartaz.

SCHUBBEL/SHUTTERSTOCK

- O verbo usado nesse cartaz é transitivo direto, transitivo indireto ou intransitivo? Por quê?

____

3. **Sublinhe o verbo de cada oração e classifique-o de acordo com o seguinte código.**

VI Verbo intransitivo **VTD** Verbo transitivo direto

VTI Verbo transitivo indireto

a) Os alunos caminharam pelo parque com o professor. ☐

b) Na próxima semana, terminam os ensaios. ☐

c) O professor encerrou a aula mais cedo. ☐

d) Os passageiros do avião já desembarcaram. ☐

e) Precisamos de um novo computador. ☐

f) Esse dançarino recebeu muitos prêmios. ☐

4. **Assinale as orações em que o verbo tem dois objetos (direto e indireto).**

a) O diretor entregou as medalhas às jogadoras campeãs. ☐

b) Você devolveu os livros à bibliotecária? ☐

c) Os alunos guardaram as bolas de vôlei no vestiário. ☐

d) O palhaço contou às crianças uma história muito engraçada. ☐

e) Ainda não conhecemos o novo professor de história. ☐

f) O motorista pediu informações ao agente de trânsito. ☐

g) Ela não revelou o segredo a ninguém. ☐

Núcleo dos objetos direto e indireto

Quando o objeto direto ou indireto é formado por mais de uma palavra, damos o nome de **núcleo** à palavra mais importante; sem ela, o complemento ficaria incompreensível.

Observe estes exemplos.

verbo transitivo direto — objeto direto

Arrume essas **roupas** no armário.

núcleo do objeto direto

verbo transitivo indireto — objeto indireto

Essas plantas **precisam** de muita **sombra**.

núcleo do objeto indireto

verbo transitivo direto e indireto — objeto direto — objeto indireto

A professora **entregou** as **provas** ao **coordenador** do grupo.

núcleo do objeto direto — núcleo do objeto indireto

Alguns objetos diretos ou indiretos podem apresentar mais de um núcleo, isto é, podem ter mais de uma palavra importante. Observe mais alguns exemplos.

verbo transitivo direto — objeto direto

Doei uma **camisa** de lã e uma **mochila**.

núcleos do objeto direto

verbo transitivo indireto — objeto indireto

As crianças **precisam** de muito **carinho** e de **proteção**.

núcleos do objeto indireto

Atenção

Para saber se um verbo é transitivo ou intransitivo, temos de analisar a frase em que ele está. Veja, por exemplo, o caso do verbo **terminar**, que pode ser transitivo ou intransitivo, conforme a frase.

O jogo **terminou**. → verbo intransitivo

Ele **terminou** o trabalho. → verbo transitivo direto

Atividades

1. Nas orações a seguir, sublinhe com um traço o núcleo do objeto direto e com dois traços o núcleo do objeto indireto.

a) Por favor, entregue esse livro ao coordenador do grupo.

b) Peça à professora uma explicação sobre isso.

c) Esse homem desconfia dos colegas e até do próprio irmão.

d) Precisamos de um computador e de um novo local de estudo.

e) Vamos guardar as pastas e os cadernos de arte nesse armário.

f) Marcelo contou aos colegas da escola o enredo do filme de ontem.

2. Observe as fotos e leia as legendas.

ED CONNOR/SHUTTERSTOCK

Começou o verão!

GUSTAVOMELLOSSA/SHUTTERSTOCK

A banda começou o desfile.

- O verbo **começar** foi usado como:

a) transitivo direto nas duas legendas.

b) intransitivo nas duas legendas.

c) intransitivo na legenda 1 e transitivo direto na legenda 2.

d) transitivo direto na legenda 1 e transitivo indireto na legenda 2.

3. Na placa a seguir, os verbos **comer** e **beber** foram usados como intransitivos. Crie uma oração com cada um desses verbos em que eles sejam transitivos diretos.

NIK_NADAL/SHUTTERSTOCK

A transitividade nas locuções verbais

Você já aprendeu que damos o nome de **locução verbal** a um grupo de dois ou três verbos seguidos. O verbo principal é sempre o último da locução verbal.

Quando analisamos uma oração com locução verbal, devemos considerar a transitividade do verbo principal, isto é, precisamos saber se ele é intransitivo, transitivo direto ou transitivo indireto. Observe.

locução verbal — **objeto direto**

As biólogas estão **fazendo** a pesquisa.

verbo principal (transitivo direto)

locução verbal — **objeto indireto**

A escola está **precisando** de outra quadra.

verbo principal (transitivo indireto)

locução verbal

O campeonato vai **acabar** no final do mês.

verbo principal (intransitivo)

MR-MENG/ISTOCKPHOTO/GETTY IMAGES

Atividades

1. Leia a tira a seguir.

HAGAR   Dik Browne

HAGAR, O HORRÍVEL, DIK BROWNE © 1973 DIK BROWNE-KING FEATURES/DISTR. BULLS

a) Quais locuções verbais há na tira?

____

b) Qual é o verbo principal de cada uma delas?

____

c) Indique a função sintática da palavra **algo**.

____

2. Sublinhe o verbo principal de cada locução presente nas frases a seguir e classifique-o usando o código.

TD Transitivo direto   **TI** Transitivo indireto

I Intransitivo   **TDI** Transitivo direto e indireto

a) O repórter vai entrevistar o goleiro da seleção. ☐

b) Esses moradores vivem reclamando do barulho da fábrica. ☐

c) Os alunos precisam apresentar os trabalhos ao professor de ciências. ☐

d) Durante o filme, muita gente estava cochilando na plateia. ☐

Dica

Houve / ouve

- **Houve** é uma forma do pretérito perfeito do indicativo do verbo **haver**.

  No sábado, **houve** uma festa na escola.

- **Ouve** é uma forma do presente do indicativo do verbo **ouvir**.

  Do fundo da classe, esse aluno não **ouve** bem o professor.

Atividades suplementares

Leia o texto para responder às atividades de 1 a 4.

A incrível boca dos tubarões

O tubarão é um tipo de peixe que vive nos oceanos desde a época dos dinossauros, há mais de 400 milhões de anos! Diferentemente da maioria dos peixes, a estrutura do corpo do tubarão não é formada por ossos, e sim por cartilagem, que é flexível como nossas orelhas. Os dentes do tubarão crescem em uma espécie de linha de produção interminável, que começa no fundo da mandíbula. Cada dente se move pouco a pouco até chegar à frente da boca. Quando cai, seu lugar é logo tomado pelo dente de trás.

ALESSANDRO DE MADDALENA/ISTOCKPHOTO/GETTY IMAGES

1. **O pronome relativo que foi usado três vezes no texto. Indique os termos a que eles se referem.**

____

2. **Explique por que as palavras a seguir são acentuadas. Se precisar, consulte o Quadro geral das regras de acentuação no fim do livro.**

a) época: ______________________

b) espécie: ______________________

c) flexível: ______________________

d) mandíbula: ______________________

3. **O plural de tubarão é tubarões. Escreva o plural de:**

a) feijão → ______________

b) leão → ______________

c) irmão → ______________

d) pão → ______________

e) capitão → ______________

f) pião → ______________

g) cidadão → ______________

h) porão → ______________

4. **Observe este adjetivo presente no texto e seu significado.**

interminável → algo que não termina

- Com base nesse exemplo, escreva os adjetivos que podemos usar para dizer algo:

a) que não se pode evitar → ________________

b) que não se pode ver → ________________

c) que não se pode prever → ________________

d) que não se pode vencer → ________________

e) que não se pode reconhecer → ________________

f) que não se pode tolerar → ________________

g) que não se pode explicar → ________________

h) que não se pode imaginar → ________________

i) que não se pode tocar → ________________

j) que não se pode suportar → ________________

5. **Forme palavras, completando as lacunas com as letras do quadro. Em cada palavra, as letras do quadro podem ser usadas apenas uma vez.**

H T O A E N

I R Ç D S L P

a) X ___ ___ ___ ___ Z

b) E ___ ___ ___ ___ O

c) X ___ ___ ___ ___ E

d) A ___ ___ ___ ___ ___ O

e) H ___ ___ ___ ___ ___ O

f) F ___ ___ ___ ___ ___ E

6. **Reescreva as frases, substituindo as locuções adverbiais destacadas por um advérbio terminado em -mente. Veja o exemplo.**

> Ele tratou a criança **com amor**.
> Ele tratou a criança **amorosamente**.

a) Ele vem aqui com frequência.

____

b) Nos encontramos por acaso.

____

c) Ela respondeu com agressividade.

____

d) O motorista agiu com prudência.

____

e) O animal atacou com ferocidade.

____

f) O rapaz tratou-nos com gentileza.

____

g) Ela resolveu o problema com inteligência.

____

h) O conserto do carro precisa ser feito com urgência.

____

i) O fiscal examinou tudo com cuidado.

____

j) Ela falou com a criança com delicadeza.

____

k) Eles agiram com serenidade.

____

l) Passei a viver na casa com conforto.

____

7. **Complete as frases usando as conjunções do quadro.**

desde que	logo	entretanto	assim que	porque

a) O nosso grupo poderá fazer uma boa apresentação do trabalho ______________ todos colaborem.

b) Ele mora bem perto de mim, ______________ quase não nos vemos.

c) O público começou a aplaudir o cantor ______________ ele apareceu no palco.

d) Atualmente, os astrônomos conseguem investigar melhor o universo ______________ podem usar telescópios supermodernos.

e) Essa nadadora se preparou muito bem para a competição; ______________, deve fazer uma boa apresentação.

f) Ela disse que vai mandar uma mensagem aos colegas ______________ chegar em casa.

g) Ela não conseguiu fazer uma boa prova ______________ perdeu muitas aulas.

h) A torcida tinha certeza de que o time seria campeão, ______________ não foi isso o que aconteceu.

i) Amanhã cedo iremos à praia, ______________ faça sol, é claro.

- Agora, indique as alternativas em que a conjunção expressa ideia de:
  - causa: ______________
  - condição: ______________
  - tempo: ______________
  - oposição entre uma ideia e outra: ______________
  - conclusão: ______________

8. Assinale as orações que apresentam sujeito indeterminado.

a) Comentou-se muito esse boato na cidade. ☐

b) Os meninos vestiram-se rapidamente. ☐

c) Alguém conhece esse bairro? ☐

d) Espalharam esses boatos pela escola. ☐

e) A gente vivia bem nessa cidade, alguns anos atrás. ☐

f) Ninguém sabe a resposta desse problema. ☐

g) Estão chamando você na secretaria da escola. ☐

9. Nos períodos a seguir, substitua o verbo existir pelo verbo haver e vice-versa.

Atenção

Mantenha o tempo e o modo dos verbos.

a) Havia muitos amigos querendo nos ajudar nessa tarefa.

____

____

b) Sabe-se que nesses planetas não existem sinais de vida.

____

____

c) Antigamente, nesse bosque, existiam muitos pássaros.

____

____

d) Não há muita gente que gosta desse tipo de música.

____

____

e) Sempre existiram pessoas com muito talento para as artes.

____

____

f) Acho que há muitos animais silvestres nessa mata.

____

____

Aprendendo com o dicionário

Conversa de golfinhos

O ser humano é o único animal que consegue falar. Mas isso não quer dizer que certos animais não se comuniquem. Eles também podem "falar", usando outros meios, é claro. É o caso dos golfinhos. Segundo os cientistas, esses animais emitem um conjunto de sons, equivalentes a cinco palavras, que são ouvidos por completo por outros golfinhos antes de serem respondidos. Ou seja, é como se os animais estabelecessem um diálogo.

MARK NEWMAN/THE IMAGE BANK/GETTY IMAGES

Agora, leia o verbete, que apresenta alguns dos sentidos que o verbo **falar** pode ter, dependendo da frase em que está inserido.

> **falar** (fa.**lar**) *v.* **1.** Expressar-se oralmente por meio de palavras. **2.** Conversar sobre um certo assunto. **3.** Ser capaz de expressar-se em outra língua. **4.** Dizer.

1. Considere o texto "Conversa de golfinhos" para responder às questões.

a) Em qual dos sentidos do verbete o verbo **falar** foi usado?

____

b) Por que, na terceira frase do texto, o verbo **falar** está entre aspas?

____

____

____

> **Dica**
> Pense no conceito de linguagem figurada.

2. De acordo com a numeração do verbete, indique o sentido do verbo falar em cada frase a seguir.

a) Meu tio Lucas fala bem italiano. ☐

b) Eles falaram um bom tempo sobre esportes. ☐

c) Ela falou a verdade sobre esse caso. ☐

d) Essa criança já fala bem. ☐

e) Ninguém me falou nada sobre essa festa. ☐

f) Fale com o professor para saber se podemos usar a quadra. ☐

g) Ele é calmo e sabe falar muito bem em público. ☐

3. Leia a tira.

ARMANDINHO Alexandre Beck

a) O humor da tira nasce de uma dupla interpretação do verbo **falar**. O que a mãe quis dizer com "fala com seu pai"?

____

____

b) O menino falou com o pai, como a mãe tinha pedido, mas sobre o quê?

____

____

c) Portanto, podemos dizer que o menino obedeceu e ao mesmo tempo desobedeceu à mãe? Por quê?

____

____

4. O verbo falar faz parte de uma série de expressões populares. Leia as frases a seguir e relacione cada expressão destacada ao seu significado.

[1] Falar demais.

[2] Falar com autoridade, com voz firme.

[3] Não falar com sinceridade.

[ ] O chefe ficou bravo e falou grosso com os funcionários.

[ ] Esse garoto é muito tagarela, fala pelos cotovelos.

[ ] Ele diz que gostou do filme, mas falou da boca pra fora; no fundo, deve ter detestado.

Aprenda mais!

Pesquise em um dicionário a palavra **falatório**, explique oralmente o que ela significa e elabore uma frase de exemplo.

Leia o verbete e veja alguns dos sentidos que a palavra **meio** pode ter, dependendo do contexto.

> **meio** (**mei**.o) *s.m.* **1.** Ponto situado no centro. **2.** Posição entre duas coisas ou dois seres. **3.** Parte central. **4.** Modo, jeito, maneira. **5.** Ambiente físico onde vive um ser. • *num.* **6.** Metade de um todo. • *adv.* **7.** Um pouco.

5. **Sublinhe a palavra meio no texto "Conversa de golfinhos" e indique em que sentido ela foi empregada.**

____

6. **O verbete mostra que a palavra meio pode pertencer a quais classes gramaticais?**

____

7. **Indique a classe gramatical da palavra meio no texto sobre os golfinhos.**

____

8. **De acordo com a numeração do verbete, indique o sentido da palavra meio nas frases a seguir.**

a) Ele usou meios legais para fazer esse negócio comercial. ☐

b) Essa linha marca o meio do campo. ☐

c) Percebi que você está meio preocupado. ☐

d) Alguns animais não sobrevivem fora de seu meio. ☐

e) Tomei meio copo de suco de laranja. ☐

f) O menino sentou-se no meio dos irmãos. ☐

g) Não há meio de fazer esse rapaz entender o problema. ☐

h) A feira foi montada no meio da praça. ☐

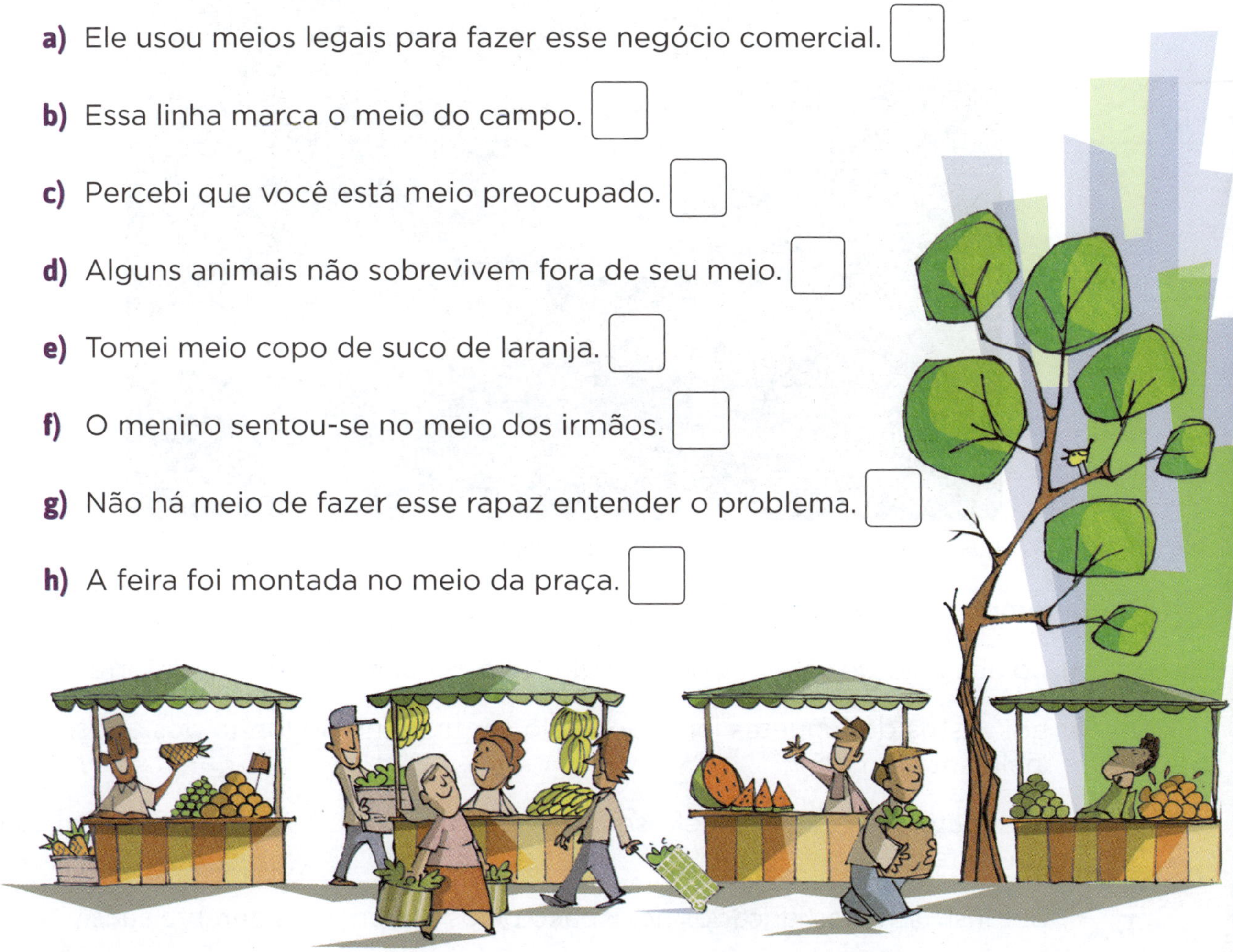

Interpretação de textos

Leia o texto para responder às atividades de 1 a 3.

Lixo espacial

Quando o ser humano começou a explorar o espaço em 1957, começou também a sujá-lo. Circulando em torno do nosso planeta, há centenas de satélites inativos e milhares de fragmentos dos foguetes que foram lançados, além de instrumentos que foram perdidos por astronautas em suas missões. Mas ninguém se preocupou com o destino desses materiais, que estão girando ao redor da Terra. Eles podem ser grandes como um carro ou pequenos como um clipe. O verdadeiro perigo é a velocidade com que esses objetos se movem — cerca de 30 mil quilômetros por hora. Isso faz com que eles se convertam em verdadeiros mísseis destruidores se atingirem alguma coisa.

O problema é muito sério e exige uma solução rápida. Há vários projetos em andamento para tentar encontrar uma saída para a eliminação de todo esse lixo espacial. Mas a situação continua problemática e põe em perigo o funcionamento dos satélites de comunicação que estão ativos e o lançamento de naves espaciais tripuladas rumo ao espaço.

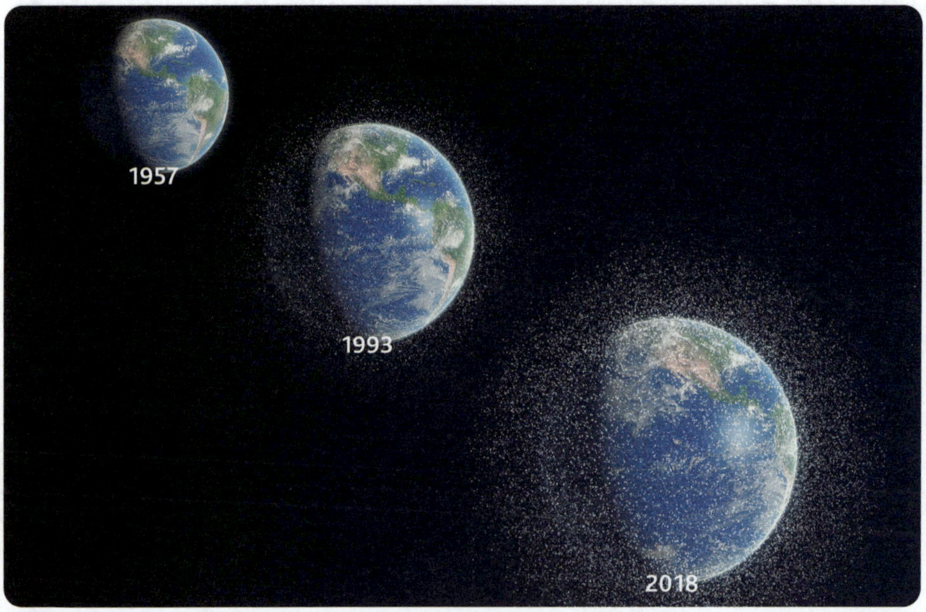

MARK GARLICK/SCIENCE PHOTO LIBRARY/GETTY IMAGES

Ilustração representativa do aumento de lixo espacial na órbita terrestre.

1. Segundo o texto, lixo espacial é o nome que se dá:

a) ao acúmulo de satélites desativados que circulam em torno da Terra.

b) aos restos de foguetes lançados pelo ser humano ao longo dos anos, principalmente em 1957.

c) aos materiais lançados pelo ser humano ao espaço e que circulam em torno da Terra.

d) aos instrumentos lançados no espaço pelos astronautas durante suas viagens.

2. **O texto informa que o problema do lixo espacial:**

a) ficou extremamente grave em 1957, no início da era espacial.

b) era muito grave anos atrás, mas está diminuindo com o tempo.

c) é grave pois não permite mais o funcionamento dos satélites de comunicação.

d) é fruto de falhas no processo de exploração do espaço.

3. **Leia as afirmativas e escreva V (verdadeiro) ou F (falso) em cada uma delas.**

☐ A quantidade de lixo espacial pode prejudicar o funcionamento dos satélites de comunicação.

☐ O problema do lixo espacial não é grave, pois já está sendo resolvido pelos cientistas.

☐ O lixo espacial pode causar problemas no lançamento de naves espaciais tripuladas.

☐ Os cientistas não sabem quais são os materiais que formam o lixo espacial, por isso é difícil eliminá-lo.

Leia a charge para responder às atividades 4 e 5.

CARPE DIEM, NIKLAS ERIKSSON © 2023 NIKLAS ERIKSSON/DISTR. BULLS

4. **Apenas uma das afirmativas sobre a charge não está correta. Assinale-a.**

- O tema da charge é:

  a) o uso irresponsável do celular na rua.

  b) o perigo do uso do celular na vida moderna.

  c) o vício no uso do celular.

  d) o autocontrole no uso do celular.

5. **Crie um título que poderia servir para a charge.**

____

____

CAPÍTULO 4

Funções sintáticas dos pronomes oblíquos

Fake news e fofoca

Muita gente acredita de primeira em histórias e notícias que lê ou ouve. Isso não é bom. Essa atitude é perigosa porque pode nos fazer acreditar em mentiras e boatos que, às vezes, têm sérias consequências. Você acreditaria em algum boato só porque foi um amigo ou uma pessoa da família que lhe enviou? Será que eles também não foram enganados? É preciso checar as fontes, isto é, saber de onde vêm essas informações. Elas estão sendo confirmadas por jornais e veículos de comunicação que são confiáveis? Há provas de que são verdadeiras?

Essas falsas notícias, as chamadas *fake news*, circulam principalmente pelas redes sociais e geram fofocas que podem prejudicar muitas pessoas. E depois que um boato se espalha pela internet é muito difícil tirá-lo do ar. Uma coisa é ter liberdade de expressar suas opiniões e outra, bem diferente, é ofender ou espalhar mentiras sobre alguém.

Mentiras e boatos sempre existiram em nossa história, mas hoje as redes sociais vêm estimulando cada vez mais a prática da fofoca e da divulgação de notícias falsas, já que a comunicação nessas redes é muito veloz. Além disso, as pessoas se apoiam em uma sensação de anonimato, isto é, não se sabe exatamente quem é o responsável pela notícia falsa, e mesmo assim a compartilham, sem se preocupar com as consequências. Nenhum de nós gostaria de ser vítima de uma fofoca, não é mesmo? Por isso, devemos tomar muito cuidado com o que falamos dos outros e sempre checar a veracidade das informações que repassamos.

1. Por que, com as redes sociais, é fácil espalhar *fake news*?

2. O que devemos fazer diante dessa imensa quantidade de informações e notícias que circula a todo instante pela internet? Como saber o que é verdadeiro e o que é falso? Na dúvida, como devemos agir?

Funções sintáticas dos pronomes oblíquos

Conhecer as funções dos pronomes pessoais do caso oblíquo é muito útil. Saber relacionar esses pronomes às palavras a que se referem é fundamental para compreendermos bem a sequência de ideias de um texto. Além disso, eles nos ajudam a evitar repetições de palavras.

Você já estudou os pronomes pessoais do caso reto e aprendeu como eles substituem palavras. Vamos ver um exemplo para recordar.

Mariana saiu cedo de casa. **Ela** estuda no período da manhã.

Ela → pronome pessoal do caso reto

Os elefantes são grandes mamíferos. **Eles** podem pesar até 7 toneladas.

Eles → pronome pessoal do caso reto

ANTON HERRINGTON/SHUTTERSTOCK

Você observou nos exemplos acima que esses pronomes pessoais exercem a função de **sujeito**.

Pronomes *o, a, os* e *as*

Os pronomes pessoais do caso oblíquo **o**, **a**, **os** e **as** exercem a função de objeto direto. Veja o exemplo.

A mulher **buscou** **o filho** na escola e **levou** **o filho** até em casa.

- **o filho** → objeto direto
- **o filho** → objeto direto
- **buscou** → verbo transitivo direto
- **levou** → verbo transitivo direto

Veja agora como fica a frase ao substituirmos a palavra **filho** pelo pronome oblíquo **o** na segunda oração.

A mulher buscou **o filho** na escola e **o** levou até em casa.

o filho → objeto direto; **o** → pronome pessoal do caso oblíquo/objeto direto

O pronome oblíquo também pode ser usado depois do verbo. Veja.

A mulher buscou **o filho** na escola e levou-**o** até em casa.

o filho → objeto direto; **o** → pronome pessoal do caso oblíquo/objeto direto

Nesse caso, devemos usar o hífen para ligar o pronome ao verbo.

Vamos recordar

- Quando o verbo está no **infinitivo**, os pronomes oblíquos **o**, **a**, **os** e **as** transformam-se em **lo**, **la**, **los** e **las**, respectivamente. Nesse caso, só podem ser usados depois do verbo.

  Observe a transformação da forma verbal e dos pronomes nos exemplos.

  Quero **conhecer essa cidade**. → Quero **conhecê-la**.

  Vamos **pintar esse quarto**. → Vamos **pintá-lo**.

  Gostaria de **ouvir essa música**. → Gostaria de **ouvi-la**.

As formas verbais terminadas em **a** e **e** levam acento porque são oxítonas, e todas as oxítonas terminadas com essas vogais devem ser acentuadas. Mas o mesmo não acontece com as oxítonas terminadas em **i**, que são escritas sem acento. Por isso, a forma **ouvi-la** não é acentuada.

- Quando usados depois de uma forma verbal terminada em **-m**, os pronomes oblíquos **o**, **a**, **os** e **as** transformam-se em **no**, **na**, **nos** e **nas**, respectivamente. Veja os exemplos.

  Muitos jovens admirava**m aqueles artistas**. →
  Muitos jovens admirava**m-nos**.

  Todos escutara**m** com atenção **a professora**. →
  Todos escutara**m-na** com atenção.

Atividades

1. Sublinhe os pronomes oblíquos nas frases a seguir e escreva as palavras a que se referem.

a) Paulo encontrou seus colegas e os convidou para a festa de amanhã.

____

b) Minha irmã pegou os cadernos, foi até o quarto e os guardou na mochila.

____

c) Com a chuva intensa de ontem, muitas ruas ficaram intransitáveis pois as águas as inundaram.

____

d) No domingo, Caio e seu irmão acordaram cedo e pediram ao pai que os levasse até o parque.

____

e) A leoa cuida muito bem dos filhotes. Até eles atingirem cerca de 3 anos de idade, ela os protege.

____

2. Complete as lacunas das frases com os pronomes pessoais do caso oblíquo o, a, os, as e suas variações (lo, la, los, las, no, na, nos, nas).

a) Cuide bem de seus livros, não ______________ deixe jogados pela casa.

b) Pegue essas pastas e guarde-______________ naquele armário.

c) Ela está com muito trabalho, vamos ajudá-______________.

d) A menina ficou feliz porque ______________ convidaram para o passeio.

e) A colega de vocês está com dificuldade. Ajudem-______________.

f) Ele leu os jornais e ______________ deixou sobre a mesinha.

g) Ele enviou uma mensagem aos amigos convidando-______________ para a festa.

h) Eles consultaram o dicionário e depois colocaram-______________ na estante.

3. **Dependendo da construção da frase, as palavras o, a, os e as podem ser artigos definidos ou pronomes pessoais do caso oblíquo. Nas frases a seguir, circule os artigos e sublinhe os pronomes.**

a) Os amigos verdadeiros são aqueles que acompanham você tanto em bons como em maus momentos, que o ajudam nas dificuldades e o incentivam quando bate o desânimo.

b) Os jogos eletrônicos podem viciar as pessoas, principalmente os jovens, pois os envolvem e os atraem, deixando-os quase hipnotizados por horas.

4. **Reescreva as orações empregando os pronomes oblíquos o, a, os e as ou suas variações lo, la, los e las. Atenção à acentuação. Veja o exemplo.**

Vou fechar **a mochila**. → Vou fechá-**la**.

a) Vamos comprar esse lanche.

____

____

b) Ela quer repartir o bolo.

____

____

c) Ele vai cumprir a promessa.

____

____

d) O professor vai devolver as redações.

____

____

e) Vamos terminar esse trabalho.

____

____

f) Você deve ligar esses aparelhos.

____

____

5. Leia o texto.

Cegonha na chaminé

As cegonhas que vivem nas cidades fazem seus ninhos em lugares bem altos, e como eles são grandes, elas precisam de lugares espaçosos para fazê-los. É por isso que, em algumas cidades, elas fazem ninhos no alto das chaminés, mas, quando não as encontram, elas os constroem nas árvores.

LEONSBOX/ISTOCKPHOTO/GETTY IMAGES

a) Sublinhe com um traço os pronomes pessoais do caso reto e com dois traços os pronomes pessoais do caso oblíquo.

b) Escreva abaixo todos os pronomes que você sublinhou e indique as palavras a que se referem no texto.

6. Reescreva as frases a seguir usando os pronomes oblíquos o, a, os e as e no, na, nos e nas, conforme o exemplo.

Elas leram esses livros.
Elas **os** leram. / Elas leram-**nos**.

a) Eles fecharam a janela.

b) Eles guardaram as mochilas.

c) Elas entregaram esse trabalho.

d) Eles elogiam esse escritor.

e) Eles perderam a bola.

Pronomes pessoais em situações formais

Em situações mais formais, como trabalhos escolares, provas, relatórios etc., os pronomes pessoais do caso reto não devem ser usados como objeto direto. Devem ser substituídos pelos pronomes oblíquos correspondentes. Veja os exemplos.

Eu encontrei **ele** no cinema.
↓
pronome pessoal do caso reto

Eu encontrei-**o** no cinema. ↓ Eu **o** encontrei no cinema. ↓
pronome pessoal do caso oblíquo

Preciso ajudar **ela**. → Preciso ajudá-**la**.
↓ pronome pessoal do caso reto ↓ pronome pessoal do caso oblíquo

Atividades

1. **Reescreva as frases substituindo os pronomes pessoais do caso reto pelos pronomes oblíquos correspondentes e fazendo as mudanças necessárias nas formas verbais.**

a) Gostei dessa camisa, vou comprar ela.

____

____

b) Meus avós moram aqui perto, vou visitar eles hoje à tarde.

____

____

c) Ela pegou o celular e guardou ele na mochila.

____

____

d) A professora corrigiu as provas e devolveu elas na aula de hoje.

____

____

e) Ali está o nosso colega, vamos chamar ele.

____

____

2. Leia a tira e responda às questões.

PEANUTS — Charles M. Schulz

a) Você observou que, na tira, um pronome pessoal do caso reto foi usado duas vezes como objeto direto. Qual é esse pronome?

____

b) Reescreva os trechos em que isso ocorre, substituindo o pronome do caso reto pelo pronome oblíquo correspondente.

____

____

Pronomes *lhe* e *lhes*

Os pronomes **lhe** e **lhes** exercem a função de **objeto indireto**. Veja este exemplo.

> Você acha que esses dias de férias estão **lhe** fazendo bem?

Observe que o pronome **lhe** tem o sentido de "a você".

> Você acha que esses dias de férias estão fazendo bem a você?

A você é o objeto indireto do verbo **fazer**. Por isso, o pronome **lhe** também é objeto indireto.

Dica

Não se esqueça de que o objeto indireto sempre vem antecedido por uma preposição.

Observe outros exemplos.

Eu **telefonei** **ao meu colega**.
- telefonei → verbo transitivo indireto
- ao meu colega → objeto indireto

Eu **lhe** **telefonei**.
- lhe → objeto indireto
- telefonei → verbo transitivo indireto

Eu **telefonei**-**lhe**.
- telefonei → verbo transitivo indireto
- lhe → objeto indireto

Atividades

1. Reescreva as orações substituindo o objeto indireto pelo pronome oblíquo lhe ou lhes. Veja o exemplo.

> Entregue **aos alunos** estes livros.
> Entregue-**lhes** estes livros.

a) Conte **ao seu pai** o que aconteceu.

____

b) Diga **ao seu irmão** que venha até aqui.

____

c) O professor explicou **aos alunos** como será o passeio.

____

d) Os tios deram um presente **ao Júlio e à Fabiana**.

____

e) Mostre **ao novo aluno** onde fica a biblioteca.

____

f) Explique **aos colegas** como será a festa.

____

2. Indique a função exercida pelos termos destacados nas orações a seguir de acordo com o código.

OD Objeto direto　　　**OI** Objeto indireto

a) Pegue as **chaves** e guarde-**as** na gaveta da mesa. ☐ ☐

b) Como ele gosta **de doces**, a mãe **lhe** deu um pedaço de bolo. ☐ ☐

c) Repasse essa **mensagem** rapidamente **aos colegas**. ☐ ☐

d) Ganhei um **celular** ultramoderno. Agora, preciso aprender a usá-**lo**. ☐ ☐

e) Venha cá, Gustavo, quero contar-**lhe** uma **novidade**. ☐ ☐

f) Chame as **crianças** e diga-**lhes** que vamos sair. ☐ ☐

Pronomes *me*, *te* e *nos*

Para reconhecer a função sintática dos pronomes **me**, **te** e **nos**, podemos substituí-los por substantivos. Considere esta oração.

A vendedora me viu.

Vamos substituir o pronome **me** por um substantivo: **cliente**, por exemplo. Observe.

A vendedora **viu** **uma cliente**.

verbo transitivo direto **objeto direto**

Portanto, na oração "A vendedora me viu", o pronome **me** exerce a função sintática de objeto direto. O mesmo procedimento pode ser realizado com os pronomes **te** e **nos**. Veja.

A vendedora **te** **viu**.

objeto direto **verbo transitivo direto**

A vendedora **nos** **viu**.

objeto direto **verbo transitivo direto**

Se os pronomes **me**, **te** e **nos** puderem ser substituídos por substantivos acompanhados de preposição, terão a função de objeto indireto. Observe.

Ana **me** **telefonou**.

preposição

Ana **telefonou** **para mim**.

verbo transitivo indireto **objeto indireto**

Portanto, na oração "Ana me telefonou", o pronome **me** exerce a função sintática de objeto indireto. O mesmo ocorre com os pronomes **te** e **nos**. Veja.

Ana **te** **telefonou**.

objeto indireto **verbo transitivo indireto**

Ana **nos** **telefonou**.

objeto indireto **verbo transitivo indireto**

Atividades

1. Leia a tira e responda às questões.

HAGAR — Dik Browne

a) Quais pronomes oblíquos foram usados nessa tira? Dê a função sintática de cada um deles.

____

____

b) O substantivo **riquezas** foi usado nos dois quadrinhos da tira. Qual é a função sintática dele em cada quadrinho?

____

c) Na tira há mais de um verbo transitivo direto e indireto. Quais são eles?

____

2. Analise a classificação dos pronomes oblíquos nas orações a seguir e assinale C (certo) ou E (errado) em cada uma. Depois, corrija as classificações que estiverem erradas.

a) Alguém me mandou essa mensagem pelo celular. [objeto direto] ☐

b) Ninguém nos contou essa notícia. [objeto indireto] ☐

c) Uma pessoa te procurou ontem à tarde. [objeto indireto] ☐

d) Posso te ajudar? [objeto direto] ☐

e) O professor nos apresentou o novo aluno. [objeto direto] ☐

f) Quem te mostrou essas fotos? [objeto direto] ☐

____

____

____

Atividades suplementares

1. Todas as palavras do quadro têm antônimos começados com a letra i. Quais são eles?

certeza	amizade	pequenino	fim	diferente	experiente	
sabedoria	puro	visível	escurecer	limpo	malicioso	
capaz	decente	culpado	legível	jovem	mortal	útil

____

____

____

- Se colocássemos as palavras que você escreveu na ordem alfabética, quais seriam as duas primeiras e as duas últimas?

____

____

2. Indique o adjetivo simples que corresponde a cada uma das locuções adjetivas destacadas nas frases a seguir. Atenção à concordância. Veja o exemplo.

> Este mês, tivemos vários dias **de chuva**. → dias **chuvosos**

a) Moro em uma cidade **do litoral**. → cidade ______________

b) Fizeram duas reportagens **de jornal** sobre nossa escola. → reportagens ______________

c) Aqui está uma receita de comida **do campo**. → comida ______________

d) Tomara que hoje faça um dia **de sol**. → dia ______________

e) Eles estudam no período **da manhã**. → período ______________

f) Os alunos foram divididos conforme a faixa **de idade**. → faixa ______________

g) Nessa época do ano, há muitas reuniões **de família**. → reuniões ______________

h) As águas **dos rios** fertilizam a terra por onde passam. → águas ______________

i) Esse médico é especialista em cirurgias **do coração**. → cirurgias ______________

j) Fabiana é especialista em doenças **de gatos**. → doenças ______________

3. **Preencha as lacunas do texto com as palavras do quadro.**

meio	mas	para	cada	humanos	também	só
forma	ou	ainda	obrigações	animais	todos	como

Comunicação

Nós nos acostumamos a pensar que __________ os seres __________ têm capacidade de se comunicar, __________ isso não é verdade. __________ os seres vivos, de uma __________ ou de outra, comunicam-se por __________ de sinais sonoros, cheiros __________ movimentos. Nos __________ que chamamos de sociais, __________ abelhas e formigas, por exemplo, a comunicação é __________ mais importante. Ela __________ serve __________ indicar a posição de __________ um dentro da comunidade e as necessidades e __________ de uns para com os outros.

Bichos. *Ciência Hoje na Escola*, Rio de Janeiro, v. 2, p. 7, 2003. (Adaptado.)

4. **Leia o cartaz.**

a) Quantos períodos há no texto desse cartaz? Classifique cada um deles em simples ou composto.

____

____

____

____

b) Na oração “Está chegando o frio”, a palavra **frio** é substantivo ou adjetivo? E qual é a função sintática dessa palavra?

____

c) "Está chegando" é uma locução verbal. Qual é o verbo principal dessa locução? Sintaticamente, esse verbo é transitivo ou intransitivo?

d) Em "Faça o bem", a palavra **bem** é advérbio ou substantivo? E qual é sua função sintática?

e) Nesse cartaz, há um objeto indireto. Qual?

5. Reescreva as frases usando o substantivo derivado do verbo. Veja o exemplo.

Leram o livro. → Foi feita a **leitura** do livro.

a) Atravessaram o rio.

b) Convidaram os pais para a festa.

c) Distribuíram os presentes às crianças.

d) Discutiram o problema.

e) Interditaram a estrada.

f) Adiaram o jogo.

g) Colheram uvas e morangos.

h) Transferiram o aluno.

i) Construíram uma biblioteca.

j) Reescreveram a redação.

6. **Leia o texto a seguir e responda às questões.**

O Sol

Visto daqui, o Sol parece pequeno, mas, na verdade, ele é tão grande que caberiam dentro dele um milhão de planetas do tamanho da Terra. Ele só parece pequeno porque está a 150 milhões de quilômetros de distância. Mesmo a essa distância, porém, o Sol é tão brilhante que você nunca deve olhar diretamente para ele: pode fazer mal aos olhos.

Enciclopédia da Ciência. São Paulo: Globo, 1993.

AFELSUESSE/PIXABAY

a) No texto "O Sol", os dois-pontos podem ser substituídos por qual das conjunções relacionadas a seguir?

☐ quando ☐ portanto ☐ pois ☐ enquanto

b) Há no texto conjunções que poderiam ser substituídas pela conjunção **entretanto**. Quais são elas?

____

Atenção

Os substantivos **Sol** e **Terra** são escritos com iniciais maiúsculas quando se referem aos corpos celestes (estrela e planeta, respectivamente). Quando não têm esse sentido, são escritos com iniciais minúsculas, como nestas frases:

Saia do sol que ele está muito forte.

Ponha mais um pouco de terra neste vaso.

7. **Complete as orações usando uma das formas destacadas.**

a) A Lua é o satélite da ______________. Terra / terra

b) Evite o ______________ do meio-dia. Sol / sol

c) O ______________ forte pode provocar queimaduras. Sol / sol

d) O planeta ______________ gira ao redor do ______________.
Terra / terra Sol / sol

e) Os astronautas deixaram a Lua de volta à ______________. Terra / terra

8. **Leia as expressões deste quadro e use-as para completar as lacunas a seguir.**

por isso	com certeza	de novo
de repente	em cima	à toa

Atenção

Observe que essas expressões são formadas por dois elementos separados. **Nunca** junte esses elementos.

a) Ele tentou ________________ entrar no cinema sem pagar, mas não conseguiu.

b) Para se distrair um pouco, ficou andando ________________ pelo parque.

c) Ele entrou ________________ na sala e me assustou.

d) Ele se esforçou para fazer o trabalho; ________________, merece nossos elogios.

e) Ponha as chaves ________________ da mesa.

f) ________________, muita gente vai participar da festa junina da escola.

Dica

Onde / em que / aonde

- Usamos **onde** quando o verbo expressa ideia de permanência em certo lugar físico.

Não sei **onde** ele mora.

Conheço a escola **onde** ele estuda.

Diga-me **onde** ele está.

- Quando não é lugar físico, usamos **em que**.

Vimos um filme **em que** havia um monstro pré-histórico.

Na época **em que** ele viveu, ainda não havia luz elétrica.

- Usamos **aonde** quando o verbo expressa ideia de movimento e pede a preposição **a**.

Aonde o professor vai levar os alunos?

Eles não sabem **aonde** vão no domingo.

Repare que **aonde** equivale a "a que lugar".

Aprendendo com o dicionário

Torcer e festejar

Os torcedores lotaram o estádio. Eles incentivaram os jogadores, torceram muito e vibraram com a vitória da seleção, que acabou campeã da partida. E, na volta do estádio, continuaram a festejar pelas ruas.

O verbo **torcer** está frequentemente ligado ao esporte. Mas ele tem vários outros sentidos, conforme o contexto. Veja alguns deles no verbete.

EVRIM AYDIN/ANADOLU AGENCY/ GETTY IMAGES

torcer (tor.**cer**) *v.* **1.** Pegar as duas pontas de algo e virar cada uma delas em uma direção. **2.** Deslocar alguma parte do corpo. **3.** Mudar o sentido das palavras ditas por alguém. **4.** Mostrar simpatia por um clube ou uma equipe e desejar seu sucesso. **5.** Animar um time ou um atleta com gritos, gestos ou aplausos. **6.** Desejar muito que alguém tenha sucesso em determinada situação. **7.** Desejar muito que algo aconteça.

1. Em qual dos sentidos do verbete o verbo torcer foi usado no texto "Torcer e festejar"?

___

- Crie outra frase em que o verbo **torcer** tenha esse mesmo sentido.

___

___

___

2. Indique o sentido do verbo torcer nas frases a seguir, conforme a numeração do verbete.

a) Torço por esse time desde criança. ☐

b) Ela estava torcendo o lençol molhado. ☐

c) Estou torcendo por vocês, quero muito que passem no exame. ☐

d) Queriam fazer um piquenique; por isso, torceram para o tempo melhorar. ☐

e) Os alunos estavam animados na quadra, torcendo pela equipe de vôlei. ☐

f) Ao contar o que aconteceu com a gente, ele torceu as minhas palavras. ☐

g) Ele tropeçou na rua e torceu o joelho. ☐

3. **Leia a tira e explique o que provoca humor nela.**

FRANK & ERNEST Bob Thaves

FRANK & ERNEST, BOB THAVES © 2017 THAVES/ DIST. BY ANDREWS MCMEEL SYNDICATION

Leia no verbete a seguir alguns dos sentidos que o substantivo **volta** pode ter, dependendo do contexto.

volta (**vol**.ta) *s.f.* **1.** Regresso ou retorno de alguém. **2.** Ação de virar ou girar. **3.** Retorno de alguma coisa. **4.** Passeio curto. **5.** Curva. **6.** Giro que uma pessoa ou coisa faz em torno de outra.

4. **Sublinhe no texto "Torcer e festejar" o substantivo volta. Depois, indique em qual dos sentidos do verbete ele foi usado no texto.**

____

5. **Indique o sentido do substantivo volta em cada frase a seguir, conforme a numeração do verbete.**

a) Saímos à tarde para dar uma volta pela praia. ☐

b) Esse rio faz muitas voltas antes de chegar ao mar. ☐

c) Ele sempre dá duas voltas na chave para fechar a sala. ☐

d) A Lua dá voltas em torno da Terra. ☐

e) A volta do filho que estava no exterior alegrou muito os pais. ☐

f) A volta dessa epidemia preocupa as autoridades. ☐

6. **Leia o cartaz.**

NEIRFY/SHUTTERSTOCK

- Em qual sentido do verbete o substantivo **volta** foi usado nesse cartaz?

____

____

____

____

____

Interpretação de textos

Observe a imagem para responder às questões 1 e 2.

PANACEADOLL/DEPOSITPHOTOS/FOTOARENA

1. Assinale a única afirmativa incorreta. A imagem:

a) transmite a ideia de que devemos ter cuidado com o planeta.

b) sugere que os seres humanos se preocupem com o planeta.

c) mostra que é preciso tratar com carinho a natureza.

d) passa a ideia de que a natureza não precisa de proteção.

2. Como a natureza foi representada na imagem? Que ideia é transmitida por essa forma de representação?

____

____

Atenção

Quando lemos um texto, devemos entender bem o que é fato e o que é opinião. Compare as frases.

1 A seleção jogou ontem e venceu a partida. → fato

2 A seleção jogou ontem e **felizmente** venceu a partida. → opinião

A frase 1 apenas informa o que aconteceu. Ela relata um fato. A frase 2, além de relatar um fato, apresenta um comentário pessoal sobre esse fato: **felizmente**. Quem escreveu a frase está mostrando que ficou feliz com a vitória da seleção. Isso é uma **opinião**, um ponto de vista pessoal.

Atenção

Um mesmo fato pode provocar diferentes opiniões. Observe.

1 Passei dias na fazenda. → fato

2 Passei dias inesquecíveis na fazenda. → opinião

3 Passei dias tristes na fazenda. → opinião

Podemos perceber que o fato não muda, mas as opiniões podem mudar, dependendo de quem está escrevendo.

3. Leia as frases a seguir e sublinhe em cada uma o que é opinião.

a) Até que enfim estão chegando as férias! Que maravilha!

b) Onde mora aquela menina linda e simpática que entrou na nossa classe?

c) Essa jogadora faz muitos gols, ninguém joga tão bem como ela!

d) Mário, nosso querido professor, está adoentado, infelizmente.

4. Leia este texto.

Muitos jovens, infelizmente, passam horas e horas jogando *videogames*. É claro que há jogos incríveis, mas é preciso pensar no corpo. Ficar muito tempo sentado na mesma posição, olhando fixamente para a tela, com certeza causa problemas nas costas, no pescoço e nos olhos. É preciso, sem dúvida alguma, controlar o tempo gasto nos jogos e praticar atividades físicas para melhorar a postura e fortalecer a musculatura. Aí, sim, jogar vai ser divertido.

FREEPIK

- Em quais trechos foram expressas opiniões?

CAPÍTULO 5

Adjunto adverbial e adjunto adnominal

Aceitar críticas

Você costuma aceitar bem as críticas que recebe ou fica muito bravo e irritado quando alguém aponta uma falha sua? Ora, reconhecer um erro é uma atitude de gente inteligente, pois mostra desejo de aprender para não errar mais, revela disposição de melhorar.

Essa atitude demonstra humildade, o reconhecimento de que ninguém é perfeito. Quem se acha sempre certo e infalível é uma pessoa arrogante, que se imagina superior às outras. Uma pessoa humilde muda seu comportamento quando percebe os erros que os outros apontam. Mas o orgulhoso, sem levar em conta as críticas, pensa: "O meu jeito é o certo, sempre fiz assim e vou continuar fazendo, não importa o que digam. Não vou mudar e pronto!".

Pessoas que aceitam críticas construtivas aprendem mais, conseguem fazer mais amizades, pois não se consideram melhores que ninguém e estão sempre dispostas a dialogar, por isso se relacionam bem com os outros. A humildade é uma qualidade muito importante que devemos desenvolver ao longo da vida, começando na juventude.

1. Há um ditado que diz: "Quem me critica é o meu mestre". Esse ditado tem relação com o tema do texto? Explique.

2. Você acha que uma pessoa arrogante e orgulhosa não consegue fazer muitas amizades? Por quê?

3. Você concorda que a humildade é uma qualidade que deve ser desenvolvida desde a juventude? Por quê?

4. Será que em nossa sociedade predominam as pessoas humildes? Você se considera humilde? Exponha sua opinião.

Adjunto adverbial

Leia esta oração.

Aos poucos, o dia amanhece **na praia**.

Observe que, nessa oração, os termos destacados acrescentam informações ao verbo.

- Como o dia amanhece? **Aos poucos** (modo).
- Onde? **Na praia** (lugar).

Esses termos são classificados como **adjuntos adverbiais**. Observe a análise.

Aos poucos, **o dia** **amanhece** **na praia**.

- Aos poucos → adjunto adverbial de modo
- o dia → sujeito
- amanhece → verbo intransitivo
- na praia → adjunto adverbial de lugar

Veja estes outros exemplos.

A todo momento, **eles** **trocam** **mensagens** **nas redes sociais**.

- A todo momento → adjunto adverbial de tempo (quando)
- eles → sujeito
- trocam → verbo transitivo direto
- mensagens → objeto direto
- nas redes sociais → adjunto adverbial de lugar (onde)

Os alunos **saíram** **rapidamente** **da sala**.

- Os alunos → sujeito
- saíram → verbo intransitivo
- rapidamente → adjunto adverbial de modo (como)
- da sala → adjunto adverbial de lugar (de onde)

O adjunto adverbial pode se referir a um **adjetivo**. Observe.

Essa menina é **muito** **gentil**.

- muito → adjunto adverbial de intensidade
- gentil → adjetivo

O adjunto adverbial pode ainda referir-se a um **advérbio**. Nesse caso, ele se refere a outro **adjunto adverbial**. Observe.

Eles dançam **muito** **bem**.

- muito → adjunto adverbial de intensidade → advérbio
- bem → adjunto adverbial de modo → advérbio

O **adjunto adverbial** é o termo da oração que se refere a um verbo, um adjetivo ou um advérbio, acrescentando uma circunstância (de modo, tempo, lugar, dúvida, negação, afirmação, intensidade etc.). Pode haver mais de um adjunto adverbial na oração e ele pode estar em qualquer posição.

Atividades

1. Amplie as orações, acrescentando adjuntos adverbiais conforme a indicação. Não se esqueça de que os adjuntos adverbiais podem vir antes ou depois do verbo. Veja o exemplo.

> Esperei você. lugar, tempo
>
> **Ontem**, esperei você **na biblioteca**.

a) Meu tio estacionou o carro. lugar

____

____

b) A turma se reuniu. tempo, lugar

____

____

c) Guarde o material de desenho. modo, lugar, tempo

____

____

d) O motoqueiro passou. modo, tempo, lugar

____

____

e) A internet pode ser perigosa. intensidade

____

____

f) Nosso time jogou bem. tempo, negação

____

____

2. Analise as ideias expressas pelos adjuntos adverbiais destacados a seguir e classifique-os. Veja o exemplo.

> **Ontem**, encontrei alguns amigos **na rua**.
> **Ontem** → tempo; **na rua** → lugar

a) **Às vezes**, algum colega vem almoçar **na minha casa**.

b) **Talvez** façamos **em breve** uma viagem de férias.

c) **Com certeza**, faremos um bom jogo **amanhã**.

d) Ele estava **muito** nervoso e saiu **rapidamente** da sala.

e) **De nenhum modo** perderei esse passeio **amanhã**.

3. Leia a tira.

GARFIELD — Jim Davis

a) Quais são os adjuntos adverbiais dos quadrinhos 1 e 2? Classifique-os.

b) No último quadrinho, há dois adjuntos adverbais. Classifique-os.

Adjunto adnominal

Leia esta oração.

Um jardim florido atrai lindas borboletas coloridas.

SEQOYA/ISTOCKPHOTO/GETTY IMAGES

Nessa oração, o substantivo **jardim** está acompanhado do artigo indefinido **um** e do adjetivo **florido**. O substantivo **borboletas** está acompanhado de dois adjetivos: **lindas** e **coloridas**. Essas palavras que se referem aos substantivos concordam com eles em número (singular ou plural) e gênero (masculino ou feminino).

substantivo (jardim) · substantivo (borboletas)

Um jardim florido atrai **lindas borboletas coloridas**.

Um → adjunto adnominal; florido → adjunto adnominal; lindas → adjunto adnominal; coloridas → adjunto adnominal

Na análise sintática, as palavras que acompanham um substantivo em uma oração são classificadas como **adjuntos adnominais**.

O adjunto adnominal pode ser um artigo, um numeral, um adjetivo, uma locução adjetiva ou um pronome.

Veja outros exemplos de adjunto adnominal.

A exposição **de ciências** foi montada em **duas** semanas.

A → artigo; de ciências → locução adjetiva; duas → numeral

Esse livro apresenta **vários** mapas **de geografia**.

Esse → pronome demonstrativo; vários → pronome indefinido; de geografia → locução adjetiva

Vamos recordar

Locução adjetiva é uma expressão que tem valor de adjetivo. É formada por preposição + substantivo. Exemplo: *dia* ***de chuva*** = *dia chuvoso*.

Atividades

1. Identifique a classe gramatical dos adjuntos adnominais destacados nas orações, conforme o exemplo.

> **Nossa** classe vai participar do campeonato **esportivo**.
> **nossa**: pronome possessivo; **esportivo**: adjetivo.

a) **Alguns** pais estão ajudando a terminar **a** reforma **da escola**.

____

____

b) A seleção **brasileira** vai disputar **dois** torneios **internacionais**.

____

____

c) **Os** alunos fizeram **uma** apresentação **musical**.

____

____

____

2. Nas orações a seguir, analise os adjuntos destacados e sublinhe com um traço os adjuntos adnominais e com dois traços os adjuntos adverbiais.

a) Um famoso ator **de novelas** mora nessa cidade **do interior**.

b) **À tarde**, percorremos uma **longa** estrada para chegar **à fazenda**.

c) **Recentemente**, visitamos **essa** cidade **do litoral**.

d) Ela descansou **bastante** e acordou **bem** disposta.

STORYSET/FREEPIK

Dica

Nada a ver / tudo a ver

Essa é a escrita correta. Nesse caso, não se trata do verbo **haver**, e sim do verbo **ver**. Exemplos:

> O seu problema não tem **nada a ver** com o meu.

> Esse assunto tem **tudo a ver** com a aula de ontem.

Atividades suplementares

1. **Em cada palavra a seguir estão faltando uma vogal e uma consoante, não necessariamente nessa ordem. Complete-as.**

a) ____ ga ____ alho

b) de ____ ess ____ is

c) a ____ ul ____ jo

d) f ____ nta ____ ia

e) re ____ erv ____

f) c ____ vili ____ ado

g) ____ mi ____ ade

h) ga ____ ol ____ na

i) n ____ ture ____ a

2. **Ordene as letras e forme palavras proparoxítonas. Depois, acentue-as corretamente. As palavras começam com a letra em vermelho.**

a) N O **A** L U G → ___ ___ ___ ___ ___ ___

b) I C A I S **G** T N A → ___ ___ ___ ___ ___ ___ ___ ___ ___

c) **E** X T I C E R O → ___ ___ ___ ___ ___ ___ ___ ___

d) D E S **H** P E O → ___ ___ ___ ___ ___ ___ ___

e) O I R **P** O M X → ___ ___ ___ ___ ___ ___ ___

f) R **T** O S N I T A → ___ ___ ___ ___ ___ ___ ___ ___

- Escreva em ordem alfabética as palavras que você formou.

1. ______________________
2. ______________________
3. ______________________
4. ______________________
5. ______________________
6. ______________________

3. **Transforme as frases usando substantivos derivados de verbos. Veja o exemplo.**

Exibiram o filme → A **exibição** do filme.

a) Continuaram o jogo. → ______________________ jogo.

b) Insistiram no erro. → ______________________ erro.

c) Prosseguiram o trabalho. → ______________________ trabalho.

d) Realizaram seus sonhos. → ______________________ sonhos.

e) Desistiram da viagem. → ______________________ viagem.

f) Proibiram o tráfego. → ______________________ tráfego.

g) Investigaram o caso. → ______________________ caso.

h) Interditaram a rua. → ______________________ rua.

4. **Leia o texto.**

Bolacha no mar? Que história é essa?

No mar existem baleias, tubarões, golfinhos e tartarugas, entre tantos outros animais. Quase todo mundo sabe disso. Mas pouca gente se dá conta de que, na imensidão dos oceanos, há seres pequenos, que não chamam tanta atenção, e, no entanto, levam uma vida bastante curiosa. Quer um exemplo? Elas vivem na areia do fundo do mar, têm um corpo muito achatado, recoberto de espinhos curtíssimos e, claro, rendem uma boa história. Já ouviu falar em bolachas-do-mar?

Ciência Hoje das Crianças, Rio de Janeiro, n. 204, p. 8, ago. 2009.

a) Sublinhe no texto o sujeito da primeira oração e depois classifique-o.

____

b) Sublinhe o núcleo do sujeito da oração "Quase todo mundo sabe disso".

c) Reescreva o trecho "na imensidão dos oceanos, há seres pequenos" substituindo o verbo **haver** pelo verbo **existir**.

____

d) Circule no texto a que se refere o sujeito da oração "Elas vivem na areia do fundo do mar".

e) Qual é o sujeito da oração "têm um corpo muito achatado"? Como ele se classifica?

____

5. **Complete as frases com os verbos indicados na pessoa, no tempo e no modo adequados.**

a) Por favor, _______________ esses livros à bibliotecária e voltem para a sala de aula. devolver

b) Sempre que meu tio nos _______________ ele me trazia um presente. visitar

c) Eu ainda _______________ pequeno quando meus pais vieram morar aqui. ser

d) Talvez ela _______________ ao cinema hoje à noite. ir

e) Quando entrei na classe, o professor já _______________ a aula. começar

Aprendendo com o dicionário

Ondas incríveis

Pegar uma grande onda é o sonho dos surfistas. Emoção pura! Mas é preciso muito cuidado para não cair e ser arrastado para o fundo do mar.

EPICSTOCKMEDIA/SHUTTERSTOCK

A expressão “pegar uma onda” significa “surfar”. Mas o verbo **pegar** tem muitos outros sentidos, dependendo da frase. Veja alguns deles no verbete abaixo.

pegar (pe.**gar**) *v.* **1.** Segurar com as mãos. **2.** Contrair (doença). **3.** Entender, compreender. **4.** Entrar em veículo para ir a algum lugar. **5.** Ser adotado ou usado por muita gente. **6.** Seguir por uma direção. **7.** Funcionar. **8.** Ser atingido por chuva, sol etc. **9.** Atropelar, chocar-se contra. **10.** Ser condenado a uma pena ou castigo. **11.** Surpreender em flagrante. **12.** Apanhar ou buscar alguém ou alguma coisa.

1. De acordo com a numeração do verbete, indique o sentido do verbo pegar nas frases a seguir.

a) Costumo pegar esse ônibus para ir à escola. ☐

b) Ele foi pegar a filha na escola. ☐

c) Peguei o livro na estante. ☐

d) Muita gente pegou gripe no inverno. ☐

e) O carro quase pegou o cachorro no meio da rua. ☐

f) A mulher pegou o garoto mexendo na geladeira. ☐

g) Para ir à feira, pegue a segunda rua à direita e vá em frente. ☐

h) Não peguei bem a explicação do professor. ☐

i) No frio, esse carro velho demora a pegar. ☐

j) A moda desse corte de cabelo pegou, muita gente está usando. ☐

k) Peguei muito frio ontem e fiquei resfriado. ☐

l) O culpado pegou dois anos de prisão. ☐

Leia, agora, alguns sentidos do verbo **cair**.

cair (ca.**ir**) *v.* **1.** Ir ao chão ou para baixo. **2.** Baixar ou diminuir a temperatura, o preço etc. **3.** Acontecer em determinado momento, dia etc. **4.** Começar ou terminar. **5.** Descer sobre a terra. **6.** Deixar de funcionar. **7.** Ser vítima em alguma situação. **8.** Ser adequado, ficar bem. **9.** Ser tema de prova, exame etc.

2. No texto, em qual desses sentidos o verbo **cair** foi usado na frase "Mas é preciso muito cuidado para não cair"?

____

3. De acordo com a numeração do verbete, indique o sentido que o verbo **cair** tem em cada frase a seguir.

a) O soldado caiu na armadilha preparada pelos inimigos. ☐

b) O Natal vai cair em uma quarta-feira este ano. ☐

c) Essa blusa caiu bem em você. ☐

d) No inverno, a temperatura costuma cair muito nesta região. ☐

e) Fomos ao cinema assim que caiu a noite. ☐

f) O jogador acabou caindo bem na hora de chutar. ☐

g) No frio, cai muito a presença dos turistas. ☐

h) O sistema caiu e perdemos a conexão com a internet. ☐

i) Cai a tarde e as sombras começam a invadir a cidade. ☐

j) Está caindo uma chuva bem forte. ☐

k) Essa parte da matéria não caiu no teste de hoje. ☐

4. O verbo **cair** está presente em muitas expressões da língua portuguesa. Leia as frases e relacione cada expressão destacada ao seu significado.

1 Quando a situação ficou ruim, ele **caiu fora**.

2 Ele **caiu como um patinho** na armadilha.

3 Ela **caiu das nuvens** quando recebeu aquela notícia.

4 Ela ofendeu o colega, mas depois **caiu em si** e pediu desculpas.

5 A sua colaboração **caiu do céu**, muito obrigado.

6 Todos **caíram no sono** durante a viagem de ônibus.

☐ Dormir.

☐ Chegar em boa hora.

☐ Ir embora.

☐ Ser facilmente enganado.

☐ Ficar muito surpreso.

☐ Reconhecer erro ou engano.

5. Explique a diferença de sentido que há entre estas duas expressões.

cair **da** cama | cair **de** cama

A palavra **fundo**, presente no texto do início da seção, pode ter vários sentidos, dependendo do contexto. Veja alguns deles no verbete.

fundo (fun.do) *adj.* **1.** Que tem grande profundidade, que vai até muito abaixo da superfície. **2.** Profundo. • *s.m.* **3.** A parte mais baixa de um buraco ou de um recipiente. **4.** A parte mais afastada da entrada. **5.** A parte mais baixa onde repousam ou correm as águas.

6. A que classes gramaticais a palavra fundo pode pertencer?

7. Em qual dos sentidos a palavra fundo foi usada no texto "Ondas incríveis"?

8. De acordo com a numeração do verbete, indique o sentido que a palavra fundo tem em cada frase a seguir.

a) A expedição chegou ao fundo da caverna. ☐

b) Ele fez um corte bem fundo na perna. ☐

c) As crianças estão brincando lá no fundo do quintal. ☐

d) A canoa virou e foi ao fundo da lagoa. ☐

e) Na fazenda, havia um rio bem fundo. ☐

f) A pedra caiu no fundo do poço. ☐

g) Sobrou um pouco de arroz no fundo da panela. ☐

h) Eles fizeram uma cova funda para enterrar o tesouro. ☐

9. O adjetivo raso é antônimo de fundo. Mas ele poderia ser usado apenas em algumas frases da atividade anterior. Quais?

Interpretação de textos

Leia o texto para responder às questões de 1 a 3.

Você gosta de ler?

A leitura é um hábito que enriquece a nossa vida. Ela traz muitos benefícios, e um deles é o desenvolvimento da criatividade. Quando lemos, mergulhamos em uma história e passamos a imaginar como seriam os lugares, o que faríamos se fôssemos as personagens, qual seria o epílogo. Quanto mais produtiva for a nossa imaginação, mais intensa será a experiência da leitura. Por isso, há livros que marcam a nossa vida e estão sempre em nossa lembrança, como companheiros de quem não nos esquecemos.

Ler é um ato solitário, mas, ao mesmo tempo, não estamos sozinhos durante a leitura. Parece estranho dizer isso, não é mesmo? A verdade é que, quando lemos, não estamos sozinhos, pois acompanhamos as aventuras das personagens, vibramos com suas vitórias, ficamos tristes com seu sofrimento, refletimos sobre o que está sendo narrado. As horas que passamos lendo são cheias de vida e emoção.

O hábito de ler traz ainda muitos outros benefícios. Ajuda a enriquecer nosso vocabulário, desenvolve nossa capacidade de raciocínio e concentração e melhora nossa escrita, pois aprendemos novas formas de expressar ideias e organizar o pensamento. Enfim, gostar de ler é tudo de bom!

1. Apenas uma das afirmativas sobre o texto está incorreta. Assinale-a.

- Ler pode desenvolver nossa criatividade porque:

a) nos faz mergulhar em um mundo diferente, que estimula nossa imaginação.

b) durante a leitura, podemos soltar a imaginação e explorar outras realidades.

c) durante a leitura, não prestamos atenção na história, apenas nas personagens.

d) estimula o leitor a imaginar como seria viver as situações apresentadas no livro.

2. O poeta Mário Quintana escreveu: "O livro traz a vantagem de a gente poder estar só e ao mesmo tempo acompanhado". A leitura do texto confirma essa afirmação do poeta ou não? Explique.

____

____

____

3. O hábito da leitura pode ajudar na hora de fazer uma redação? Por quê?

____

____

____

Revisão

Leia o texto e observe a imagem para responder às atividades de 1 a 3.

DUDAREV MIKHAIL/SHUTTERSTOCK

Anoitece rapidamente. Começam a surgir as primeiras estrelas. As sombras invadem o bosque e, em pouco tempo, a escuridão cobre as árvores.

1. Escreva C (certo) ou E (errado) em cada afirmativa sobre o texto.

- [ ] O texto é formado por três períodos simples.
- [ ] O texto é formado por um período composto e dois períodos simples.
- [ ] No texto, só há uma oração sem sujeito.
- [ ] No texto, há um exemplo de sujeito composto.

2. Destaque do texto:

a) um exemplo de adjunto adverbial de tempo.

____

b) um exemplo de adjunto adverbial de modo.

____

c) um exemplo de locução verbal.

____

3. **Leia novamente o texto. Indique a função sintática dos seguintes termos.**

a) estrelas: ______________________________

b) sombras: ______________________________

c) primeiras: ______________________________

d) árvores: ______________________________

4. **Sublinhe o núcleo do objeto direto de cada frase a seguir.**

a) Os jogadores vestiram um uniforme novo.

b) Pegue aquela caixa de bombons, por favor.

c) Vamos imprimir todos esses textos.

d) Ele está mudando seu comportamento em sala de aula.

5. **Leia os cartazes.**

MARIO TAMA/GETTY IMAGES

PROSTOCK-STUDIO/SHUTTERSTOCK

- Nesses dois cartazes, podemos identificar frases sem verbo e orações. Quais são elas?

____

____

____

____

____

____

____

____

____

6. **Leia a tira.**

GARFIELD Jim Davis

a) Nessa tira, há um pronome pessoal do caso reto empregado como objeto direto. Escreva a oração em que isso ocorre.

____

b) Reescreva a oração, substituindo o pronome pessoal do caso reto pelo pronome oblíquo correspondente.

____

c) Que ideia expressa a conjunção que inicia essa oração?

☐ causa ☐ tempo ☐ finalidade ☐ condição

7. **Leia as orações a seguir e classifique os verbos usando o código.**

VT Verbo transitivo **VI** Verbo intransitivo

a) A chuva parou. ☐

b) O guarda parou o trânsito. ☐

c) Acabamos a pesquisa. ☐

d) Acabou o jogo. ☐

e) O dia nasceu. ☐

f) Nasceu o meu filho. ☐

g) A chuva continua. ☐

h) Continuamos o trabalho. ☐

8. **Leia o texto.**

Os amigos verdadeiros são aqueles que acompanham você nos bons e nos maus momentos, que o ajudam nas dificuldades e o incentivam quando bate o desânimo. Eles nunca vão abandoná-lo. Estarão sempre por perto para lhe dar apoio.

a) Dependendo da construção da frase, as palavras **o**, **a**, **os** e **as** podem ser artigos definidos ou pronomes pessoais. Circule os artigos e sublinhe os pronomes presentes no texto.

b) Que função sintática exercem os artigos?

____

____

c) Que função sintática exercem os pronomes pessoais sublinhados?

____

____

d) Além dos pronomes pessoais que você sublinhou, há outros dois no texto. Quais são?

____

____

e) Que função sintática exercem esses dois pronomes?

____

____

9. Complete cada frase com uma das palavras indicadas.

a) ______________ a todos pelo presente, estou ansiosa para usá-lo! Obrigado / Obrigada

b) Rafael ficou chateado com a ______________ de seu celular. perda / perca

c) ______________ um problema com meu computador. Ouve / Houve

d) Não sei ______________ estão as chaves da casa. aonde / onde

e) Espero que você não ______________ o ônibus da escola. perda / perca

f) Percebi que esse homem não ______________ bem. ouve / houve

g) Esse filme tem tudo ______________ com o livro que lemos. haver / a ver

h) ______________ você está indo assim apressado? Aonde / Onde

i) Essa foi uma época ______________ as pessoas viviam muito felizes. em que / onde

Hora da leitura

Pequenos delitos

Compras do mês. Percorro as prateleiras do supermercado olhando gulosamente tudo aquilo que é bom mas engorda. Um senhor magro e grisalho para diante dos iogurtes. Olha ao redor, cautelosamente. Agarra uma garrafinha sabor morango, abre e vira na boca, bem depressa. Esconde a embalagem.

Disfarço, mas sigo o homem. Podem me chamar de abelhudo. Sou, com muita honra. Minha desculpa como escritor, tento entender o comportamento humano. Dali a pouco o homem pega um pacote de bolachas. Abre. Come algumas. A sobremesa? Na banca de frutas. Uvas itália tiradas do cacho. Um pêssego pequeno. Devora. Esconde o caroço no bolso. Nem sei como consegue fazer a digestão, tal a rapidez.

Não, não se trata de nenhum MSS — Movimento dos Sem-Supermercado — ou coisa que o valha. É um senhor com jeito de vovozinho e trajes de classe média. Termina as compras de barriga cheia e com expressão de vitória.

Comento o caso com uma amiga. Ela também já viu cenas assim.

— Faço de tudo para não praticar pequenos delitos — diz ela. — É uma responsabilidade pessoal.

Culposamente, lembro de mim mesmo, quando vou comprar fruta seca. Adoro uva-passa. Com a desculpa de experimentar, pego uma. Duas. Três. Trezentas! Outra amiga é absolutamente contra camelôs. Diz que emporcalham a cidade. Há uma semana chegou com um brinquedo para os filhos.

— Paguei baratinho — contou, animada.

Era de uma banquinha no centro da cidade. Espantei-me.

— Você não é contra?

— Sou contra, mas não sou burra!

Pode? Hoje em dia se fala muito em ética. Mas, quando podem dar o golpe nas pequenas coisas, muita gente sente-se orgulhosa. Conheço uma livraria que aceita devolução. Recentemente

uma senhora levou seu exemplar. A gerente não reconheceu o livro. A cliente teimou. Ela verificou todas as notas. Simplesmente o título não havia sido negociado. Insistiu:

— Eu troco, desde que a senhora me diga a verdade. Não é daqui, é?

A mulher reconheceu: havia comprado o exemplar há tempos, em outro lugar. Mesmo assim, aceitou a troca e saiu satisfeitíssima com um livro novo. Outra cliente levou o livro de atividades do filho, acompanhada pela criança. Trocou. Dias depois descobriu-se que os questionários e jogos internos estavam preenchidos a mão. Era golpe.

— Que exemplo essa mulher dá ao filho? — admira-se a vendedora.

E quando o troco vem errado? Confesso que minha primeira reação é de alegria! De repente, tenho mais dinheiro do que pensava. Em seguida, lembro que a diferença será paga pelo caixa. Devolvo. Sei que nem todo mundo faz isso. Já vi gente feliz da vida porque o dono da loja faz confusão nos preços.

Outra coisa que odeio é emprestar e não receber. Há uma predisposição para não pagar pequenas dívidas. Mesmo quem empresta fica sem jeito de cobrar.

— São só cinco reais... não faço questão.

Como se fosse feio receber o que é seu! Certa vez que reclamei o pagamento com um amigo, ele disse:

— Pão-duro! Você liga para mixaria?

Tenho um conhecido que jamais tem dinheiro para dar ao manobrista. Sempre me pede um trocado. Se eu não tenho, promete:

— Da próxima vez, dou em dobro.

Mas cadê a próxima vez?

Ou então dá o golpe em mim mesmo:

— Saí sem cartão e talão de cheques. Hoje você paga o jantar, o próximo é meu.

Ah, que raiva! De facadinha em facadinha, faz uma bela economia!

Surrupiar um queijinho no supermercado parece não ter a menor importância. Mas os pequenos delitos, quando somados, tornam a vida na cidade grande ainda mais selvagem.

Walcyr Carrasco. *Pequenos delitos*. São Paulo: Moderna, 2015. p. 17-19.

Construindo um mundo melhor

Gentileza e respeito cabem em todo lugar!

Você sabia que pessoas gentis são mais estimadas pelas outras e mais felizes? É isso mesmo. Todos gostam de conviver e conversar com pessoas assim.

As pessoas precisam ser gentis e educadas umas com as outras, independentemente de sexo ou idade. Nada de xingamentos, de brincadeiras sem graça que machucam ou ofendem alguém. Trate todo mundo como gostaria de ser tratado. Essa é uma regra que não se deve esquecer.

Na escola, por exemplo, todos os estudantes podem participar das atividades que desejarem, todos têm os mesmos direitos. É importante respeitar os limites de cada um, ninguém é inferior a ninguém. O valor de alguém não está na força física, por exemplo, e sim no seu modo harmonioso de viver e de se relacionar com os outros.

Lembre-se: gentileza gera gentileza!

Agora é sua vez!

ODS 16

1. Complete as frases. Depois, converse com os colegas sobre o que cada um escreveu.

a) Se não quero que me tratem mal, devo ____.

b) Ser gentil quer dizer ____.

c) Acho que todas as pessoas devem ser tratadas da mesma forma, porque ____.

ODS 16

2. Converse com os colegas sobre o que podemos fazer para termos atitudes mais gentis e colaborativas:

a) na sala de aula.

b) em casa, com familiares e vizinhos.

c) no transporte público.

CAPÍTULO 6

Predicativo do sujeito

A raposa e o corvo

Certa vez, o corvo conseguiu um pedaço de carne e voou para o alto de uma árvore com ele no bico, preparando-se para comê-lo. Nisso, passou uma raposa, viu a carne e imaginou uma maneira de ficar com ela.

Dirigiu-se então ao corvo e disse-lhe:

— Oh, como o senhor é bonito! Ninguém tem penas tão lindas e é tão elegante. Se tivesse uma bela voz, com certeza seria escolhido como rei da floresta.

O corvo, ouvindo todos aqueles elogios, foi se sentindo muito especial. E para mostrar que tinha uma voz maravilhosa, abriu o bico para cantar... e deixou cair a carne!

A raposa, mais que depressa, pegou a carne e saiu correndo. E o corvo lá ficou, sem a comida e com cara de bobo.

Texto adaptado de uma fábula de Esopo.

1. **Que tipos de pessoa representam o corvo e a raposa? A situação apresentada na fábula pode ocorrer na vida real? Justifique.**

2. **Será que nas redes sociais podem acontecer situações como a que foi mostrada na fábula? Por quê? Exponha sua opinião.**

3. **Há um ditado que diz: "Cuidado com quem elogia demais". Você acha que ele se aplica a essa fábula? Por quê?**

4. **Que conselhos você daria a quem se comporta como o corvo?**

Predicativo do sujeito com verbo de ligação

Observe a análise desta oração.

A raposa foi esperta.

A raposa → sujeito
foi → verbo de ligação
esperta → predicativo do sujeito

Veja que o verbo da oração serve de ligação entre o sujeito e uma palavra que indica uma qualidade ou um estado desse sujeito. É como se pudéssemos substituir o verbo por um sinal de igual.

raposa = esperta

Na análise sintática, a palavra que qualifica o sujeito por meio de um verbo de ligação é classificada como **predicativo do sujeito**.

O predicativo do sujeito pode ter um ou mais núcleos. Veja.

Durante o teste, **os alunos ficaram calmos e confiantes**.

os alunos → sujeito
ficaram → verbo de ligação
calmos e confiantes → predicativo do sujeito

Repare que, nessa oração, o predicativo do sujeito é formado por dois adjetivos: **calmos** e **confiantes**.

Observe que o predicativo do sujeito concorda em gênero (masculino ou feminino) e número (singular ou plural) com o sujeito.

Atenção

O verbo de ligação pode fazer parte de uma **locução verbal**. Veja este exemplo.

Ele **vai ficar emocionado** com a homenagem.

vai → verbo auxiliar
ficar → verbo de ligação
vai ficar → locução verbal
emocionado → predicativo do sujeito

Nessa oração, a locução verbal é **vai ficar**. O verbo principal é **ficar**, que está sendo usado como verbo de ligação. Portanto, a palavra **emocionado** é o predicativo do sujeito.

Casos em que o sujeito está oculto

Em um período, pode haver orações com sujeito oculto e predicativo do sujeito. Observe a análise destas orações.

Célia é muito simpática e gentil. Está sempre sorridente.

Na oração 1, os adjetivos **simpática** e **gentil** são predicativos do sujeito **Célia**.

Na oração 2, o adjetivo **sorridente** é predicativo do sujeito, que não está explícito nessa oração. Mas logo percebemos que o predicativo se refere ao substantivo próprio **Célia**, que está na oração anterior.

Atividades

Você sabia?

O maior animal voador de todos os tempos foi o quetzalcoatlus (esse nome é difícil de ler...). Suas asas eram imensas, tinham cerca de 12 metros de envergadura. Seu pescoço era bem longo. Parecia um gigante, pois tinha a altura de uma girafa, isto é, por volta de 6 metros. Esse animal não era um dinossauro, era um pterossauro, mas viveu na época deles, milhões de anos atrás.

ELENA DUVERNAY/STOCKTREK IMAGES/GETTY IMAGES

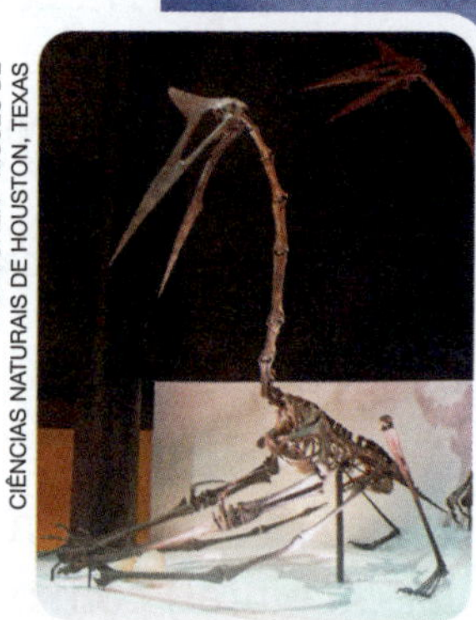

YINAN CHEN - MUSEU DE CIÊNCIAS NATURAIS DE HOUSTON, TEXAS

À esquerda, a reconstituição de um fóssil de quetzalcoatlus. Acima, uma ilustração artística desse animal.

1. **Dê a função sintática das seguintes palavras do texto.**

a) asas: ______

b) gigante: ______

c) dinossauro: ______

d) imensas: ______

e) pescoço: ______

2. **O substantivo animal foi usado duas vezes no texto com a mesma função sintática. Qual é essa função?**

______

Predicativo do sujeito com verbo transitivo ou intransitivo

Pode haver predicativo do sujeito também em orações com verbo transitivo ou intransitivo.

sujeito — predicado

O menino chegou feliz ao parque.

verbo intransitivo — predicativo do sujeito

sujeito — predicado

O homem abriu a janela preocupado.

verbo transitivo direto — objeto direto — predicativo do sujeito

Para melhor perceber a ideia de estado ou qualidade expressa pelo predicativo, podemos desmembrar essas orações da seguinte maneira.

O menino chegou feliz ao parque. → O menino chegou ao parque. + O menino estava feliz.

O homem abriu a janela preocupado. → O homem abriu a janela. + O homem estava preocupado.

Atividades

1. Usando adjetivos, complete as orações com um predicativo do sujeito, conforme o exemplo.

Clara e sua irmã saíram **alegres** de casa.

a) Voltamos ______________ do passeio.

b) A notícia deixou a turma ______________.

c) Ele começou ______________ a palestra.

d) Os jogadores entraram ______________ na quadra.

e) Os fãs esperavam ______________ o início do *show*.

f) A plateia aplaudiu ______________ os artistas.

g) A chuva começou ______________, mas logo parou.

Dica

As orações apresentam verbos transitivos diretos ou verbos intransitivos. Atenção à concordância.

- Das orações que você completou, quais delas apresentam predicativo com verbo transitivo direto? E com verbo intransitivo?

____

____

2. Todas as orações a seguir apresentam dois predicativos do sujeito. Sublinhe-os.

a) Pelo jeito, vai ser quente e abafada esta semana.

b) Todos acompanharam emocionados e calados esse filme dramático.

c) As pessoas receberam aliviadas e esperançosas as novas notícias.

d) Animadas e alegres, as crianças entraram rapidamente no circo.

e) Os pais estavam contentes e orgulhosos na formatura dos filhos.

3. Em cada oração, sublinhe com um traço a locução verbal, com dois traços o sujeito e circule o predicativo do sujeito.

a) Em alguns anos, vai ficar bem alta essa árvore.

b) Ele está ficando nervoso com esse problema.

c) Ninguém pode permanecer indiferente ao sofrimento dessas pessoas.

d) Vocês vão continuar calados diante dessa injustiça?

e) A turma não parece estar preocupada com os exames.

f) Está sendo muito rigoroso o inverno deste ano.

g) Ana Laura quer ser a líder do grupo.

Dica

Trás / traz

- A palavra **trás** expressa ideia de lugar ou posição.

Ele veio por **trás** e me deu um susto.

Ele quase caiu para **trás**.

Observação: a palavra **atrás** também se escreve com **s**.

Ele sentou-se **atrás** de mim.

Ela deu um passo **atrás**.

- A palavra **traz** é uma forma do presente do indicativo do verbo **trazer**, por isso é escrita com **z**.

Ele sempre **traz** um sanduíche de lanche.

Toda vez que nos visita, ele **traz** a irmã.

Atividades suplementares

1. Escreva os verbos relacionados aos adjetivos, conforme o exemplo.

ficar espantado → **espantar-se**

a) ficar triste → ______

b) ficar distraído → ______

c) ficar entusiasmado → ______

d) ficar nervoso → ______

e) ficar doente → ______

f) ficar arrependido → ______

g) ficar responsável → ______

h) ficar belo → ______

2. Observe o adjetivo referente à locução adjetiva.

Atividade **de escola** → **escolar**

de escola ↓ locução adjetiva — **escolar** ↓ adjetivo

Vamos recordar

Locução adjetiva é uma expressão que equivale a um adjetivo. É formada por uma preposição + um substantivo.

- Agora, complete os espaços com os adjetivos referentes a:

a) loção de cabelo → __ __ __ __ __ __ __

b) radiografia do tórax → __ __ __ __ __ __ __ __

c) jogada de mestre → __ __ __ __ __ __ __ __ __

d) amor de irmão → __ __ __ __ __ __ __ __

e) brilho de estrela → __ __ __ __ __ __ __

f) atitude de criança → __ __ __ __ __ __ __ __

g) aparência de monstro → __ __ __ __ __ __ __ __ __ __

h) rosto de anjo → __ __ __ __ __ __ __ __ __

- Um dos adjetivos que você escreveu deve ser acentuado. Qual? Por quê?

______

______

3. **A conjunção e pode expressar ideias diferentes.**

Vamos recordar

Ela entrou **e** logo foi conversar com a mãe.

Nesse caso, a conjunção **e** expressa ideia de acréscimo ou adição, isto é, uma ação que se soma a outra. Observe agora este período.

Ela se preparou muito para o teste **e** foi mal.

Nesse exemplo, a conjunção **e** expressa ideia de oposição ou contraste à ideia da oração anterior. Nesse caso, a conjunção **e** pode ser substituída, por exemplo, por **mas**, **no entanto**, **entretanto** ou **porém**.

- Indique o sentido da conjunção **e** nas frases usando o código a seguir.

A Ideia de acréscimo ou adição.

O Ideia de oposição ou contraste.

a) Li esse texto duas vezes e não o compreendi bem. ☐

b) Por favor, entre nessa sala e aguarde o médico. ☐

c) Ele trabalha bem e nunca recebe elogios de ninguém. ☐

d) Nosso time jogou bem e não conseguiu vencer. ☐

e) Vá à biblioteca e pegue o dicionário. ☐

f) Pegue os livros e guarde-os na mochila. ☐

g) Ele vive reclamando do problema e não faz nada para resolvê-lo. ☐

h) Os alunos abriram o livro e fizeram essas atividades. ☐

i) O rapaz foi ofendido e não reagiu. ☐

- Crie uma frase declarativa em que a conjunção **e** expresse ideia de oposição ou contraste.

____

4. **Observe o uso da vírgula nesta oração.**

As crianças, **com medo da tempestade**, **foram** depressa para casa.

As crianças → **sujeito**; com medo da tempestade → **adjunto adverbial de causa**; foram → **verbo**

Veja que o adjunto adverbial é um elemento intercalado entre o sujeito e o verbo. Nesse caso, ele deve ser isolado entre duas vírgulas, uma antes e outra depois.

- Nas orações a seguir, separe com vírgulas os adjuntos adverbiais intercalados entre o sujeito e o verbo.

  a) Os estudantes desta escola durante toda a semana ajudaram os professores na organização da festa.

  b) As fortes chuvas de verão todos os anos causam inundação nessa cidade.

  c) Os colegas de Marcelo aos poucos foram chegando para a festa.

  d) Aquela cidade na época do verão fica lotada de turistas.

  e) Os pescadores depois do trabalho descansavam nas redes.

  f) Mariana e suas colegas todas as tardes faziam trabalho voluntário nessa creche.

  g) O pessoal da fazenda com receio da enchente levou os animais para o alto da colina.

5. Observe o texto.

O massagista **ajuda** o jogador contundido. Sua **ajuda** é rápida e eficiente.

ajuda → verbo; **ajuda** → substantivo

Uma mesma palavra pode ser substantivo ou verbo, conforme o sentido da frase.

Dica

Se estiver acompanhada de um artigo, trata-se de um substantivo.

- Indique se as palavras destacadas a seguir são substantivos (**S**) ou verbos (**V**).

  a) Ele fez um **corte** na mão. ☐

  b) Eu sempre tiro um **cochilo** depois do almoço. ☐

  c) O nosso **jantar** foi servido nessa sala. ☐

  d) Frequentemente, ela **encomenda** produtos dessa loja. ☐

  e) Todo dia, eu **envio** várias mensagens aos amigos pelo celular. ☐

  f) A **pesca** nesse lago é proibida por lei. ☐

6. Crie um pequeno texto, de no máximo 4 linhas, em que a palavra andar seja usada duas vezes: uma como substantivo e outra como verbo.

____

____

____

____

Aprendendo com o dicionário

Leia a tira.

PEANUTS Charles M. Schulz

O humor da tira baseia-se em dois sentidos que o verbo **conhecer** pode ter, dependendo da situação. Veja o verbete.

> **conhecer** (co.nhe.**cer**) *v.* **1.** Passar a saber alguma coisa. **2.** Saber quem é. **3.** Entender bem de algum assunto. **4.** Passar a ter amizade ou contato com alguém. **5.** Conviver com alguém. **6.** Visitar ou percorrer um lugar.

1. Em qual dos sentidos do verbete o verbo **conhecer** foi usado no título do curso "Conhecendo a matemática"?

____

2. Em qual dos sentidos Sally usou o verbo **conhecer** no último quadrinho?

____

3. **Indique o sentido do verbo conhecer em cada frase a seguir, conforme a numeração do verbete.**

a) Conheci Ouro Preto, uma bonita cidade de Minas Gerais. ☐

b) Ainda não conheço ninguém na nova escola. ☐

c) Nosso guia conhece muito bem a história dessa cidade. ☐

d) Você conhece o novo professor de ciências? ☐

e) Não cheguei a conhecer meu bisavô. ☐

f) Como conhece bem informática, ele nos ajudou a usar o computador. ☐

g) Depois de ler esse livro, conheci várias histórias da mitologia grega. ☐

O verbo **reconhecer** é derivado do verbo **conhecer** e está presente no texto a seguir. Observe.

SETH COTTLE/UNSPLASH

Água pura. Ar puro. Todos reconhecem que é preciso cuidar bem da natureza. Ela é o nosso bem mais precioso.

Agora, leia o verbete.

reconhecer (re.co.nhe.**cer**) *v.* **1.** Lembrar ou identificar algo ou alguém que já se conhecia anteriormente. **2.** Estar certo ou convencido de alguma coisa. **3.** Confessar, admitir. **4.** Mostrar-se agradecido.

4. **Em qual dos sentidos do verbete o verbo reconhecer foi usado no texto?**

___

- Crie outra frase em que o verbo **reconhecer** tenha esse mesmo sentido.

___

___

5. **Indique o sentido do verbo reconhecer em cada frase a seguir, conforme a numeração do verbete.**

a) Na festa da escola, reconheci um antigo aluno meu. ☐

b) O rapaz reconheceu o esforço que os pais fizeram por ele. ☐

c) Ele reconheceu que errou e pediu desculpas. ☐

d) Reconheço que seu trabalho está melhor que o meu. ☐

e) Meu primo estava tão magro que quase não o reconheci. ☐

f) O prefeito reconheceu que precisa melhorar as escolas. ☐

Leia este outro verbete.

> **bem** *s.m.* **1.** Coisa de valor. • *pl.*: bens. **2.** Aquilo que é bom ou justo. **3.** *fig.* Pessoa amada por outra. • *adv.* **4.** De maneira boa. **5.** Muito, bastante. **6.** Com boa saúde.

6. **No texto da página anterior, a palavra bem foi usada duas vezes, ora como substantivo, ora como advérbio. Sublinhe com um traço quando ela for substantivo e com dois traços quando ela for advérbio.**

> **Dica**
> A palavra **bem** só varia no plural quando significa "coisa de valor".

7. **Indique o sentido da palavra bem em cada frase a seguir, conforme a numeração do verbete.**

a) Você agiu bem durante a reunião. ☐

b) Esse é um bem que eu não trocaria por nada. ☐

c) É bem simpático esse seu colega. ☐

d) A casa e o carro são os únicos bens dessa família. ☐

e) Esse homem faz o bem para todos. ☐

f) Como vai? Você está bem? ☐

g) Minha namorada é o meu bem. ☐

h) Ele falou bem alto para que todos ouvissem. ☐

A palavra **mal** é o antônimo de **bem**. Ela também pode ser usada como advérbio de modo ou substantivo. Veja o verbete.

mal *s.m.* **1.** Aquilo que prejudica uma pessoa, que a faz sofrer. • *pl.*: males. • *adv.* **2.** De modo errado ou contrário ao que devia ser.

8. Indique se a palavra mal, nas frases a seguir, é um substantivo ou um advérbio, conforme a numeração do verbete.

Dica

A palavra **mal** só varia no plural quando é substantivo.

a) Ele agiu mal com os colegas. ☐

b) Ele sofre desse mal há muitos anos. ☐

c) A poluição do ar causa vários males às pessoas. ☐

d) Você está lendo mal, precisa praticar mais. ☐

9. Leia o verbete e indique em qual sentido o adjetivo puro foi usado neste trecho do texto:

"Água pura. Ar puro."

puro (**pu**.ro) *adj.* **1.** Que não está misturado com nada. **2.** Que não é sujo nem poluído. **3.** Ingênuo, inocente. **4.** Completo.

____

10. Indique o sentido que o adjetivo puro tem em cada frase, conforme a numeração do verbete.

a) A história que ele contou é pura mentira. ☐

b) Gosto do ar puro desse bosque. ☐

c) A criança é pura, sem maldade. ☐

d) Você quer café puro ou com leite? ☐

e) A água dessa fonte é deliciosa: pura e geladinha. ☐

- O adjetivo **impuro(a)** é um antônimo de **puro(a)**. Mas ele só poderia ser usado em algumas frases da atividade anterior. Quais?

____

____

Aprenda mais!

Procure em um dicionário o verbo **purificar** e explique oralmente o que ele significa, elaborando uma frase de exemplo.

Interpretação de textos

Leia este poema para responder às atividades de 1 a 5.

Cimento armado

Batem estacas no terreno morto,
No terreno morto surge vida nova,
As goiabeiras do velho parque
E os roseirais abandonados,
Serão cortados
E derrubados.

Um prédio novo de dez andares,
Frio e cinzento,
Terá seu corpo de cimento-armado
Enraizado no velho parque
De goiabeiras
De roseirais.

Batem estacas no terreno morto.
Século vinte...
Vida de aço...
Cimento-armado!

Batem as estacas
Um prédio novo, de dez andares,
Terraços tristes,
Pássaros presos,
Rosas suspensas,
Flores da vida,
Rosas de dor.

Paulo Bomfim. *Antologia poética*.
Livraria Martins Editora: São Paulo, 1962.

1. **O tema dessa poesia, isto é, o assunto desenvolvido nos versos, é:**

a) o trabalho de construção de um parque e de um prédio.

b) a dificuldade de manter o parque próximo ao prédio que vai ser construído.

c) a destruição do parque para a construção de um novo prédio.

d) a reconstrução do parque que foi destruído pelo prédio.

2. **Na segunda estrofe, o poeta diz que:**

a) o novo prédio vai manter as raízes de goiabeiras e roseirais.

b) as raízes das goiabeiras e dos roseirais podem subir pelo corpo do prédio.

c) o novo prédio não conseguirá destruir as goiabeiras e os roseirais.

d) o novo prédio será erguido sobre as raízes das goiabeiras e dos roseirais.

3. **Nas duas últimas estrofes, percebemos que o poeta:**

a) não imagina uma vida feliz dentro do novo prédio.

b) acha bom que, no século vinte, surjam prédios altos e cinzentos.

c) espera que haja pássaros e rosas no novo prédio.

d) deseja que dentro do novo prédio surja um parque com flores.

4. **Com base na análise feita, podemos dizer que o poeta tem uma visão otimista ou pessimista da vida nas cidades modernas, cheias de prédios? Por quê?**

____

____

____

____

____

5. **Você concorda com essa visão do poeta? Por quê?**

____

____

____

____

____

Leia as tiras para responder às atividades de 6 a 11.

TIRA 1. MALVADOS — **André Dahmer**

TIRA 2. MALVADOS — **André Dahmer**

6. **A tira 1 destaca que:**

a) as redes sociais são importantes porque estão mudando o mundo.

b) os usuários das redes sociais gostam de criticar, não de agir.

c) as redes sociais trazem esperança de dias melhores.

d) as redes sociais incentivam os usuários a participar ativamente da vida social.

7. **Apenas duas das afirmativas a seguir estão corretas. Assinale-as.**

- No primeiro quadrinho da tira 2, afirma-se que:

a) nunca houve tanta informação inútil como em nossa época.

b) há uma riqueza de informações importantes em nossa época.

c) vivemos em uma época em que predominam as informações inúteis.

d) nenhuma outra época ofereceu informações tão preciosas como a nossa.

8. **Na tira 2, quadrinho 2, a palavra lixo pode referir-se:**

a) à mistura de informações úteis e inúteis que há na internet.

b) às muitas novidades e atrações que há na internet.

c) apenas às *fake news* que circulam na internet.

d) a tudo que há de prejudicial e inútil na internet.

9. **Na tira 2, nos quadrinhos 2 e 3, afirma-se que:**

a) na internet há tanta informação inútil quanto na televisão.

b) a televisão tem inveja da boa qualidade da internet.

c) há mais informações inúteis na internet do que na televisão.

d) a televisão está superando a internet em informações inúteis.

10. **Pela análise das duas tiras, podemos dizer que:**

a) ambas apresentam uma visão crítica da contemporaneidade, mas otimista da internet e da televisão.

b) para o autor, a internet e a televisão não contribuem para melhorar a sociedade.

c) só a televisão e a internet podem melhorar a qualidade das informações.

d) o autor tem uma visão negativa apenas da internet.

11. **Você concorda com as opiniões que o autor expressou em suas tiras? Ou acha que ele exagerou nas críticas? Por quê?**

UNIDADE 2

CAPÍTULO 7

Predicativo do objeto

Esforço e sucesso

Hoje em dia, muita gente deseja alcançar o sucesso sem fazer esforço. Para isso, não segue o caminho correto e, em vez de se dedicar seriamente ao que se propõe a fazer, arranja um jeitinho não muito honesto de cumprir suas tarefas. Como diz o filósofo Mario Sergio Cortella: “Há gente que imagina que a conquista de resultado se dá sem trabalho, que basta dar um jeitinho, acionar alguém que facilite um caminho e aí obterá o que almeja”. Por outro lado, quem faz as coisas do modo honesto muitas vezes é considerado um tolo. No entanto, não é tolo quem age corretamente, obedecendo às regras. Ao contrário, é uma pessoa que deve ser elogiada porque tudo que consegue fazer é fruto de seu esforço pessoal, sem precisar usar meios desonestos para obter sucesso.

1. Você acha que, na escola, colar nas provas pode ser considerado um meio correto de conseguir notas altas? Por quê?

2. Procure em um dicionário a diferença entre **esperto** e **espertalhão** e responda: quem pratica desonestidade para levar vantagem sobre outros mostra ser esperto ou espertalhão? Por quê?

Predicativo do objeto

Você já aprendeu que o predicativo se refere ao sujeito de uma oração. Mas ele também pode se referir ao objeto direto de uma oração. Veja os exemplos.

A janela da sala está fechada.

sujeito verbo de ligação predicativo do sujeito

verbo transitivo direto

Ele deixou a porta aberta.

sujeito objeto direto predicativo do objeto

No primeiro exemplo, o adjetivo **fechada** refere-se ao sujeito da oração, **janela**. Por isso, é classificado como predicativo do sujeito.

No outro exemplo, o adjetivo **aberta** refere-se ao substantivo **porta**, que é objeto direto. Por isso, é classificado como **predicativo do objeto**.

Podemos também inverter a posição do adjetivo, colocando-o antes do objeto direto. Observe.

verbo transitivo direto

Ele deixou aberta a porta.

sujeito predicativo do objeto objeto direto

Lembre-se de que o predicativo sempre concorda com a palavra a que se refere em número (singular ou plural) e gênero (masculino ou feminino).

Observe a concordância do predicativo nas orações a seguir.

Ele deixou a porta aberta.

objeto direto predicativo do objeto
(feminino singular) (feminino singular)

Ele deixou as portas abertas.

objeto direto predicativo do objeto
(feminino plural) (feminino plural)

O **predicativo do objeto** é o termo da oração que indica estado ou qualidade do objeto. Portanto, só pode ocorrer em uma oração que tenha verbo transitivo.

Saber reconhecer um predicativo do objeto é importante para a compreensão correta de uma frase. Veja outros exemplos de orações com predicativo do objeto.

Encontrei Luciana feliz.

verbo transitivo direto (Encontrei) — objeto direto (Luciana) — predicativo do objeto (feliz)

Todos **consideram essa menina simpática.**

verbo transitivo direto (consideram) — objeto direto (essa menina) — predicativo do objeto (simpática)

O predicativo do objeto pode ser constituído de mais de uma palavra que indique estado ou qualidade. Veja este exemplo.

Acho esse programa divertido e inteligente.

verbo transitivo direto (Acho) — objeto direto (esse programa) — predicativo do objeto (divertido e inteligente)

Nesse caso, o predicativo do objeto tem dois núcleos (palavras mais importantes): **divertido** e **inteligente**. O predicativo do objeto também pode ter outras palavras acompanhando o seu núcleo. Observe.

núcleo do predicativo do objeto (importante)

Consideramos essa pesquisa muito importante.

verbo transitivo direto (Consideramos) — objeto direto (essa pesquisa) — predicativo do objeto (muito importante)

Atividades

1. Reescreva as orações passando o objeto direto para o plural. Atenção à concordância do predicativo do objeto. Veja o exemplo.

Achei **ótimo** esse filme. → Achei **ótimos** esses filmes.

objeto direto singular (esse filme) — objeto direto plural (esses filmes)

a) O forte calor deixou seco o riacho.

____

____

b) O esforço deixou exausto o jogador.

c) As árvores tornam agradável este local.

d) Os alunos acharam emocionante essa história.

e) Mantenha bem organizada e limpa a nossa sala de leitura.

f) Achei deliciosa essa fruta.

2. Nos avisos a seguir, há predicativos do objeto, menos em um deles. Circule--os nas imagens.

EDUARDO Y/SHUTTERSTOCK

3. **Complete as orações com um adjetivo que exerça a função de predicativo do objeto. Atenção à concordância. Veja o exemplo.**

> O professor considerou **corretas** essas respostas.
>
> **feminino plural** (corretas) **feminino plural** (essas respostas)

a) O presente deixou ______________________ os aniversariantes.

b) As famílias consideraram ______________________ as atitudes do diretor.

c) A propaganda torna ______________________ as pessoas.

d) Os torcedores acharam ______________________ a atuação do time.

e) O calor da sala deixou ______________________ as crianças.

f) Encontramos ______________________ o ambiente.

g) As chuvas deixaram ______________________ as estradas da região.

h) Considero ______________________ esses trabalhos.

i) Não achei ______________________ a anedota.

4. **Leia a tira.**

GARFIELD — **Jim Davis**

a) Identifique os adjetivos presentes na tira.

____

____

b) Esses adjetivos têm funções sintáticas diferentes em cada quadrinho. Quais são essas funções?

____

____

____

____

Atenção

Observe a concordância quando o predicativo do objeto é representado por um pronome pessoal:

Nós **a encontramos** **chateada**.

objeto direto (feminino singular) — **predicativo do objeto (feminino singular)**

5. Complete as lacunas das frases com os adjetivos em destaque, fazendo a concordância correta.

a) Essa menina parece estar com algum problema. A professora a encontrou

______________________ e ______________________ no fundo da sala.

sozinho / tristonho

b) As crianças estão felizes. Nós as vimos bem ______________________ e ______________________ correndo pelo jardim. animado / contente

c) O time contratou esses dois jogadores. A torcida os considera ______________________ para a disputa do campeonato. indispensável

d) Os palhaços alegraram adultos e crianças, que os acharam muito ______________________ e ______________________. engraçado / divertido

Dica

Vem / vêm / veem

- **Vem** e **vêm** são formas do presente do indicativo do verbo **vir**.
- **Vem** é a 3ª pessoa do singular.

Ele **vem** ao escritório todos os dias.

- **Vêm** é a 3ª pessoa do plural.

Eles **vêm** à escola todas as manhãs.

- **Veem** é a 3ª pessoa do plural do presente do indicativo do verbo **ver**.

Daqui, todos **veem** o filme muito bem.

Atividades suplementares

1. **Leia esta frase.**

O professor conversou com a diretora na sua sala.

a) A frase permite duas leituras diferentes. Quais são elas?

b) Esse fato da língua é chamado de **ambiguidade**. Que palavra da frase provoca a ambiguidade nesse caso? Por quê?

c) Usando os pronomes possessivos **dele** ou **dela**, reescreva a frase deixando evidente um único sentido.

d) A ambiguidade também pode ser produzida visualmente. Observe estas imagens e veja se consegue perceber mais de uma figura em cada uma delas.

WILLIAM ELY HILL - BIBLIOTECA DO CONGRESSO, WASHINGTON

CPA MEDIA PTE LTD/ALAMY/FOTOARENA

2. **Reescreva a anedota a seguir dividindo-a em parágrafos e usando os sinais de pontuação adequados. Atenção para o uso das letras iniciais maiúsculas.**

um menino está conversando com a irmã e diz Mariana sabe a piada do homem que foi viajar de trem não disse ela como é ah então fica esperando quando voltar ele te conta

3. **Complete as lacunas das frases passando os verbos destacados para o tempo e o modo adequados ao contexto.**

a) Quero que vocês ________________ da sala de forma organizada. sair

b) Pegue as pastas de desenho e ________________ todas elas dentro desse armário. pôr

c) Não ________________ teimosos, ________________ o que a professora pediu. ser / fazer

d) Não se afobe, ________________ com calma e tudo ________________ bem. agir / ficar

e) Todos nós ________________ fazer essa excursão na semana passada, mas não foi possível por causa do mau tempo. querer

f) Pode ser que esse grande dicionário ________________ naquela estante vermelha. caber

g) Se você ________________ ao auditório da escola, verá que ele foi todo reformado. ir

h) Se a Juliana me pedisse, eu ________________ o trabalho com ela. fazer

4. **Escreva C (certo) ou E (errado) para cada uma das afirmativas sobre o texto a seguir.**

Amanhece na praia. Aos poucos, o sol vai esquentando a areia. Chegam os primeiros banhistas e algumas pessoas começam a montar suas barracas.

a) O texto é constituído de três períodos simples. ☐

b) No texto, há dois períodos simples e um período composto. ☐

c) Há somente um caso de oração sem sujeito no texto. ☐

d) Há três exemplos de locução verbal no texto. ☐

e) Os termos **banhistas** e **pessoas** exercem a função de objeto direto. ☐

f) No texto, há dois adjuntos adverbiais. ☐

- Justifique suas respostas.

5. Leia o cartaz.

a) No texto do cartaz, temos dois pronomes pessoais oblíquos. Quais são?

b) Que função sintática eles exercem?

c) No texto, um adjetivo foi usado no grau superlativo absoluto.

- Qual é esse adjetivo?

- Que função sintática ele exerce na oração?

6. **Leia as frases e indique as ideias expressas pelas conjunções destacadas, conforme as opções do quadro.**

finalidade	causa	tempo	condição	comparação

a) Ele usou o microfone durante a palestra **a fim de** que todos pudessem ouvi-lo perfeitamente.

b) **Como** se dizia que esses dois artistas tinham brigado, eles se abraçaram em público **para que** todos vissem que são amigos.

c) Chegamos ao estádio **depois** que o jogo já tinha começado.

d) Percebi que ele estava triste **assim que** vi seu rosto.

e) Seja **como** seu irmão e procure sempre ajudar os colegas.

f) O jogo será adiado, **caso** essa chuva continue.

g) O professor disse que pode organizar essa exposição **contanto** que os alunos o ajudem.

h) Deve haver mais campanhas públicas educativas **para que** todos entendam que a devastação da natureza não pode continuar.

i) A criança chorou **porque** não viu a mãe por perto.

Aprendendo com o dicionário

Trocando as penas

As penas não são somente um enfeite no corpo das aves. Elas exercem funções muito importantes. Auxiliam as aves durante o voo e no controle da temperatura do corpo. É natural que as penas se desgastem ao longo da vida das aves, e é por isso que elas, de tempos em tempos, trocam as penas. Essa troca ocorre aos poucos, sem que surjam falhas na plumagem. Por isso, a gente nem sempre percebe que a troca está acontecendo.

MARTIN MECNAROWSKI/SHUTTERSTOCK

O verbo **trocar**, usado no texto, pode ter vários sentidos, dependendo do contexto. Veja o verbete.

> **trocar** (tro.car) *v.* **1.** Dar uma coisa por outra. **2.** Substituir uma pessoa ou uma coisa por outra. **3.** Confundir. **4.** Dar e receber ao mesmo tempo. **trocar-se 5.** Tirar uma roupa e pôr outra.

Podemos ver que, no sentido 5 do verbete, está indicada a forma pronominal do verbo **trocar**: **trocar-se**. Essa indicação significa que, nesse sentido, ele é usado sempre acompanhado de um dos pronomes pessoais oblíquos (**me**, **te**, **se** e **nos**), que podem vir antes ou depois do verbo. Exemplos: eu me troco / eu troco-me; ele se troca / ele troca-se etc.

1. Em qual desses sentidos o verbo trocar foi usado no texto? ______

2. Indique o sentido que o verbo trocar tem em cada frase a seguir, conforme a numeração do verbete.

a) Luciana trocou o chinelo pelo tênis e foi fazer uma caminhada. ☐

b) Rosana trocou um abraço com sua prima. ☐

c) Meu pai trocou-se para ir à reunião da escola. ☐

d) Preciso trocar as pilhas desse aparelho. ☐

e) Ele quer trocar sua bicicleta por esses patins. ☐

f) Eu troquei os nomes das ruas e acabei me perdendo nesse bairro. ☐

g) Os namorados trocavam olhares carinhosos. ☐

h) Na festa da família, todos trocaram presentes entre si. ☐

i) Ao chegar em casa, troquei de roupa e fui jogar bola. ☐

3. **Leia a tira.**

ARMANDINHO Alexandre Beck

a) Nessa tira, o humor nasce da mistura de dois sentidos do verbo **trocar**. Em que sentido ele foi usado pelo pai?

____

b) E em que sentido foi compreendido por Armandinho?

____

4. **Explique esse ditado.**

Não troque o certo pelo duvidoso.

A palavra **pena**, presente no texto, também pode ter vários significados. Veja no verbete alguns deles.

> **pena** (**pe**.na) *s.f.* **1.** Cada uma das pequenas partes flexíveis que cobrem o corpo das aves; o mesmo que pluma. **2.** Pequena peça metálica, em forma de bico, que se adapta a uma caneta para desenhar ou escrever. **3.** Tristeza que sentimos quando vemos alguém sofrer. **4.** Castigo que a lei manda aplicar a um condenado. **5.** Sentimento de desgosto quando algo acontece contra o nosso desejo.

5. **Em qual desses sentidos a palavra pena foi usada no texto?** ____________

6. **Indique o sentido que a palavra pena tem em cada frase a seguir, conforme a numeração do verbete.**

a) O rei assinou os documentos com uma pena de ouro. ☐

b) É uma pena que essa pracinha esteja tão suja e abandonada. ☐

c) Os condenados vão cumprir suas penas na prisão. ☐

d) Acho lindas as penas das araras. ☐

e) Estou com muita pena das famílias que perderam as casas no incêndio. ☐

Aprenda mais!

Procure em um dicionário o significado do verbo **penalizar**. Depois, explique oralmente qual dos sentidos indicados no verbete **pena** tem relação com esse verbo.

Interpretação de textos

Leia as charges para responder às questões de 1 a 3.

- *Viu? Agora a senhora vai conseguir se comunicar com seus netos...*

1. **Pode-se dizer que as duas charges destacam:**

a) a facilidade da comunicação digital entre adultos e jovens.

b) a dificuldade de conseguir a atenção dos jovens fora do mundo digital.

c) a impossibilidade de comunicação entre jovens e adultos.

d) o novo método de ensino criado na era digital.

2. **A leitura das charges nos leva a pensar que:**

a) seria melhor que os jovens abandonassem o uso do celular em casa e na escola.

b) só por meio do celular é possível educar os jovens do mundo moderno.

c) é preciso ensinar os jovens a usar o celular de forma responsável, tanto em casa como na escola.

d) a comunicação digital deveria ser a única forma de relacionamento entre as pessoas.

3. **Que título você daria para cada uma das charges?**

____

____

____

Leia o texto para responder às questões 4 e 5.

Pororoca

A palavra **pororoca** vem da língua tupi e significa "grande estrondo". É o nome que se dá ao encontro das águas oceânicas com as águas da foz de um rio. Esse fenômeno ocorre em vários lugares do Brasil e em outros países. Mas nenhuma pororoca é tão forte como a que acontece no Rio Amazonas, quando suas águas encontram o Oceano Atlântico. Quando o nível das águas oceânicas se eleva e invade a foz do rio, a colisão provoca um estrondo e o surgimento de grandes ondas, que podem chegar a uns cinco metros de altura, com uma velocidade de 30 a 35 quilômetros por hora, levando tudo que encontram e arrancam pelo caminho, principalmente troncos e galhos de árvores. O fenômeno acontece duas vezes por ano e chega a durar uma hora e meia, com as águas do oceano avançando cerca de 50 quilômetros rio adentro. Mas o estrondo, os perigos e a força das águas não afastam os grupos de surfistas. Formados, em grande parte, por homens, apesar de surfistas mulheres estarem participando cada vez mais dessa aventura, esses grupos vão até lá para sentir a emoção de surfar na famosa pororoca. Já existe até o Campeonato Brasileiro de Surfe na Pororoca. Há vários vídeos na internet que mostram cenas desse evento.

PAULO SANTOS/AFP/GETTY IMAGES

O surfista Lucas Fink pegando ondas em pororoca na foz do Rio Amazonas, no estado do Pará, em abril de 2022.

4. O texto nos informa que o fenômeno da pororoca ocorre:

a) várias vezes por ano no Rio Amazonas.

b) de vez em quando e só na foz do Rio Amazonas.

c) quando as águas oceânicas se chocam com as águas de um rio.

d) no Rio Amazonas, formando ondas altas que duram vários dias.

5. Segundo o texto:

a) em nenhum outro lugar do Brasil ocorre a pororoca.

b) praticar surfe na pororoca é perigoso; por isso, as mulheres são proibidas de surfar.

c) é muito frequente a ocorrência da pororoca no Rio Amazonas.

d) o fenômeno da pororoca ocorre também em vários outros países.

CAPÍTULO 8

Predicado verbal e predicado nominal

Respeito acima de tudo

Você acha engraçada uma anedota ou brincadeira que humilha ou ridiculariza outras pessoas? Como você se sentiria se isso acontecesse com você? Pois esse é o teste que você precisa fazer para saber quando esse tipo de humor não deve ser aceito.

Muita gente gosta de contar piadas sobre mulheres, negros, pessoas com deficiência, entre outros grupos minoritários. Mas isso não tem graça nenhuma, só ofende e reforça ideias preconceituosas que existem há muito tempo e que precisam ser combatidas e eliminadas.

O humor deve fazer rir, não ajudar a espalhar preconceitos. Há tantos outros assuntos que podem ser explorados pelos humoristas. Basta ter talento e conhecimento. Aliás, há muitos grandes humoristas que nunca apelaram para o desrespeito para agradar à plateia. Sempre haverá quem goste de rir dos outros, infelizmente. Mas não é porque há gente assim que o humor deve seguir o mesmo caminho.

Se, no passado, havia programas e filmes humorísticos ofensivos, hoje eles não são mais aceitos. O tempo passou, a sociedade mudou seus valores, e esses grupos ofendidos, que eram reprimidos, agora têm mais poder para se manifestarem. Por isso, exigem respeito, acima de tudo.

1. Você acha que o humor deve ter limites? Deve ou não haver total liberdade de expressão na hora de contar piadas e fazer brincadeiras?

2. Que teste podemos fazer para saber se uma brincadeira é aceitável ou não?

3. Por que o humor ofensivo era bem aceito no passado? O que mudou para que, hoje em dia, esse tipo de humor não seja mais tolerado?

Predicado verbal e predicado nominal

Você já aprendeu que o predicado de uma oração é aquilo que se declara a respeito do sujeito. Vamos recordar.

Os seres humanos (sujeito) **vivem em sociedade** (predicado).

A sociedade (sujeito) **deve ser justa** (predicado).

As pessoas (sujeito) **precisam umas das outras** (predicado).

Considerando o modo como é formado, o predicado pode ser classificado em **verbal**, **nominal** e **verbonominal**. Neste capítulo, veremos os dois primeiros tipos de predicado.

Predicado verbal

O **predicado verbal** é aquele que tem como núcleo, isto é, a palavra mais importante, um verbo **transitivo** ou um verbo **intransitivo**.

Veja os exemplos.

O rapaz (sujeito) **ajudou uma senhora** (predicado verbal). — ajudou: verbo transitivo (núcleo)

Os passageiros (sujeito) **desembarcaram** (predicado verbal). — desembarcaram: verbo intransitivo (núcleo)

Observe, a seguir, as quatro possibilidades de formação do predicado verbal.

1. Com verbo transitivo direto + objeto direto:

sujeito: **O trem** | predicado verbal: **abriu as portas**.

O trem abriu as portas.

- abriu → verbo transitivo direto (núcleo)
- as portas → objeto direto

2. Com verbo transitivo indireto + objeto indireto:

sujeito: **Muita gente** | predicado verbal: **reclamou da confusão**.

Muita gente reclamou da confusão.

- reclamou → verbo transitivo direto (núcleo)
- da confusão → objeto indireto

3. Com verbo transitivo direto e indireto + objeto direto + objeto indireto:

sujeito: **Alguns passageiros** | predicado verbal: **ofereceram ajuda às mulheres**.

Alguns passageiros ofereceram ajuda às mulheres.

- ofereceram → verbo transitivo direto e indireto (núcleo)
- ajuda → objeto direto
- às mulheres → objeto indireto

4. Com verbo intransitivo:

sujeito: **As crianças** | predicado verbal: **embarcaram**.

As crianças embarcaram.

- embarcaram → verbo intransitivo (núcleo)

Atenção

Os adjuntos adverbiais também fazem parte do predicado.

sujeito: **Os estudantes** | predicado verbal: **embarcaram no trem**.

Os estudantes embarcaram no trem.

- embarcaram → verbo intransitivo (núcleo)
- no trem → adjunto adverbial de lugar

Os adjuntos adverbiais podem vir antes ou depois do verbo, ou mesmo antes do sujeito da oração, mas sempre fazem parte do predicado.

predicado verbal — sujeito — predicado verbal

No aeroporto, alguns dias atrás, os passageiros causaram uma confusão.

- No aeroporto → adjunto adverbial de lugar
- alguns dias atrás → adjunto adverbial de tempo
- causaram → verbo transitivo direto (núcleo)
- uma confusão → objeto direto

Quando há uma locução verbal, o núcleo do predicado verbal é toda a locução, isto é, o verbo principal + os verbos auxiliares. Veja.

sujeito — predicado verbal

A aeromoça vai auxiliar a mulher.

- vai auxiliar → locução verbal (núcleo)
- a mulher → objeto direto

sujeito — predicado verbal

O avião deve partir às dez horas.

- deve partir → locução verbal (núcleo)
- às dez horas → adjunto adverbial de tempo

Atividades

1. Sublinhe o predicado verbal das orações a seguir. Depois, classifique o verbo de cada uma em transitivo (VT) ou intransitivo (VI).

a) As aulas começaram na semana passada. ☐

b) Na parte da manhã, os estudantes e os professores passearam pelas ilhas. ☐

c) Ontem, vimos um excelente filme no cinema. ☐

d) Alguns povos antigos faziam tatuagens no corpo inteiro. ☐

e) O avião decolou duas horas atrás. ☐

2. Considere as orações do exercício anterior e responda às questões a seguir.

a) Qual é a única oração em que o adjunto adverbial é representado por um advérbio?

____

b) Quais orações apresentam adjunto adverbial de lugar?

____

c) Quais orações apresentam adjunto adverbial de tempo?

____

d) Qual oração apresenta um sujeito desinencial, isto é, reconhecível pela forma do verbo?

____

e) Em qual oração o sujeito não está claramente expresso?

____

f) Em quais orações o predicado é formado por verbos intransitivos?

____

g) Em quais orações o predicado é formado por verbos transitivos diretos?

____

h) Qual oração apresenta sujeito composto?

____

Predicado nominal

Observe a oração.

A população está **estressada**.

A população → sujeito
estressada → predicativo do sujeito

O **predicado nominal** é aquele que tem como núcleo o predicativo do sujeito, que é o termo que indica estado ou qualidade do sujeito. O verbo desse predicado é sempre um verbo de ligação (**ser**, **estar**, **parecer**, **ficar** etc.).

O predicado nominal apresenta, então, a seguinte formação básica:

verbo de ligação + predicativo do sujeito

Observe estes exemplos.

VERA NEWSIB/SHUTTERSTOCK

sujeito — predicado nominal

A paisagem era belíssima.

verbo de ligação (era) — predicativo do sujeito (belíssima)

sujeito — predicado nominal

Você é um papagaio.

verbo de ligação (é) — predicativo do sujeito (um papagaio)

O predicativo também pode se ligar ao sujeito por meio de uma **locução verbal**. Nesse caso, o verbo principal deve ser um **verbo de ligação**. É o que acontece nestes exemplos.

sujeito — predicado nominal

Essa criança parece estar cansada.

verbo auxiliar (parece) — verbo principal (estar) — predicativo do sujeito (cansada)

verbo auxiliar + verbo principal → locução verbal

sujeito — predicado nominal

A menina está ficando irritada.

verbo auxiliar (está) — verbo principal (ficando) — predicativo do sujeito (irritada)

verbo auxiliar + verbo principal → locução verbal

Núcleo do predicativo do sujeito

É preciso ter atenção com o núcleo do predicativo do sujeito, pois ele pode ser representado não só por adjetivos, mas também por locuções adjetivas e até por palavras de outras classes gramaticais.

Observe alguns exemplos.

sujeito predicado nominal

Bob está com frio.

núcleo do predicativo (locução adjetiva)

sujeito predicado nominal

Ana é uma voluntária muito dedicada.

núcleo do predicativo (substantivo)

Atenção

Dependendo do contexto, um mesmo verbo pode ser de ligação, intransitivo ou transitivo. Por isso, antes de classificar o tipo de predicado, observe bem o sentido da oração.

sujeito predicado nominal

Lucinha está apressada.

verbo de ligação predicativo do sujeito

sujeito predicado verbal

Olívia está no clube.

verbo intransitivo adjunto adverbial de lugar

Atividades

1. **Leia a tira.**

GARFIELD Jim Davis

a) Em um dos quadrinhos, há um predicado nominal. Qual?

____

____

b) Nesse predicado, temos um predicativo do sujeito ou predicativo do objeto? Identifique-o.

____

____

2. **Sublinhe o predicado de cada oração a seguir.**

a) Durante a palestra, a plateia permaneceu atenta.

b) O advogado interrogou a testemunha por meia hora.

c) Nos últimos dias, ela tem andado muito risonha.

d) Esse jogador está ficando famoso em todo o Brasil.

e) Estamos gostando cada vez mais desse livro.

f) Eles andaram muito durante a excursão.

3. **Considerando as orações do exercício anterior, responda ao que se pede.**

a) Quais orações apresentam predicado nominal?

____

b) Qual é o predicativo do sujeito de cada uma delas?

____

____

____

c) Qual oração tem o predicado formado por verbo intransitivo?

d) Qual oração tem o predicado formado por um verbo transitivo direto?

e) Qual oração tem o predicado formado por um verbo transitivo indireto?

f) Quais orações começam com um adjunto adverbial de tempo?

g) Qual oração tem um adjunto adverbial de lugar?

h) Quais orações apresentam locução verbal?

Dica

Sessão / seção

- **Sessão:** tempo de duração de certos trabalhos (sessão de fotos, sessão de massagem etc.), da projeção de um filme, de uma apresentação de peça teatral, da reunião de uma assembleia etc.

A modelo fez uma sessão de fotos para uma revista.

Os vereadores vão começar a sessão de hoje.

Fui ao cinema na sessão das sete horas.

- **Seção:** cada uma das partes em que se divide uma loja, um escritório, uma empresa etc.

Comprei esse brinquedo na seção infantil.

Ele trabalha na seção de contabilidade.

A seção de moda masculina fica nesse andar.

Atividades suplementares

1. **Reescreva as frases substituindo o pronome pessoal do caso reto pelo pronome oblíquo correspondente. Acentue o verbo quando necessário.**

> As visitas chegaram, vamos **cumprimentar elas**.
>
> As visitas chegaram, vamos **cumprimentá-las**.

a) O pacote está pronto, vou **levar ele** ao correio.

____

b) O professor recolheu as redações e vai **corrigir elas**.

____

c) Ela gostou dessa receita de bolo e resolveu **copiar ela**.

____

d) Você deve pegar o celular e **guardar ele** nessa gaveta.

____

e) Leve esses livros, mas cuidado para não **perder eles**.

____

f) Ela faz aniversário hoje e esse presente vai **deixar ela** feliz.

____

g) Pegue os convites e vá **entregar eles** aos nossos colegas.

____

h) Rafael começou a tocar piano e nós paramos de falar para **ouvir ele**.

____

i) Use o computador, mas não se esqueça de **desligar ele** depois.

____

2. **Do verbo informar podemos derivar o substantivo informação. Quais substantivos podemos derivar dos verbos a seguir?**

a) inventar ______________________
b) produzir ______________________
c) evoluir ______________________
d) traduzir ______________________
e) poluir ______________________
f) utilizar ______________________
g) reagir ______________________
h) reduzir ______________________
i) indagar ______________________
j) redigir ______________________

3. **Colocando as palavras que você formou na atividade anterior em ordem alfabética, quais são as duas primeiras e as duas últimas?**

____
____
____
____

- Pensando no plural das palavras que você formou, o que há em comum entre elas?

____
____

4. **Relacione as colunas indicando as funções sintáticas dos termos destacados.**

1 Os astrônomos observam **as constelações**.

2 Eles precisam **de telescópios** para observar o céu.

3 Os telescópios devem ser muito **potentes**.

4 **Ao longo dos séculos**, os astrônomos fizeram muitas descobertas.

5 **Muitos jovens** estão interessados no curso de astronomia.

( ) Sujeito

( ) Objeto direto

( ) Objeto indireto

( ) Predicativo do sujeito

( ) Adjunto adverbial

5. **Complete as lacunas do texto com as palavras do quadro. Atenção à coerência do texto, isto é, ele tem que formar uma sequência lógica e compreensível de ideias.**

Dica

Antes de começar, procure reconhecer o assunto do texto. Isso vai ajudá-lo a escolher corretamente as palavras.

por isso	do que	nem	tão	umas
depois de	só que	bando	para	
compridíssimo	muito	entretanto	que	e
finalmente	ao longe	pois	próprio	

Girafas

Imagine que estamos no Quênia, país da África, ________________ queremos ver girafas. De manhã bem cedo, ________________ andar bastante, ________________ conseguimos ver, ________________, um ________________ de girafas. ________________ começam a lamber as outras, ________________ o pescoço da girafa é ________________ comprido ________________ elas não conseguem lamber o ________________ corpo. ________________ também ela é obrigada a separar bem as pernas ________________ beber. O seu ________________ pescoço, ________________, só tem sete ossos. ________________ um ossinho a mais ________________ o pescoço de um camundongo ou de qualquer outro mamífero. ________________ os ossos da girafa são ________________ maiores, naturalmente!

BUCK FORESTER/MOMENT/GETTY IMAGES

6. Forme um período composto juntando as duas orações, conforme o exemplo.

> Jogar bem. Participar da seleção da escola.
> Se jogasse bem, participaria da seleção da escola.

a) Sair mais cedo. Chegar na hora certa.

____

____

b) Vir à reunião. Explicar o que aconteceu.

____

____

c) Ir ao cinema. Encontrar os amigos.

____

____

d) Ver esse documentário. Entender melhor o problema.

____

____

e) Ter um agasalho. Ficar mais protegido contra o frio.

____

____

7. Nas frases a seguir, há adjuntos adverbiais de tempo e de lugar que precisam ser separados por vírgulas. Leia as frases com atenção e coloque as vírgulas necessárias.

a) Domingo passado no período da tarde houve uma quermesse na escola.

b) Na próxima semana na praça da cidade haverá uma feira de artesanato.

c) Ontem à noite na quadra da escola fizemos nossa festa junina.

d) Na biblioteca na primeira estante há várias revistas em quadrinhos.

e) Na próxima semana visitaremos um museu de artes visuais.

f) Nesse texto no último parágrafo o autor faz uma descrição da Floresta Amazônica.

g) Em setembro no primeiro fim de semana será realizado o campeonato interno de vôlei.

8. **Complete as lacunas das frases com as preposições sob ou sobre.**

a) Precisamos conversar logo ______________ esse problema.

b) O cachorrinho se escondeu ______________ a mesa.

c) Os jogadores acabaram a partida ______________ forte chuva.

d) Muitas aves voam ______________ essa lagoa.

e) Essas crianças estão ______________ a proteção dos pais.

f) Vou trocar algumas ideias com ele ______________ esse assunto.

g) Ele fica nervoso quando está ______________ pressão.

9. **Sublinhe e classifique o predicado das orações a seguir usando o código.**

PV Predicado verbal **PN** Predicado nominal

a) Todos gostaram muito desse filme. ☐

b) Ele vai ficar muito irritado com esses comentários maldosos. ☐

c) Durante a aula, a classe permaneceu silenciosa. ☐

d) Em pouco tempo, esse jovem cantor vai ser muito famoso. ☐

e) Daqui a pouco, chegarão todos os alunos do 8º ano. ☐

f) Ultimamente, ela tem andado tristonha. ☐

g) Muitos pais esperam os filhos na porta da escola. ☐

10. **Preencha os espaços com os antônimos das palavras relacionadas a seguir.**

a) construir → ___ ___ ___ T ___ ___ ___ ___

b) ampliar → ___ ___ ___ I ___ ___ ___ ___

c) atacar → ___ ___ ___ ___ ___ D ___ ___

d) atento → ___ ___ ___ ___ R ___ ___ ___ ___

e) unir → ___ ___ ___ ___ D ___ ___

f) semelhante → ___ ___ ___ ___ R ___ ___ ___ ___

g) exibido → ___ ___ ___ ___ ___ ___ T ___

h) aterrissar → ___ ___ ___ ___ L ___ ___

Dica

Todos os antônimos começam com a letra **d**. Algumas letras já estão preenchidas.

Aprendendo com o dicionário

Palavras bonitas

Amor, carinho, paz, feliz, sorriso...
Essas são algumas das palavras que muita gente diz que são bonitas. Mas cada pessoa tem as próprias preferências, pois as palavras despertam diferentes sentimentos e lembranças em cada um de nós. E para você, quais são as dez palavras mais bonitas da língua portuguesa?

O substantivo **palavra** pode ter vários significados, dependendo do contexto. Veja o verbete.

palavra (pa.**la**.vra) *s.f.* **1.** Conjunto de sons ou letras de uma língua que, juntos, têm um significado. **2.** Permissão para falar. **3.** Declaração. **4.** Conversa sobre determinado assunto. **5.** Opinião, conselho. **6.** Promessa ou compromisso assumido.

1. **Em qual desses sentidos o substantivo palavra foi usado no texto?**

____

2. **Indique o sentido que o substantivo palavra tem em cada frase a seguir, conforme a numeração do verbete.**

a) Logo no início do evento, o representante da turma pediu a palavra. ☐

b) Não sei o significado de algumas palavras do texto. ☐

c) Se ele disse que vai nos ajudar, deve manter a palavra. ☐

d) O pai enviou uma mensagem com palavras carinhosas para a filha. ☐

e) Ele cumpriu a palavra e agiu corretamente conosco. ☐

f) Na reunião, o chefe não quis dar a palavra a ninguém, só ele falou. ☐

g) Ela sempre tem uma palavra de incentivo para os filhos. ☐

h) Nesse caso, é melhor seguir a palavra do mestre. ☐

i) Preciso ter uma palavra com você sobre esse problema. ☐

3. **Nas frases a seguir, há várias expressões destacadas com o substantivo palavra. Leia-as com atenção e relacione cada uma com seu sentido.**

1 Ela **ficou sem palavras** com aquela homenagem.

2 Eu contei tudo exatamente como aconteceu. **Palavra de honra**!

3 Confio nele porque é um homem **de palavra**.

4 Você **tirou as palavras da minha boca** quando elogiou aquelas alunas.

☐ Que sempre faz o que promete.

☐ Muito assustado ou emocionado.

☐ Dizer o que outra pessoa queria dizer.

☐ Honestamente, com toda a sinceridade.

4. **Sublinhe no texto uma forma do verbo despertar. Ele também pode ter diferentes sentidos, dependendo do contexto. Veja o verbete.**

despertar (des.per.**tar**) *v.* **1.** Tirar alguém do sono, acordar. **2.** Estimular, incentivar. **3**. Sair do sono, acordar. **4.** Reanimar, readquirir entusiasmo. **5.** Fazer nascer, dar origem a alguma coisa.

- Em qual desses sentidos o verbo **despertar** foi usado no texto "Palavras bonitas"?

____

5. **Indique o sentido do verbo despertar em cada frase a seguir, conforme a numeração do verbete.**

a) A escola deve despertar nas crianças o desejo de proteger a natureza. ☐

b) O gol despertou a torcida, que passou a incentivar o time. ☐

c) A mãe sempre desperta o filho às sete horas. ☐

d) Esses petiscos despertaram meu apetite. ☐

e) Ela desperta muito cedo para ir ao trabalho. ☐

f) A família conseguiu despertar nos filhos o gosto pela música. ☐

g) O modo como ele estava agindo despertou suspeitas nos policiais. ☐

Interpretação de textos

Leia os cartazes para responder às questões de 1 a 5.

MDHC/GOVERNO FEDERAL

HADA ICON/SHUTTERSTOCK

1. Atente para o uso da cor branca e da cor preta. Você acha que essas cores têm um significado especial na mensagem dos cartazes?

____

____

2. **No cartaz 1, que relação você percebe entre as palavras em vermelho e o jogo de futebol?**

____

____

____

____

____

____

3. **No cartaz 1, além do protesto, podemos ver uma indicação:**

a) da identidade do autor do cartaz.

b) do modo como se pode combater o preconceito.

c) da duração da campanha contra o preconceito.

d) dos males causados pelo preconceito.

4. **Apenas uma das afirmativas sobre o cartaz 2 está incorreta. Assinale-a.**

- No cartaz 2, a mensagem escrita na faixa da bandeira destaca que:

  a) o racismo está presente no Brasil inteiro.

  b) o racismo ameaça a vida das pessoas negras.

  c) o problema do racismo só ocorre no Brasil.

  d) com racismo, não pode haver ordem e progresso no Brasil.

5. **No cartaz 1, foi usada a palavra preconceito. Você acha que essa palavra se refere apenas à violência contra as pessoas negras? Explique.**

____

____

____

____

____

____

Leia o texto para responder às atividades 6 e 7.

O menino que tomou a primeira vacina

A primeira vacina foi criada pelo médico inglês Edward Jenner (1749-1823). Em seus estudos, ele observou que as pessoas que ordenhavam vacas se contaminavam com uma doença chamada "varíola bovina", bem parecida com a varíola humana, pois também apresentava feridas com pus. No entanto, essas pessoas não contraíam varíola humana, pareciam naturalmente imunizadas contra ela. Então, em 1796, Jenner retirou um pouco de pus da ferida de uma mulher que ordenhava vacas e injetou esse material em um garoto de 8 anos chamado James Phipps, filho de um casal que trabalhava em sua fazenda. O garoto adquiriu a infecção de forma leve e depois de alguns dias estava curado. Cerca de dois meses depois, o médico injetou no menino um líquido tirado de uma ferida causada pela varíola humana. E ele não desenvolveu a doença! Estava imunizado contra ela. Surgia assim a primeira vacina, palavra que vem do latim *vaccinus*, que significa "derivado de vaca".

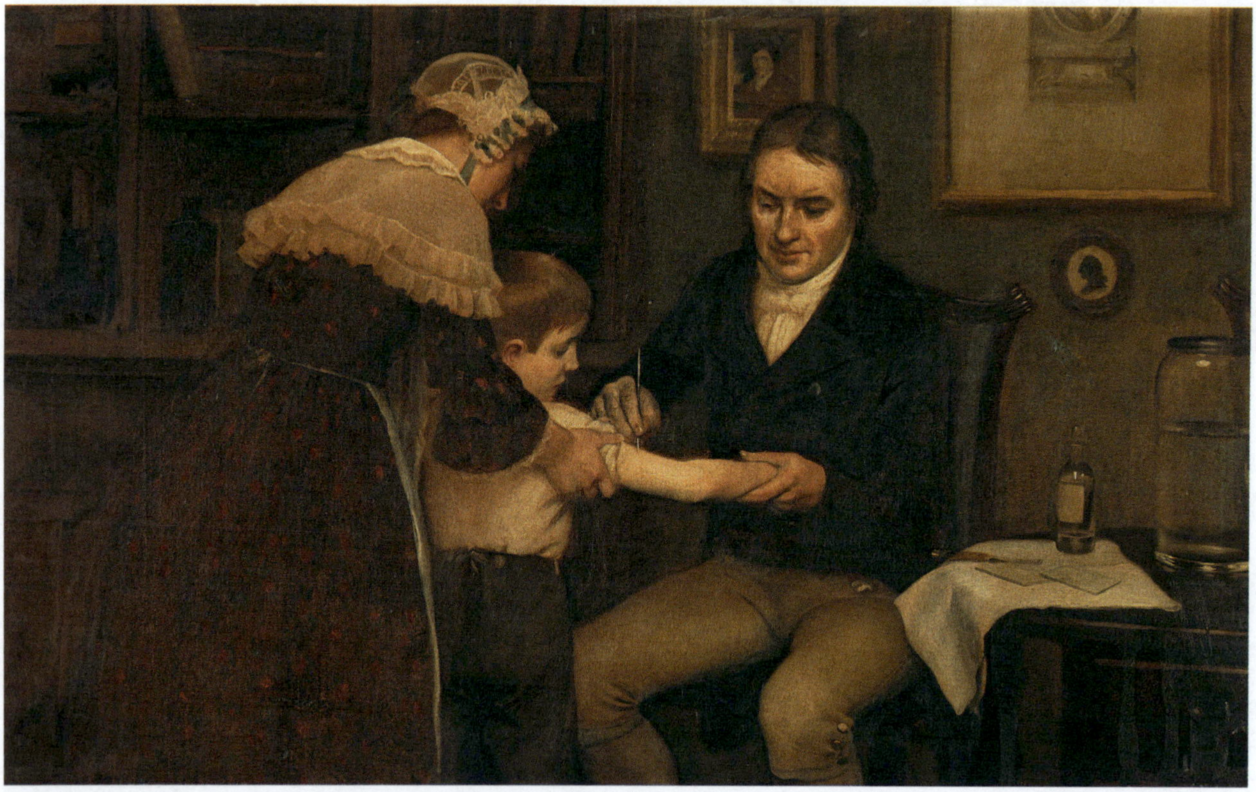

ERNEST BOARD - WELLCOME COLLECTION, LONDRES

O doutor Jenner fez o teste com várias outras pessoas, sempre com resultado positivo. Em 1798, publicou seus estudos e, aos poucos, sua descoberta espalhou-se pelo mundo, salvando a vida de milhões de pessoas. Poucos anos depois, em 1804, essa vacina chegou ao Brasil. Quando Phipps ficou adulto, ganhou do médico um lote de terra da fazenda, onde passou a morar com a mulher e os filhos. O doutor Jenner faleceu em 1823; e Phipps, em 1853. Ambos estão enterrados na mesma igreja, perto das terras onde moravam.

Dr. Jenner realizando sua primeira vacinação, 1796. Pintura a óleo de Ernest Board (1877-1934).

6. **Segundo o texto:**

a) a varíola humana é idêntica à varíola bovina.

b) o doutor Jenner testou sua vacina em seu filho, James Phipps, que tinha 8 anos.

c) com base em seus estudos sobre varíola bovina, o doutor Jenner criou sua vacina.

d) depois de tomar a segunda vacina, James ficou imunizado contra a varíola.

7. **Com base no texto, leia as afirmativas e escreva V (verdadeiro) ou F (falso) em cada uma delas.**

☐ A vacina do doutor Jenner não nasceu de uma "inspiração" que ele teve, mas foi fruto de seus estudos e testes.

☐ O doutor Jenner observou que as pessoas que ordenhavam vacas não se contaminavam com a varíola humana.

☐ Só depois da morte do doutor Jenner a vacina criada por ele foi usada no Brasil.

☐ A história da vacina mostra a importância da ciência para melhorar a qualidade da vida humana.

☐ Depois dos testes com a vacina, Jenner e Phipps nunca mais se encontraram.

8. **A vacina contra a varíola é apenas uma das várias criações científicas que ajudaram a melhorar a qualidade de vida dos seres humanos. Escreva um texto citando algumas outras contribuições importantes da ciência para nossa vida.**

CAPÍTULO 9

Predicado verbonominal (1)

A importância do esporte

A prática de esportes é muito importante para todos, nas diferentes etapas da vida, pois melhora a circulação sanguínea, dá mais disposição e desenvolve a musculatura e a coordenação motora. Uma boa dica é se exercitar regularmente, mas respeitando seu ritmo, senão o efeito pode ser contrário, resultando em dores e lesões musculares.

Especialmente para os jovens, que passam horas e horas parados, entretidos com computador ou celular, é bom lembrar que é preciso se cuidar. O corpo humano é uma máquina: se não for usado, enferruja.

1. Quais são os efeitos físicos positivos da prática de esportes coletivos?

2. Que benefícios a prática de esportes pode trazer para o desenvolvimento do comportamento social dos estudantes?

3. Os esportes também nos ensinam a reconhecer os erros e a aceitar as derrotas, e essa experiência é muito positiva para os jovens. Por que esse aprendizado pode ser importante para a vida toda?

4. Muitos jovens hoje em dia passam um tempo exagerado entretidos com aparelhos eletrônicos. Que efeitos negativos pode ter esse mau hábito na saúde física e até emocional dos jovens?

Predicado verbonominal com predicativo do sujeito

No capítulo anterior, estudamos o predicado verbal e o predicado nominal. Agora, veremos o terceiro tipo de predicado, chamado **verbonominal**. Pelo nome, você já pode ter percebido que esse predicado reúne características dos outros dois.

O predicado verbonominal tem dois núcleos: um é formado por um verbo transitivo ou intransitivo (chamado núcleo **verbal**) e o outro é formado por um predicativo (chamado núcleo **nominal**).

Vejamos os esquemas de cada um.

Verbo intransitivo + predicativo do sujeito

sujeito **predicado verbonominal**

Célia **chegou** **feliz**.

verbo intransitivo **predicativo do sujeito**

Observe que, para reconhecer os dois núcleos, podemos desmembrar a oração em duas.

- Célia chegou. → predicado verbal (verbo intransitivo)
- Célia estava feliz. → predicado nominal (verbo de ligação + predicativo do sujeito)

Veja outro exemplo.

sujeito **predicado verbonominal**

Os alunos **viajaram** **contentes**.

verbo intransitivo **predicativo do sujeito**

Veja como podemos desmembrar essa oração.

- Os alunos viajaram. → predicado verbal (verbo intransitivo)
- Os alunos estavam contentes. → predicado nominal (verbo de ligação + predicativo do sujeito)

Verbo transitivo + objeto + predicativo do sujeito

sujeito — predicado verbonominal

Bruno **acabou o trabalho cansado**.

verbo transitivo — objeto direto — predicativo do sujeito

Também, nesse caso, poderíamos desmembrar a oração em duas.

- Bruno acabou o trabalho. → predicado verbal (verbo transitivo direto + objeto direto)
- Bruno estava cansado. → predicado nominal (verbo de ligação + predicativo do sujeito)

O **predicado verbonominal** expressa ideia de ação e estado na mesma oração.

Atividades

1. Com base em duas orações, forme uma terceira com predicado verbonominal, de acordo com o exemplo.

As jogadoras **entraram na quadra**. As jogadoras **estavam confiantes**.
As jogadoras **entraram confiantes na quadra**.

a) Os estudantes **voltaram do passeio**. Os estudantes **estavam muito animados**.

____

b) Nossa equipe **começou o jogo**. Nossa equipe **estava nervosa**.

____

c) Os pais **viram a premiação do filho**. Os pais **estavam emocionados**.

____

d) A menina **entrou na sala da médica**. A menina **estava preocupada**.

____

2. Reescreva as frases substituindo a expressão destacada por um adjetivo de sentido equivalente, com a função de predicativo do sujeito. Atenção à concordância. Veja o exemplo.

As meninas esperaram **com tranquilidade** o início do exame.
As meninas esperaram **tranquilas** o início do exame.

adjetivo feminino plural → predicativo do sujeito

a) O professor ouviu **com atenção** as respostas dos alunos.

____

b) Os homens entraram **com cuidado** na caverna escura.

____

c) Os alunos esperavam **com ansiedade** o resultado do exame.

____

d) As atletas entraram **com confiança** no ginásio.

____

e) Todos ouvimos **com emoção** a história dessas crianças.

____

f) As voluntárias aguardavam **com esperança** o auxílio das companheiras.

____

Dica

Mau / mal

- **Mau** é adjetivo, antônimo de **bom**.

Você fez um mau trabalho.

Esse filme não é mau, é bom.

O plural de **mau** é **maus**.

- **Mal** é advérbio, antônimo de **bem**.

Ele foi mal no teste.

Ela passou mal ontem.

Mal pode ser também substantivo, significando "aquilo que prejudica, que é nocivo".

A poluição do ar é um mal que prejudica todos os seres vivos.

Quando é substantivo, a palavra **mal** varia no plural: **males**.

A poluição do ar é um dos males da vida moderna.

Atividades suplementares

1. A primeira sílaba de cada palavra está correta, mas as outras estão com as letras fora de ordem. Ordene-as e forme palavras. Atenção às letras acentuadas.

a) **IN** L I R E V C → ___ ___ ___ ___ ___ ___ ___ ___

b) **RE** N E T S E T I S → ___ ___ ___ ___ ___ ___ ___ ___ ___ ___

c) **GI** O N A G T E C S → ___ ___ ___ ___ ___ ___ ___ ___ ___ ___

d) **MO** T O N E M U N → ___ ___ ___ ___ ___ ___ ___ ___ ___

e) **CA** S A T O E F T R → ___ ___ ___ ___ ___ ___ ___ ___ ___ ___

f) **LEM** A N Ç B A R → ___ ___ ___ ___ ___ ___ ___ ___ ___

g) **ES** T O I V P R O → ___ ___ ___ ___ ___ ___ ___ ___ ___

- Duas das palavras que você formou são acentuadas. Quais são elas?

____

- Quais são as regras de acentuação que explicam a necessidade desses acentos? Se precisar, consulte o Quadro geral das regras de acentuação no fim do livro.

____

2. Complete as lacunas das frases apresentadas, flexionando no imperativo os verbos indicados. Atenção à concordância. Veja o exemplo.

> Se você **está** cansada, **faça** o trabalho mais tarde. fazer
>
> 3ª pessoa do singular — 3ª pessoa do singular

a) Se você encontrar seu irmão, ______________ a ele esse recado. dar

b) Se tiverem tempo, ______________ mais tarde à nossa reunião. vir

c) Quando saírem da sala, ______________ os computadores e não se ______________ de apagar a luz. desligar / esquecer

d) Se ficarem com fome, ______________ à cantina e ______________ um lanche. ir / pedir

e) Se você se lembrar, ______________ as fotos da festa. trazer

f) Diga aos colegas que eles ______________ cuidado com a impressora. ter

g) Lembrem-se: ______________ sempre educados com as pessoas. ser

3. **Complete as frases usando substantivos, conforme o exemplo.**

Quem é **leal** demonstra **lealdade**.

a) Quem é ruim demonstra ______________________.

b) Quem é fiel demonstra ______________________.

c) Quem é ágil demonstra ______________________.

d) Quem é solidário demonstra ______________________.

e) Quem é feroz demonstra ______________________.

f) Quem é hábil demonstra ______________________.

g) Quem é mau demonstra ______________________.

4. **Nas frases a seguir, use o futuro do presente no lugar das locuções verbais, conforme o exemplo.**

Vai haver um *show* de música no parque.
↓
locução verbal

Haverá um *show* de música no parque.
↓
futuro do presente

a) Vou fazer uma surpresa para vocês. ______________________

b) Vou dizer o que penso. ______________________

c) Vou trazer presentes para todos. ______________________

d) Nossos colegas vão vir à festa? ______________________

e) Vou contar uma novidade. ______________________

f) Eles vão ter um dia de folga. ______________________

g) Vou ver esse filme novamente. ______________________

h) Vou pôr os livros nesse armário. ______________________

Atenção

Quando dizemos "subir para cima" ou "sair para fora", cometemos um vício de expressão chamado **pleonasmo**, que consiste em repetir uma ideia por meio de palavras diferentes. Observe, por exemplo, que **subir** já traz em si a ideia de mover-se para cima; portanto, não é necessário dizer "subir para cima", basta dizer "subir". O mesmo ocorre com **sair**: basta dizer "sair" e já se entende que é para fora.

5. Reescreva as frases a seguir eliminando os pleonasmos.

a) As crianças entraram dentro da casa e foram brincar.

____

b) A heroína é a protagonista principal do filme.

____

c) Ele foi corajoso e enfrentou o inimigo de frente.

____

d) Vamos pegar o elevador e descer para baixo.

____

e) Por causa da chuva, o jogo foi adiado para depois.

____

f) Os clientes da loja ganharam grátis um lindo presente.

____

g) O garoto gritou alto para chamar o pai.

____

h) O menino, sem querer, pisou com os pés em algumas flores do jardim.

____

6. **Relacione as colunas indicando a classificação dos pronomes destacados nas frases.**

1	Pronome demonstrativo	☐	Ajude **seus** colegas.
2	Pronome pessoal oblíquo	☐	Quem vai **comigo** ao cinema?
3	Pronome possessivo	☐	**Alguém** me telefonou?
4	Pronome indefinido	☐	O aluno **que** entrou é novo na escola.
5	Pronome relativo	☐	Vamos discutir hoje **esse** assunto.

7. **Complete o diagrama. Todas as palavras começam com a letra f.**

1. Aquele que tem muita sorte.
2. Enfurecido.
3. Buraco.
4. Permanecer.
5. Dar determinada forma a um texto.
6. Término.
7. Antônimo de dentro.
8. Roubo.
9. Instrumento que serve para cortar.
10. Riqueza.
11. Figura imaginária de mulher com poderes mágicos.
12. Antônimo de forte.

Aprendendo com o dicionário

O mundo visto do alto

Viajar de avião é viver uma experiência incrível. Ver o mundo lá embaixo, passar por cima de florestas e rios, entrar no meio das nuvens — tudo isso é emocionante! Quando viajamos de avião, vemos como a ciência está muito desenvolvida, melhorando cada vez mais a nossa vida.

ALBERT RUDNICKI/SHUTTERSTOCK

O verbo **ver** tem muitos sentidos, conforme o contexto em que é usado. Leia o verbete e confira alguns deles.

ver *v.* **1.** Enxergar, perceber pela visão. **2.** Assistir. **3.** Encontrar-se com alguém. **4.** Reconhecer, compreender. **5.** Examinar, observar. **6.** Estar presente, presenciar. **7.** Pesquisar, procurar. **ver-se 8.** Achar-se em determinado estado ou determinada condição.

1. **O verbo ver foi usado duas vezes no texto "O mundo visto do alto", em dois sentidos diferentes. Seguindo a numeração do verbete, indique quais são esses dois sentidos.**

____

2. **Seguindo a numeração do verbete, indique o sentido do verbo ver em cada frase a seguir.**

a) Vimos um filme muito engraçado ontem. ☐

b) Ninguém viu o momento do acidente. ☐

c) Ela se viu perdida no meio da multidão. ☐

d) No sábado, ele foi ver a namorada. ☐

e) Ele viu que estava errado e pediu desculpas. ☐

f) O quadro está longe, não consigo ver bem o que está escrito. ☐

g) Veja no dicionário o significado dessa palavra. ☐

h) O médico foi ver o paciente que está se queixando de muita dor. ☐

i) Faz tempo que não vejo meus primos que moram no interior. ☐

Outra palavra que pode ter vários sentidos é o substantivo **mundo**. Veja alguns desses sentidos no verbete a seguir.

> **mundo** (**mun**.do) *s.m.* **1.** O planeta Terra. **2.** As pessoas que vivem no nosso planeta. **3.** Um campo próprio de conhecimento ou de atividade. **4.** *fig.* O ser humano em geral. **5.** *fig.* Grande quantidade de coisas ou pessoas. **6.** Qualquer parte do planeta e aqueles que lá vivem.

3. Em qual dos sentidos do verbete o substantivo mundo foi usado no texto "O mundo visto do alto"?

4. Indique o sentido que o substantivo mundo tem nas frases a seguir, conforme a numeração do verbete.

a) Esse homem tem um mundo de livros em sua biblioteca. ☐

b) Esse jornal traz notícias do mundo dos esportes. ☐

c) A notícia do grande terremoto chocou o mundo. ☐

d) O mundo da ciência é fascinante. ☐

e) Tome muito cuidado por onde anda, o mundo é perigoso. ☐

f) Há um mundo de gente querendo ver esse espetáculo. ☐

g) O mundo submarino ainda guarda muitos segredos. ☐

h) Essa expedição pretende dar a volta ao mundo. ☐

i) Todo mundo quer ser feliz. ☐

5. De acordo com a numeração do verbete, em que sentido o substantivo mundo foi usado no cartaz ao lado?

REPRODUÇÃO/MUSEU MINEIRO DE SÃO PEDRO DA COVA

Aprenda mais!

Procure em um dicionário a palavra **mundão** e explique oralmente o que ela significa, elaborando uma frase de exemplo.

Interpretação de textos

1. **Observe este quadro.**

Resistência (Mulheres Xikrin), 2018, de Arissana Pataxó. Acrílico sobre tela.

Essa obra foi feita por uma artista indígena chamada Arissana Pataxó. Como indica seu nome, ela pertence ao povo Pataxó, que vive na região de Porto Seguro, na Bahia. Além de artista, Arissana é professora de artes no Colégio Estadual Indígena de Coroa Vermelha.

- No quadro, vemos mulheres do povo Xikrin, cujas aldeias estão localizadas no estado do Pará. O território em que vivem sofre graves problemas com as empresas mineradoras que poluem suas águas e com a invasão de suas terras. Com base nessas informações, responda:

  a) Em que posição foram representadas as mulheres?

  ____

  ____

  ____

  b) Que relação pode haver entre a posição das mulheres e o título da obra?

  ____

  ____

  ____

2. Observe agora este outro quadro, feito também por Arissana Pataxó.

ARISSANA PATAXÓ - COLEÇÃO PARTICULAR

Sem título, 2006, de Arissana Pataxó. Lápis de cor sobre papel.

a) Como você interpreta a pintura vermelha sobre a boca da indígena? Conhecendo a luta dos povos indígenas contra a invasão de suas terras, que sentido pode ter essa imagem?

____

____

b) O jeito de olhar da indígena tem a ver com a questão anterior? Explique.

____

____

____

____

c) Que relação podemos fazer entre as duas pinturas analisadas?

____

____

____

d) Que outros títulos você daria a essas duas obras?

____

____

Leia o texto para responder às questões de 3 a 7.

Jovens que lutam por um mundo melhor

RADIN/PACIFIC PRESS/LIGHTROCKET/GETTY IMAGES

Artemisa Xakriabá.

Hoje em dia, em vários países, há jovens que estão lutando por um mundo melhor, no qual haja respeito pelos direitos humanos e pela natureza. Em vez de apenas reclamar, resolveram ir à luta, dando um bom exemplo à juventude: se quisermos um mundo melhor no futuro, devemos começar a lutar por ele desde já. Artemisa Xakriabá faz parte desse grupo. Ela nasceu em 2001 e pertence ao povo indígena Xakriabá, que vive em um território no norte de Minas Gerais.

Assim como outros indígenas, frequentou escolas e aprendeu a triste história dos povos originários, que foram sendo dominados e sofrem até hoje com invasões em suas terras. Por isso, decidiu engajar-se nas lutas pelos direitos humanos e pela preservação da natureza. "Nós temos essa visão de um pé na aldeia e outro no mundo. Fazemos essa preparação para sair, estudar fora e depois voltar para o território", diz ela. Ficou muito conhecida ao discursar, em 2019, na Cúpula da Juventude pelo Clima, em Nova York, nos Estados Unidos, uma iniciativa da Organização das Nações Unidas (ONU) que reuniu cerca de 700 jovens ambientalistas do mundo todo. Artemisa apoia também os movimentos de outros povos indígenas. Este é o objetivo de sua atuação: "Lutamos pela nossa Mãe Terra, porque a luta pela Mãe Terra é a mãe de todas as outras lutas. Estamos lutando por nosso território sagrado, mas estamos sendo perseguidos, ameaçados, apenas por proteger nossos próprios territórios".

3. Leia as afirmativas a seguir e escreva V (verdadeiro) ou F (falso) em cada uma delas, conforme o texto.

☐ Artemisa é uma líder isolada dos movimentos sociais indígenas.

☐ Só o povo indígena Xakriabá está querendo mudanças sociais.

☐ Os povos indígenas no Brasil se juntam em movimentos sociais coletivos.

☐ Os povos indígenas do Brasil não participam de eventos internacionais.

☐ Artemisa faz parte do grupo de jovens que não só protestam mas também agem contra a devastação do meio ambiente.

☐ Os povos indígenas enfrentam muitos desafios e perigos em sua luta pela preservação do meio ambiente.

4. Apenas uma das afirmativas sobre o texto está incorreta. Assinale-a.

a) A luta por direitos humanos é um dos objetivos dos movimentos indígenas, que reúnem jovens de diferentes povos.

b) A defesa do meio ambiente é uma luta de muitos jovens no mundo inteiro e não apenas dos povos indígenas.

c) Artemisa é um exemplo de que os jovens podem ajudar a mudar o mundo, sendo indígenas ou não.

d) Combater a destruição do meio ambiente é a única preocupação dos povos indígenas no Brasil.

5. Explique o que Artemisa quis dizer com a afirmação: "Nós temos essa visão de um pé na aldeia e outro no mundo".

6. Você acha importante que os jovens indígenas participem desses movimentos ou eles deveriam deixar essa tarefa para os adultos? Por quê?

7. Se pudesse enviar uma mensagem a Artemisa, o que você escreveria?

CAPÍTULO 10

Predicado verbonominal (2)

Os seres humanos e o planeta

1. Por que podemos dizer que o ser humano depende da natureza para sobreviver?
2. Procure em um dicionário o significado das palavras **racional**, **razão** e **raciocinar** e responda: podemos dizer que o ser humano vem tratando o meio ambiente de forma racional? Por quê?
3. Você concorda com o comentário de Haroldo no 6º quadrinho? Por quê?
4. Como você interpreta os três últimos quadrinhos?

Predicado verbonominal com predicativo do objeto

No capítulo anterior, você estudou como se forma o predicado verbonominal com predicativo do sujeito. Agora, vamos ver como se forma o **predicado verbonominal com predicativo do objeto**.

Como se percebe pelo nome, para que exista esse tipo de predicado, é preciso que na oração haja um verbo transitivo e um objeto.

Observe, por exemplo, esta oração.

sujeito | predicado verbonominal

Os alunos **deixaram** **a sala de Artes** **limpa e arrumada**.

verbo transitivo direto | objeto direto | predicativo do objeto

Lembre-se de que o predicativo do objeto pode vir antes ou depois do objeto. Veja.

sujeito | predicado verbonominal

A prática de esportes **faz** **os jovens** **saudáveis**.

verbo transitivo direto | objeto direto | predicativo do objeto

sujeito | predicado verbonominal

A prática de esportes **faz** **saudáveis** **os jovens**.

verbo transitivo direto | predicativo do objeto | objeto direto

Portanto, o predicado verbonominal pode ter três formações:

- **verbo intransitivo + predicativo do sujeito**

  Os jovens **entraram** **animados** no salão de festas.

  verbo intransitivo | predicativo do sujeito

- **verbo transitivo + objeto + predicativo do objeto**

  Essas roupas **deixaram** **a menina** **elegante**.

  verbo transitivo | objeto direto | predicativo do objeto

- **verbo transitivo + objeto + predicativo do sujeito**

  O rapaz **leu** **a carta** **emocionado**.

  verbo transitivo | objeto direto | predicativo do sujeito

Atividades

1. Classifique o predicado das orações que aparecem nos cartazes a seguir.

ROROZOA/FREEPIK

FREEPIK

LANA NIKOVA/SHUTTERSTOCK

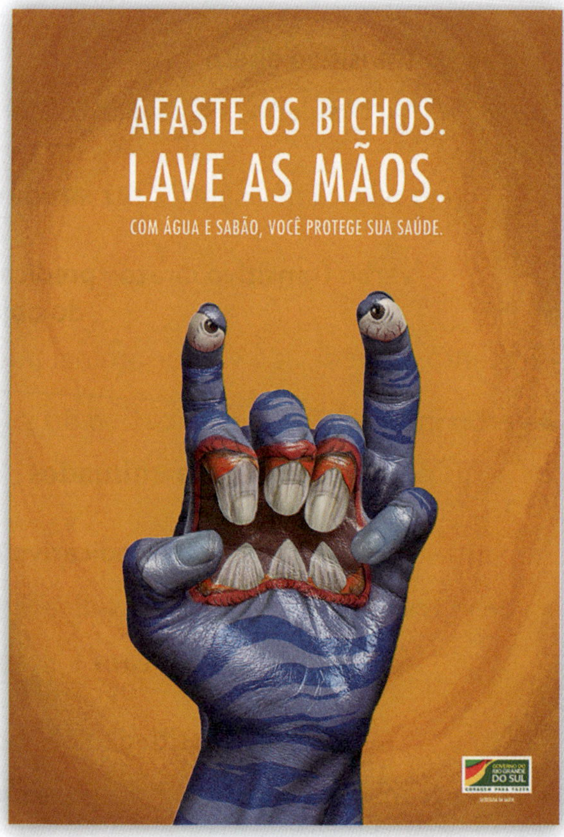

ACERVO DA SECRETARIA DA SAÚDE DO GOVERNO DO ESTADO DO RIO GRANDE DO SUL/GOVERNO FEDERAL

2. **Sublinhe os predicativos das orações a seguir e classifique-os em predicativo do sujeito ou predicativo do objeto.**

a) Essa enciclopédia tornou mais fácil nossa pesquisa.

____

b) A conquista da taça foi um prêmio para os jogadores.

____

c) O esforço do rapaz deixou a família contente.

____

d) Por favor, mantenha sempre arrumados esses livros.

____

e) Essa festa da escola vai ser maravilhosa.

____

f) A turma se manteve silenciosa durante o filme.

____

g) Essas alunas não parecem preocupadas com o teste de amanhã.

____

h) Esses presentes deixaram feliz a criançada.

____

- Agora, classifique o predicado das orações.

____

____

Dica

Meia-noite / meio-dia / meio-dia e meia

- Na indicação de horas, escrevem-se com hífen e exigem o artigo **a** ou **o**.

O almoço vai do meio-dia às duas.

Saímos antes da meia-noite.

Ele está me esperando desde o meio-dia.

- **Meio-dia e meia**: essa é a forma correta. Usamos o feminino **meia** para concordar com a palavra **hora**, que está subentendida (meia hora).

Atividades suplementares

1. Ordene as letras para formar as palavras indicadas. As palavras começam com a letra em azul.

a) Uma palavra com **ch**.

H **C** O S R P I O A C → ___ ___ ___ ___ ___ ___ ___ ___ ___ ___

b) Uma palavra com **xc**.

T **E** C E X E L N E → ___ ___ ___ ___ ___ ___ ___ ___ ___

c) Uma palavra com **sc**.

O S M C I **N** A T N E → ___ ___ ___ ___ ___ ___ ___ ___ ___ ___

d) Uma palavra com **rr**.

R I A **G** U R T A → ___ ___ ___ ___ ___ ___ ___ ___

e) Uma palavra com **nh**.

R O H O **V** E N O G S → ___ ___ ___ ___ ___ ___ ___ ___ ___ ___

f) Uma palavra com **lh**.

I L A **M** V A R A H → ___ ___ ___ ___ ___ ___ ___ ___ ___

2. Treine o uso do pretérito imperfeito do subjuntivo conforme o exemplo.

Ela acaba a tarefa. → **Se** ela **acabasse** a tarefa.

a) Nós vamos à sua casa.

____

b) Eles querem viajar.

____

c) Nós pomos os livros na estante.

____

d) Ele mantém a ordem.

____

e) Nós dizemos a verdade.

____

f) Eles vêm à minha casa.

____

g) Ela cabe nesse espaço.

____

h) Eles podem me ajudar.

____

3. Complete as palavras com uma consoante.

a) o___ter

b) rece___ção

c) ca___turar

d) a___versário

e) ob___etivo

f) ma___nífico

g) impa___to

h) ca___tar

4. Separe as sílabas das palavras formadas na atividade anterior.

a) ______________________

b) ______________________

c) ______________________

d) ______________________

e) ______________________

f) ______________________

g) ______________________

h) ______________________

5. Em cada frase, substitua a locução adjetiva pelo adjetivo simples equivalente. Veja o exemplo.

> Viajei em um dia **de primavera**. → dia **primaveril**

a) A noite **de tempestade** assustou muita gente. → noite ______________

b) Ele está sofrendo com dores **de estômago**. → dores ______________

c) A exposição **de arte** será aberta amanhã. → exposição ______________

d) A criança tinha uma face **de anjo**. → face ______________

e) Esse desenho tem forma **de triângulo**. → forma ______________

f) Os alunos foram separados segundo a faixa **de idade**. → faixa ______________

g) Visitamos algumas cidades **da Alemanha**. → cidades ______________

h) Esse homem parece ter uma força **de leão**. → força ______________

i) Ela ganhou um anel **de ouro** do marido. → anel ______________

6. **Reescreva as frases, substituindo a expressão destacada por um verbo de sentido equivalente, no tempo e modo adequados. Em alguns casos, mudanças terão de ser feitas em outros elementos da frase. Veja o exemplo.**

> A prefeitura **deu início** à reforma das escolas.
> A prefeitura **iniciou** a reforma das escolas.

a) Os jornais **fizeram menção** à obra desse famoso artista.

b) O treinador **fará a seleção** dos jogadores.

c) Certamente, esses alunos **farão progresso** durante o semestre.

d) **Ponha em ordem** suas ideias antes de começar a redação.

e) Os familiares **darão apoio** ao filho na época dos exames.

f) Ele **deu uma contribuição** para o avanço da ciência.

g) Ninguém **fez críticas** ao projeto.

h) O professor **fez elogios** ao meu trabalho.

7. **Com base nas palavras a seguir, derive verbos terminados em -izar. Veja o exemplo.**

legal → legalizar

a) colônia → ______________________

b) eterno → ______________________

c) economia → ______________________

d) urbano → ______________________

e) comércio → ______________________

f) automático → ______________________

g) hospital → ______________________

h) memória → ______________________

i) indústria → ______________________

j) sintonia → ______________________

8. **Transforme as frases derivando substantivos de verbos e fazendo as adaptações necessárias, conforme o exemplo.**

Confirme os dados antes de **enviar** o *e-mail*. → Confirme os dados antes do **envio** do *e-mail*.

a) Percebo que você **insiste** nesse assunto.

____

____

b) Entendo que você se **preocupe** com a família.

____

____

c) Desejo que eles **permaneçam** nessa empresa.

____

____

d) Espero que você se **inscreva** nesse concurso.

____

____

e) Peço que você **explique** o problema.

____

____

f) Quero que você se **dedique** aos estudos.

____

____

Aprendendo com o dicionário

Andando de bicicleta

Em um dia claro e bonito, andar de bicicleta em um parque é tudo de bom! Além de ser agradável, faz muito bem à saúde física e mental. A vida fica melhor!

LISAVALDER/E+/GETTY IMAGES

Conforme o contexto, o verbo **andar** pode ter muitos sentidos. Veja alguns deles no verbete a seguir.

andar (an.**dar**) *v.* **1.** Mover-se dando passos. **2.** Caminhar. **3.** Achar-se em certo estado ou situação. **4.** Mover-se de um lugar para outro usando um meio de transporte. • *s.m.* **5.** Jeito de se movimentar enquanto caminha. **6.** Cada um dos pisos de um edifício.

1. **Em qual dos sentidos do verbete o verbo andar foi usado no texto "Andando de bicicleta"?**

____

2. **Seguindo a numeração do verbete, indique o sentido do verbo andar em cada frase.**

a) Ela não tem ido à escola porque anda doente. ☐

b) O palhaço tinha um andar engraçado e divertiu a plateia. ☐

c) Essa criança está aprendendo a andar. ☐

d) Meu irmão anda três quarteirões para chegar à escola. ☐

e) Moro no quinto andar desse prédio. ☐

f) Algumas crianças andavam de patins pelo parque. ☐

g) Acho que essa sala anda meio suja. ☐

Leia no verbete a seguir alguns dos sentidos que o adjetivo **claro** pode ter, dependendo do contexto.

claro (**cla**.ro) *adj.* **1.** Em que há muita luz natural ou artificial. **2.** Fácil de compreender. **3.** Transparente, límpido. **4.** Que não tem cor muito forte. **5.** Que se ouve muito bem.

3. **Sublinhe no texto "Andando de bicicleta" o adjetivo claro e indique em qual dos sentidos do verbete ele foi usado.** ______________________________

4. Leia o cartaz e indique em que sentido foi usado o adjetivo **claro**.

---

5. Seguindo a numeração do verbete, indique o sentido do adjetivo **claro** nas frases a seguir.

a) A explicação do professor foi muito clara. ☐

b) No verão, gosto de usar roupas claras. ☐

c) Fizemos um piquenique em uma manhã clara de domingo. ☐

d) A professora tem uma voz clara e agradável. ☐

e) Nossa sala de aula é bem clara. ☐

f) Ela ficou elegante com o vestido rosa-claro. ☐

g) O som claro e forte do sino quebrou o silêncio da tarde. ☐

6. Apresentamos, a seguir, algumas expressões com o adjetivo **claro**. Leia com atenção e relacione cada expressão destacada com seu significado.

1. **É claro** que participaremos dessa festa!
2. Não me senti bem e acabei passando a noite **em claro**.
3. Precisamos conversar **às claras** sobre esse problema.
4. Quero **deixar claro** que não gosto dessas brincadeiras.

☐ Abertamente, sem esconder nada. ☐ Com certeza.

☐ Comunicar sem deixar dúvidas. ☐ Sem conseguir dormir.

Leia o verbete do substantivo **dia**, que mostra alguns dos sentidos que ele pode ter, dependendo do contexto.

> **dia** (**di**.a) *s.m.* **1.** Período de 24 horas em que a Terra dá uma volta completa em torno de si mesma. **2.** Período de tempo que vai do nascer ao pôr do sol. **3.** Ocasião ou oportunidade adequada para certa ação presente ou futura. **4.** Época.

7. Circule no texto "Andando de bicicleta" o substantivo dia e indique o sentido que ele tem nas frases a seguir, de acordo com a numeração do verbete.

a) A turma brincou e se divertiu o dia todo na praia. ☐

b) O ano tem 365 dias. ☐

c) Um dia, faremos essa viagem que você tanto deseja. ☐

d) Em nossos dias, a devastação da natureza não para de aumentar. ☐

e) Viajamos durante dez dias por essa região. ☐

f) Espero que chegue um dia em que não haja mais guerras no mundo. ☐

g) Tive um dia cansativo, não vejo a hora de voltar para casa e descansar. ☐

h) Vou esperar o dia certo para dar essa notícia a eles. ☐

8. Há várias expressões com a palavra dia. Leia as frases e relacione cada expressão destacada com seu respectivo sentido.

1 O uso da internet facilita o **dia a dia** das empresas.

2 Os alunos **estão em dia** com as tarefas.

3 Não sei o motivo, mas de **um dia para outro** ele não falou mais com ninguém.

4 Tenho certeza de que, **mais dia, menos dia**, esse mal-entendido será esclarecido.

5 **Hoje em dia**, muitas pessoas estão se mudando das grandes cidades.

6 Esta semana, por causa dos feriados, tivemos apenas um **dia útil**.

Aprenda mais!

Procure em um dicionário a palavra **diário** e explique oralmente pelo menos três sentidos que ela pode ter.

☐ Atualmente.

☐ O trabalho de todo dia.

☐ Dentro de pouco tempo.

☐ De repente.

☐ Sem atraso.

☐ Dia em que normalmente se trabalha.

Interpretação de textos

Leia o cartaz para responder às questões de 1 a 5.

1. A imagem da menina no cartaz faz referência a uma famosa história infantil. Qual?

a) Branca de Neve.

b) Chapeuzinho Vermelho.

c) Cinderela.

d) A Bela e a Fera.

2. O lugar por onde ela anda corresponde ao que acontece na história? Explique.

____

____

3. Pode-se dizer que o objetivo do cartaz é destacar que:

a) os bosques foram destruídos para dar mais segurança às crianças.

b) as crianças precisam voltar a ler as belas histórias antigas.

c) os bosques e as florestas estão sendo destruídos.

d) hoje em dia, as meninas podem passear sozinhas sem medo.

4. A qual história se refere a pergunta do cartaz?

____

____

5. **E por que os pais não vão querer contar essa história aos filhos?**

Leia o poema para responder às questões de 6 a 8.

Fonte: BAHIA, F. *Testemunho do projétil que matou Maiakóvski e outros poemas concretos e indefinidos*. Ilhéus (BA): Mondrongo, 2016.

6. **Que mensagem as palavras estão transmitindo?**

7. **Você concorda com a comparação feita pelo poeta? Por quê?**

8. **Esse tipo de texto, chamado poesia concreta ou poesia visual, explora, além do sentido das palavras, a apresentação visual da mensagem, estabelecendo uma relação entre eles. Com base nisso, podemos concluir que a forma desse poema:**

a) não tem nenhuma relação com o sentido das palavras.

b) ajuda a destacar a ideia expressa pelas palavras.

c) vai contra a ideia que as palavras exprimem.

d) não ajuda a compreender bem a mensagem.

Revisão

Observe a imagem e leia o texto para responder às questões de 1 a 6.

A. PAES/SHUTTERSTOCK

Do alto da colina, vimos uma paisagem maravilhosa. Ela nem parecia real. Nós a observamos por algum tempo. Depois, descemos emocionados com a beleza da natureza.

1. **Quantos períodos há nesse texto? Classifique-os.**

____

2. **Quantas orações há em cada período?**

____

3. **Dê a função sintática dos seguintes termos do texto:**

a) paisagem:

____

b) real:

____

c) por algum tempo:

____

d) emocionados:

____

4. **No texto, foi usado o pronome pessoal oblíquo a. A que palavra anterior ele se refere? E qual é sua função sintática?**

____

5. **No texto, há outros pronomes pessoais. Quais são? Que função sintática exercem?**

6. **Classifique o predicado de cada oração do texto.**

7. **Assinale a oração em que o termo destacado não foi corretamente analisado. Depois, faça a correção.**

a) Os turistas voltaram **alegres** ao hotel. predicativo do sujeito

b) Você não **me** viu no auditório? objeto direto

c) O jogo foi muito **emocionante**. objeto direto

d) Leia para a classe essa história **interessante**. adjunto adnominal

8. **Em duas das orações a seguir, o sujeito não vem antes do verbo. Assinale-as.**

a) Esta semana, brotaram lindas rosas no jardim da escola.

b) Alguns pais estão conversando com a diretora.

c) Sem dúvida, essa pequena cidade antiga é muito bonita.

d) Amanhã, devem entrar mais tarde apenas os alunos do 8º ano.

9. **Sublinhe as locuções verbais das orações a seguir.**

a) Todos querem ser felizes.

b) Você pode confiar nos seus amigos.

c) A criançada vai ficar feliz com esses presentes.

d) Nossa equipe de vôlei foi jogar em outra cidade.

e) A turma deve permanecer atenta durante a explicação.

- Em quais dessas orações o núcleo da locução é um verbo de ligação?

- Portanto, nessas orações temos um predicado:

  a) verbal.

  b) nominal.

  c) verbonominal.

10. **Só em duas das orações a seguir não há objeto indireto. Assinale-as.**

a) Pensei muito em você durante as férias.

b) Gostaria de enviar-lhe uma mensagem especial.

c) Vou guardar boas recordações dessa viagem.

d) O jogo foi muito disputado.

e) Por favor, dê esse recado ao seu irmão.

11. **Complete a lacuna de cada frase com uma das palavras destacadas.**

a) Ele passou a usar óculos porque estava enxergando ____________________.
mau / mal

b) É tarde, você acha que eles ainda ____________________ à nossa reunião?
vêm / vem

c) Vimos esse filme na ____________________ das 20 horas. seção / sessão

d) Não saímos por causa do ____________________ tempo. mal / mau

e) Não quero que você ____________________ essa oportunidade. perca / perda

f) Ontem, ____________________ vocês foram depois da aula? onde / aonde

g) Ele não teve um ____________________ desempenho no teste. mau / mal

h) É uma ____________________ de tempo ficar vendo essas brincadeiras na internet. perca / perda

i) Ele sempre ____________________ serviço para fazer em casa. trás / traz

12. **Escreva V (verdadeiro) ou F (falso) para a classificação do adjunto adverbial destacado em cada frase a seguir.**

a) Ela chorou **de emoção** com essa homenagem. intensidade ☐

b) Fiquei sentado **perto da porta**. lugar ☐

c) Ele voltou **depressa** para casa. tempo ☐

d) Irei à sua festa, **com certeza**. afirmação ☐

- Faça a correção das alternativas falsas.

____

____

Hora da leitura

Retrocesso

O visitante estranhou porque, quando o levaram para conhecer a sala de aula do futuro, não havia uma professora-robô, mas duas. A única diferença entre as duas era que uma era feita totalmente de plástico e fibra de vidro — fora, claro, a tela do seu visor e seus componentes eletrônicos —, e a outra era acolchoada. Uma falava com as crianças com sua voz metálica e mostrava figuras, números e cenas coloridas no seu visor, e a outra ficava quieta num canto. Uma comandava a sala, tinha resposta para tudo e centralizava toda a atenção dos alunos, que pareciam conviver muito bem com a sua presença dinâmica, a outra dava a impressão de estar esquecida ali, como uma experiência errada.

O visitante acompanhou, fascinado, uma aula como ela seria num futuro em que o computador tivesse substituído o professor. O entendimento entre a máquina e as crianças era perfeito. A máquina falava com clareza e estava programada de acordo com métodos pedagógicos cientificamente testados durante anos. Quando não entendiam qualquer coisa as crianças sabiam exatamente que botões apertar para que a professora-robô repetisse a lição ou, em rápidos segundos, a reformulasse, para melhor compreensão. (As crianças do futuro já nascerão sabendo que botões apertar.)

— Fantástico! — comentou o visitante.

— Não é? — concordou o técnico, sorrindo com satisfação.

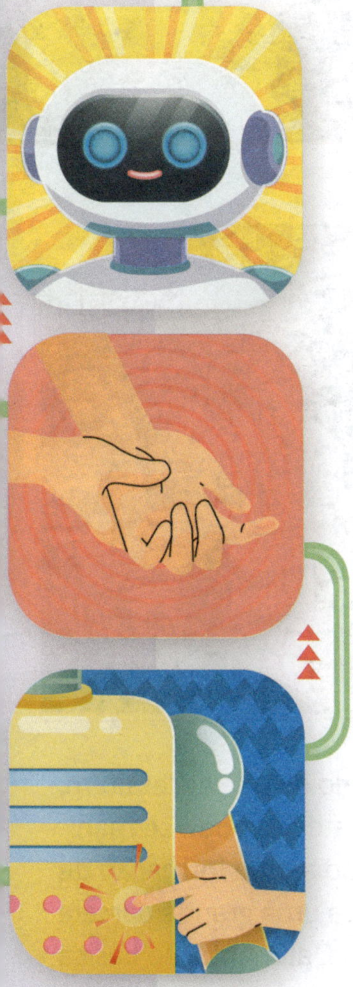

Foi quando uma das crianças, errando o botão, prendeu o dedo no teclado da professora-robô. Nada grave. O teclado tinha sido cientificamente preparado para não oferecer qualquer risco aos dedos infantis. Mesmo assim, doeu, e a criança começou a chorar. Ao captar o som do choro nos seus sensores, a professora-robô desligou-se automaticamente. Exatamente ao mesmo tempo, o outro robô acendeu-se automaticamente. Dirigiu-se para a criança que chorava e a pegou no colo com os braços de imitação, embalando-a no seu colo acolchoado e dizendo palavras de carinho e conforto numa voz parecida com a do outro robô, só que bem menos metálica. Passada a crise, a criança, consolada e restabelecida, foi colocada no chão e retomou seu lugar entre as outras. A segunda professora-robô voltou para o seu canto e se desligou enquanto a primeira voltou à vida e à aula.

— Fantástico! — repetiu o visitante.

— Não é? — concordou o técnico, ainda mais satisfeito.

— Mas me diga uma coisa... — começou a dizer o visitante.

— Sim?

— Se entendi bem, o segundo robô só existe para fazer a parte mais, digamos, maternal do trabalho pedagógico, enquanto o primeiro faz a parte técnica.

— Exatamente.

— Não seria mais prático — sugeriu o visitante — reunir as duas funções num mesmo robô?

Imediatamente o visitante viu que tinha dito uma bobagem. O técnico sorriu com condescendência.

— Isso — explicou — seria um retrocesso.

— Por quê?

— Estaríamos de volta ao ser humano.

E o técnico sacudiu a cabeça, desanimado. Decididamente, o visitante não entendia de futuro.

Luis Fernando Verissimo. Em: *Nova Escola*. São Paulo: Abril, 1990. p. 19.

Além das diferenças

FOTOSTORM/E+/GETTY IMAGES

STEVE DEBENPORT/ISTOCKPHOTO/GETTY IMAGES

MASKOT/DIGITALVISION/GETTY IMAGES

ILUSTRAÇÕES: FREEPIK

Vivemos em um mundo desigual. Algumas pessoas têm acesso a tudo de que necessitam, enquanto muitas outras precisam lutar para obter o mínimo. A desigualdade pode se manifestar de muitas maneiras: na educação, em que muitos não têm acesso a uma formação de qualidade; na saúde, com a falta de atendimento médico adequado para uma grande parcela da população; e na falta de recursos de modo geral, como moradia digna, alimentação básica e acesso à água potável. Pequenos atos de solidariedade, como compartilhar recursos, ajudar quem precisa e lutar por justiça, podem fazer uma grande diferença na vida das pessoas que enfrentam dificuldades diariamente. Reconhecer a desigualdade é o primeiro passo para agir e contribuir para a construção de um mundo mais equitativo.

Agora é sua vez!

1. **Discuta com os colegas:**

a) O que vocês observam nas imagens? De que modo essas ações podem promover a construção de um mundo menos desigual?

b) Pense em alguma ação que vocês poderiam realizar para ajudar a diminuir a desigualdade na sua escola, comunidade ou cidade. Explique como essa ação pode contribuir para um mundo mais justo.

2. **Crie uma colagem que represente ações que contribuem para a redução da desigualdade. Para isso, planeje uma cena que você gostaria de retratar e pesquise, em revistas, folhetos e outras publicações, imagens que possam compor essa cena. Atenção: selecione imagens que, originalmente, não mostravam uma situação solidária, mas que, ao serem recriadas por você, ajudem a construir um mundo mais equitativo.**

CIENPIES/ISTOCKPHOTO/GETTY IMAGES

CAPÍTULO 11

Complemento nominal

Fama fácil

Recebi, faz algum tempo, recados insistentes. Nas mensagens telefônicas, um nome desconhecido, de uma cidade do interior. Um dia, a figura me encontrou.

— Quero ser escritor ou ator. Preciso que me ajude — disse a voz de um garoto.

— Que idade você tem?

— Catorze anos.

Assumi tom paternal.

— O ideal é você estudar bastante, ler muito...

— Ah, livro não é comigo! Todo mundo diz que eu tenho jeito para ser famoso.

— Você é novo, deve se dedicar... quem sabe uma faculdade?

— Já escrevi três novelas, todas muito boas. Melhores que as suas.

Suspirei. Não adiantava aconselhar, pelo visto.

— Ninguém começa com novelas. Por que não escreve uma peça de teatro e monta com seus colegas na escola?

— Você não entendeu. Quero ser famoso.

— Sinto muito. Vá estudar. Boa sorte.

Do outro lado, um grito.

— Você vai se arrepender quando eu for um sucesso!

É incrível o número de pessoas que me procuram em busca de glória rápida. Como autor de novelas, acho normal atrair pessoas interessadas no mundo da televisão. Só me espanto com a quantidade de gente que ambiciona fama a qualquer preço. Sem nenhum amor pelo teatro, pela literatura, pelo cinema. Pelo que, enfim, faria parte da profissão. [...]

Walcyr Carrasco. *Histórias para a sala de aula: crônicas do cotidiano*. 2. ed. São Paulo: Moderna, 2015. p. 41-42.

1. **O pedido do garoto surpreendeu o escritor? Por quê?**
2. **O que o garoto não estava a fim de fazer para ser famoso?**
3. **Como a maioria das pessoas pensa que é a vida de alguém famoso?**
4. **Ser famoso significa ser feliz? O que você acha?**

Complemento nominal

Animais também têm necessidade de carinho

Os animais domésticos têm necessidade de cuidados e de carinho. Eles se sentem bem quando percebem que são amados, que tem gente que cuida deles. Mas muitas pesquisas vêm mostrando que fazer carinho nos *pets* também é benéfico para os seres humanos. Temos uma sensação de bem-estar e de calma após um tempo na companhia do animal. Esse é um dos efeitos positivos que esse tipo de relacionamento pode gerar.

FREEPIK

Observe esta oração.

Animais também têm **necessidade** **de carinho**.

necessidade → **substantivo**; **de carinho** → **complemento nominal**

Algumas palavras não têm sentido completo em determinadas orações. É o que ocorre, no exemplo acima, com o substantivo **necessidade**. Se a oração fosse apenas "Animais também têm necessidade", o sentido estaria incompleto, pois perguntaríamos: "Necessidade de quê?". Para completar o sentido do substantivo, foi usado o termo **de carinho**. Esse termo é classificado como **complemento nominal**. O complemento nominal vem introduzido por uma preposição. Observe.

Animais também têm necessidade **de carinho**.

de carinho → **complemento nominal**; **de** → **preposição**

O complemento nominal também pode completar o sentido de um adjetivo ou de um advérbio.

Observe esses exemplos.

Seja **cuidadoso** **com seu material escolar**.

- cuidadoso → adjetivo
- com seu material escolar → complemento nominal

Moro **perto** **de uma praça**.

- perto → advérbio
- de uma praça → complemento nominal

A preposição que introduz o complemento nominal pode estar combinada ou contraída com outra palavra. Veja.

A família sente orgulho **desse rapaz**.

- desse rapaz → complemento nominal
- desse → preposição **de** + pronome demonstrativo **esse**

O técnico tem confiança **nos jogadores**.

- nos jogadores → complemento nominal
- nos → preposição **em** + pronome definido **os**

Esses livros são muito úteis **às crianças**.

- às crianças → complemento nominal
- às → preposição **a** + pronome definido **as**

Complemento nominal é o termo da oração que completa o sentido de um substantivo, de um adjetivo ou de um advérbio, sendo sempre introduzido por uma preposição.

Atenção

Agora vimos que há dois tipos de complementos: o **verbal** (que pode ser objeto direto, indireto ou predicativo) e o **nominal** (que completa o sentido de um adjetivo, substantivo ou advérbio).

Atividades

1. Leia a tira.

GARFIELD

Jim Davis

a) Identifique o complemento nominal presente na tira e diga que palavra ele está completando.

____

b) Qual é a função sintática do adjetivo **corajosa**?

____

2. **Quais são os complementos nominais usados nestas duas mensagens? E a que palavras eles se referem?**

a)

VITEZSLAV VALKA/SHUTTERSTOCK

____

____

____

____

____

b)

FG TRADE/E+/GETTY IMAGES

____

____

____

____

____

____

3. **Sublinhe os complementos nominais presentes nos períodos a seguir e circule a palavra a que eles se referem. Veja o exemplo.**

> Nosso time foi campeão e ficou (orgulhoso) dessa conquista.

a) A criançada está muito alegre com os presentes.

b) Ele tem amor ao trabalho que faz com as crianças.

c) O professor ficou satisfeito com a minha resposta.

d) A classe ficou atenta ao filme que a professora passou.

e) Os cientistas procuram formas de vida em outros planetas.

f) A circulação de informações falsas é muito grande na internet.

g) Nesse prédio, há perigo de incêndio, dizem os bombeiros.

h) Laura é muito cuidadosa com seu gatinho.

i) Os pais dizem que o filho está consciente das dificuldades escolares.

j) Gabriel tem um gosto enorme por música.

k) Estou com muitas saudades de você.

Complemento nominal e objeto indireto

Apesar de o complemento nominal e o objeto indireto serem introduzidos por preposição, a diferença entre eles é que **o objeto indireto completa o sentido de um verbo**, enquanto, como você acabou de ver, **o complemento nominal completa o sentido de um substantivo, adjetivo ou advérbio**. Observe estes exemplos.

Eu **confio** **em você**.
confio → verbo; em você → objeto indireto

Tenho **confiança** **em você**.
confiança → substantivo; em você → complemento nominal

Eles são **loucos** **por futebol**.
loucos → adjetivo; por futebol → complemento nominal

Fique **longe** **de mim**.
longe → advérbio; de mim → complemento nominal

Atividades

1. **Classifique os termos destacados nas orações a seguir em complemento nominal ou objeto indireto conforme o código.**

CN Complemento nominal   **OI** Objeto indireto

a) Muita gente tem medo **de trovão**. ☐

b) Vou explicar o caminho do parque **para vocês**. ☐

c) Ela está muito preocupada **com as provas finais**. ☐

d) Nas ruas, fique sempre atento **ao trânsito**. ☐

e) Eu desconfio **da sinceridade** desse menino. ☐

2. **Sublinhe com um traço o complemento nominal e com dois traços o objeto indireto em cada oração a seguir.**

a) Nessa pesquisa, preciso muito da sua colaboração.

b) Ele necessita da nossa ajuda.

c) Precisamos de leis benéficas a todas as pessoas.

d) Ele não duvida da sua honestidade.

e) Não tenha receio desse desafio.

f) Desde criança, ela revelou interesse por livros.

g) Não ligue para essas fofocas.

3. **Indique a função sintática dos termos destacados na legenda da foto.**

HERMAN VERWEY/CITY PRESS/GALLO IMAGES/GETTY IMAGES

Ela tem um grande talento **para a dança**. Dedica sua vida **a essa arte**.

____

____

Complemento nominal e adjunto adnominal

É preciso cuidado para não confundir o complemento nominal com o adjunto adnominal quando este é representado por uma locução adjetiva. Observe esta oração.

Saímos em viagem em uma manhã **de sol**.

↓

adjunto adnominal (= ensolarada)

Nesse caso, a locução adjetiva **de sol** faz o mesmo papel do adjetivo **ensolarada**, funcionando como adjunto adnominal da palavra **manhã**.

O **adjunto adnominal** constituído por uma locução adjetiva apenas acrescenta uma ideia de estado ou qualidade ao termo a que se refere e não é imprescindível na frase. A locução adjetiva tem valor de adjetivo; por isso, pode equivaler a um adjetivo simples.

Já o **complemento nominal** completa o sentido do termo a que se refere; sem ele, o sentido básico da oração ficaria comprometido. É o que acontece, por exemplo, nesta oração.

Algumas flores têm necessidade **de sol**.

↓

complemento nominal (completa o sentido do substantivo **necessidade**)

Nesse caso, não é possível substituir o complemento nominal **de sol** pelo adjetivo simples **ensolarado**. Além disso, sem esse complemento nominal (da palavra **necessidade**), a oração ficaria com sentido incompleto.

Atividades

1. No cartaz, temos um adjunto adnominal e um complemento nominal. Quais são eles?

FOTOSTORM/ISTOCKPHOTO/GETTY IMAGES

2. Complete as frases usando as palavras do quadro.

reduzido	responsável	próprio	
problema	ansiosos	gesto	preparados

a) Esse filme não é ______________ para crianças.

b) Estamos ______________ para os exames do semestre.

c) Na escola, há um homem ______________ pela vigilância.

d) Depois do incêndio, tudo ficou ______________ a cinzas.

e) Estamos ______________ pela festa da escola.

f) Essa reportagem discute o ______________ da poluição urbana.

g) Aquela criança precisava muito desse ______________ de carinho.

3. Considerando as orações da atividade anterior, faça o que se pede a seguir.

a) Assinale as orações com complemento nominal e sublinhe cada um deles.

b) Em quais orações temos uma locução adjetiva com a função de adjunto adnominal?

____

____

Dica

S ou Z — eza / esa / oso(a)

O uso de **s** ou **z** nessas terminações varia muito em português. Mas é possível estabelecer pelo menos algumas regras que, mesmo não se aplicando a todas as palavras, ajudam a evitar erros muito comuns.

- Escreve-se com **z** a terminação **-eza** de substantivos derivados de adjetivos.

belo → beleza | grande → grandeza

- Escreve-se com **s** a terminação **-esa** de palavras femininas que indicam nacionalidade.

portuguesa | francesa

- Escreve-se também com **s** o masculino dessas palavras, com acento circunflexo no **e**.

português | francês

- Escreve-se com **s** a terminação **-oso(a)** de adjetivos.

gostoso | grandiosa

Atividades suplementares

1. **Nas palavras a seguir, apenas as letras da primeira sílaba estão corretas. As demais estão fora de ordem. Ordene-as e forme palavras. Atenção: todas as palavras devem ser acentuadas.**

a) **A U** L O M T O E V → ___ ___ ___ ___ ___ ___ ___ ___ ___

b) **E S** O I T R C I O R → ___ ___ ___ ___ ___ ___ ___ ___ ___ ___

c) **A M** L A I B N U C A → ___ ___ ___ ___ ___ ___ ___ ___ ___ ___

d) **S I** O I M N O N → ___ ___ ___ ___ ___ ___ ___ ___

e) **E S** A O G M O T → ___ ___ ___ ___ ___ ___ ___ ___

f) **R E** T O R P R E → ___ ___ ___ ___ ___ ___ ___ ___

g) **P A** N E B A R S → ___ ___ ___ ___ ___ ___ ___ ___

h) **T A** N U M A D A → ___ ___ ___ ___ ___ ___ ___ ___

- Explique por que cada uma das palavras que você formou deve ser acentuada. Se necessário, consulte o Quadro geral das regras de acentuação no fim do livro.

____

____

____

____

2. **Você aprendeu que as palavras o, a, os e as podem ser artigo definido ou pronome pessoal oblíquo. Leia com atenção as frases a seguir e classifique as palavras destacadas usando o código.**

AD Artigo definido **PO** Pronome oblíquo

a) Pegue **as** provas e entregue-**as** ao professor. ☐ ☐

b) Chame **as** meninas que **a** aula vai começar. ☐ ☐

c) Aqui estão os livros. Pegue-**os** e devolva-**os** à bibliotecária. ☐ ☐

d) Havia andorinhas no telhado da casa. Nós **as** vimos de manhã cedo. ☐

e) Onde está **o** professor? Vocês **o** viram? ☐ ☐

f) Procure a professora Clara e avise-**a** que **a** diretora está procurando-**a**. ☐ ☐ ☐

g) Reúna **os** alunos na sala e conduza-**os** até **o** auditório. ☐ ☐ ☐

3. **Nas frases a seguir, está faltando o sinal de dois-pontos. Coloque-o.**

a) A principal tarefa da humanidade hoje é esta preservar o meio ambiente.

b) Quando foi anunciada a festa, todos se alegraram alunos, professores e funcionários da escola.

c) Nesta cidade, vemos um fato surpreendente toda a população se movimenta para melhorar as praças e os parques infantis.

d) O resultado da competição deixou evidente uma coisa nosso time é o melhor!

e) Você só será aprovado nesse teste difícil se fizer o seguinte estudar bastante, todos os dias.

f) Essa loja só fica fechada nos seguintes dias domingos e feriados.

g) Os camaleões têm um bom truque para se esconder a pele deles muda de cor para ficar parecida com a cor do ambiente.

4. **Complete as lacunas das frases com as conjunções do quadro.**

nem	no entanto	que	pois	quer	quando	para que	como	por isso

a) A temperatura do corpo do urso-polar é sempre a mesma,

_______________ esteja frio, _______________ esteja calor.

b) Existem cerca de nove mil espécies de aves. Algumas, _______________

os beija-flores, são do tamanho de uma abelha. _______________, o

avestruz pode ser mais alto _______________ um homem.

c) Muitos passarinhos nascem sem penas e com os olhos fechados.

_______________ não conseguem caminhar _______________

voar, seus pais os alimentam.

d) Os ovos das aves precisam ser mantidos em uma temperatura certa,

_______________ os filhotes cresçam dentro deles.

_______________, um dos pais fica sentado sobre eles, chocando-os,

_______________ precisam estar sempre aquecidos.

e) _______________ nascem, a maioria dos filhotes dos mamíferos são

cegos e dependentes da mãe; _______________, os filhotes de elefantes começam a andar uma hora depois de nascerem.

5. **Leia o texto e observe as imagens.**

Roda-gigante realmente gigantesca...

Em Dubai, uma cidade árabe, foi construída a roda-gigante mais alta do mundo. Ela é altíssima. Lá de cima, tudo parece muito pequeno. Essa roda-gigante tem cerca de 200 metros de altura! Pais e filhos acabam o passeio maravilhados e todos voltam encantados com essa experiência emocionante. Você também gostaria de fazer esse passeio?

MCMEDIASTUDIO/SHUTTERSTOCK

PANDORA PICTURES/SHUTTERSTOCK

Dubai, Emirados Árabes Unidos. À esquerda, vista da roda-gigante à noite e, à direita, uma das cabines do brinquedo vista de perto.

a) Quantos períodos há nesse texto?

____

b) Um deles é um período composto. Reescreva-o e separe suas orações.

____

____

____

c) Como se classifica o predicado das orações do período composto?

____

d) Leia estas duas orações.

"Ela é altíssima. Lá de cima, tudo parece muito pequeno."

- Os adjetivos **altíssima** e **pequeno** exercem a mesma função sintática. Qual?

____

- Indique e classifique os adjuntos adverbiais presentes nessas duas orações.

____

____

e) No texto, o substantivo **passeio** foi usado duas vezes com a mesma função sintática. Qual?

____

f) No texto, há um exemplo de sujeito composto. Qual?

____

g) Nesse texto, há uma frase exclamativa e uma frase interrogativa. Quais são elas?

____

____

____

____

6. Preencha as lacunas dos textos a seguir com as preposições do quadro. Atenção: algumas palavras podem ser usadas mais de uma vez.

para	de	com	até	sem	sobre	por	em	sob	a

a) Ele é responsável ______________ esse setor da loja. Por isso, está sempre pensando ______________ novos modos ______________ melhorar o trabalho.

b) A natureza é essencial ______________ a vida humana. Precisamos cuidar ______________ muita seriedade ______________ nossos rios e ______________ nossas florestas. ______________ eles, não poderemos melhorar nossa qualidade ______________ vida.

c) Ontem, na lanchonete, conversamos ______________ vários assuntos e lá ficamos ______________ o começo da noite, quando então voltamos ______________ casa ______________ pé.

d) Os alunos ______________ diferentes períodos, ______________ a orientação dos professores ______________ Artes, fizeram um bonito mural ______________ pintoras brasileiras.

e) Os torcedores compareceram ______________ grande número ao jogo final e ficaram alegres ______________ mais uma conquista do time, que foi elogiado ______________ todos, ______________ exceção. Muita gente ficou festejando a vitória nas ruas ______________ a madrugada.

Aprendendo com o dicionário

Mão e contramão

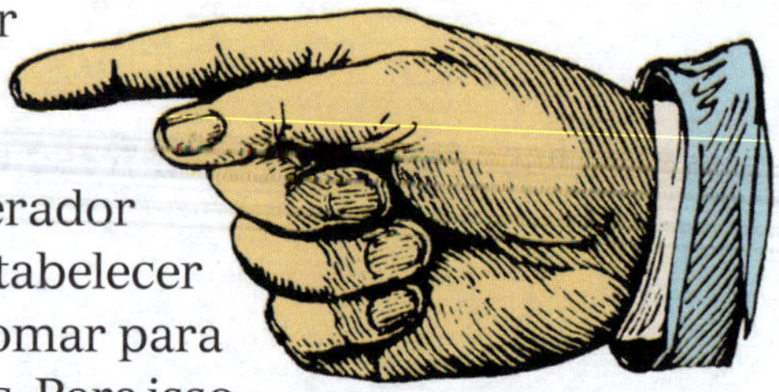
NSA DIGITAL ARCHIVE/E+/GETTY IMAGES

Por que dizemos "mão" e "contramão" para indicar a direção dos veículos em uma rua? Em 1847, o movimento de carroças e carruagens aumentou tanto na cidade do Rio de Janeiro, onde viviam o imperador D. Pedro II e sua corte, que as autoridades resolveram estabelecer as direções que os condutores de veículos deveriam tomar para evitar congestionamentos nas ruas mais movimentadas. Para isso, colocaram-se placas em certas ruas com desenhos de uma mão com um dedo apontando para uma certa direção. Isso significava que o veículo deveria seguir na direção apontada pela mão. Se contrariasse a indicação, estaria na contramão. Quando, mais tarde, surgiu o automóvel, as placas com o desenho das mãos foram substituídas por setas, mas as pessoas já estavam tão acostumadas a falar **mão** e **contramão** que ficou assim até hoje.

O substantivo **mão** pode ter vários sentidos, conforme o contexto. Veja alguns deles no verbete.

mão *s.f.* **1.** Parte do corpo que fica na extremidade do braço e vai do punho à ponta dos dedos. **2.** Direção que um veículo pode seguir em uma rua ou estrada. **3.** Camada de tinta, verniz, cal etc. que se passa em uma superfície. Nesse caso, também se usa a palavra "demão". **4.** Controle, domínio.

1. Indique o sentido do substantivo mão nas frases a seguir, conforme a numeração do verbete.

a) O muro da escola recebeu duas mãos de tinta. ☐

b) Essa escola está agora nas mãos de uma nova diretora. ☐

c) Essa rua dá mão para a direita. ☐

d) Mantenha as mãos limpas. ☐

e) A loja do pai passou às mãos dos filhos. ☐

2. Há muitas expressões com a palavra mão. Leia as frases a seguir e relacione cada expressão destacada com seu significado.

1 As pianistas tocaram uma música **a quatro mãos**.

2 Um colega me **deu uma mão** e eu pude acabar logo a tarefa.

3 Essa é uma rua **de mão dupla**.

4 Minha avó é uma cozinheira **de mão cheia**.

5 O rapaz **pediu a mão** da moça aos pais dela.

6 Comprei um carro **de segunda mão**.

7 Essa blusa foi feita **à mão** pela minha prima.

8 Ele prometeu me ajudar, mas me **deixou na mão**.

( ) Que tem trânsito nos dois sentidos.

( ) Excelente, muito competente.

( ) Feito por duas pessoas ao mesmo tempo.

( ) Ajudar, auxiliar.

( ) Que já teve outro dono.

( ) Não colaborar.

( ) Pedir em casamento.

( ) Apenas com as mãos, sem usar máquinas.

Aprenda mais!

Procure em um dicionário a palavra **mão-aberta** e explique oralmente o que ela significa, elaborando uma frase de exemplo.

O substantivo **condutor** significa "aquele que conduz". Portanto, está ligado ao verbo **conduzir**, que também pode ter vários sentidos, de acordo com o contexto. Veja o verbete.

conduzir (con.du.zir) *v.* **1.** Levar de um lugar para outro. **2.** Guiar, dirigir. **3.** Acompanhar. **4.** Ir até certo ponto. **conduzir-se 5.** Comportar-se, agir.

3. De acordo com a numeração do verbete, indique o sentido que o verbo conduzir tem em cada frase a seguir.

a) O motorista conduziu o ônibus até a garagem. ( )

b) O professor conduziu bem o debate entre os alunos. ( )

c) Esse caminho conduz até o sítio. ( )

d) Essa mulher sempre conduz o filho pequeno até a escola. ( )

e) Parabéns! Você conduziu-se bem durante a entrevista. ( )

f) O secretário conduziu as visitas até a sala do diretor. ( )

g) O táxi conduziu o professor do aeroporto até a faculdade. ( )

h) Esse enfermeiro vai conduzir o senhor até a saída do hospital. ( )

Interpretação de textos

Observe a charge para responder às questões de 1 a 5.

1. Como foi representada a televisão nessa charge?

2. O que o menino estava fazendo quando teve sua atenção desviada?

3. O objetivo da charge é destacar que a televisão:

a) pode ser uma aliada na criação do hábito da leitura.

b) impede a criação do hábito da leitura.

c) pode dificultar a criação do hábito da leitura.

d) pode ser um estímulo à criação do hábito da leitura.

4. Crie um título para essa charge.

5. Você concorda com a ideia de que televisão e leitura não combinam? Por quê?

Leia o texto para responder às questões 6 e 7.

Realidade virtual

ROSSHELEN/SHUTTERSTOCK

Com o avanço da tecnologia, hoje podemos criar os chamados ambientes virtuais. Eles imitam o mundo real de tal maneira que enganam os nossos sentidos. Como? Além de projetar imagens próximas da perfeição, esses ambientes passam sensações às pessoas e respondem às ações delas. Mergulhar no fundo do mar, explorar o espaço sideral, caminhar entre dinossauros, tudo isso é possível com a técnica da realidade virtual.

Equipamentos especiais, como capacetes, luvas e fones, nos permitem viajar dentro desses mundos, vendo, ouvindo e tocando em tudo. A realidade virtual é muito usada no cinema e nos parques de diversão, mas também é usada em atividades profissionais, por exemplo, no treinamento dos pilotos de avião e no estudo do corpo humano.

Ziraldo e Gustavo Luiz. *Livro de informática do Menino Maluquinho 2*. São Paulo: Melhoramentos, 2008. p. 64-65. (Adaptado.)

6. Assinale a única afirmativa correta sobre o texto.

a) O mundo real imita tão bem o que acontece no mundo virtual que até engana nossos sentidos.

b) O avanço da tecnologia mudou profundamente o mundo real, que hoje parece um mundo virtual.

c) O mundo virtual causa um impacto muito grande em nossos sentidos graças ao avanço tecnológico.

d) Atualmente, graças ao avanço tecnológico, é possível separar bem o mundo real do mundo virtual.

7. Leia as afirmativas sobre o texto e escreva V (verdadeiro) ou F (falso) em cada uma delas.

☐ Equipamentos especiais fazem a realidade virtual provocar sensações fortes nas pessoas.

☐ A realidade virtual, hoje em dia, tem sido usada apenas em atividades profissionais.

☐ Usando equipamentos especiais, é possível ter a sensação de que estamos nos relacionando fisicamente com o mundo virtual.

☐ Daqui a muitos anos, quando a realidade virtual começar a ser usada fora do mundo do entretenimento, haverá um grande avanço no conhecimento humano.

CAPÍTULO 12

Aposto e vocativo

As três peneiras

Um dia, um homem foi consultar o filósofo Sócrates e lhe disse:

— Ouça, Sócrates, eu preciso lhe dizer como foi que seu amigo se comportou.

— Interrompo você de cara! — respondeu Sócrates. — Você pensou em passar pelas três peneiras o que vai dizer?

E como o homem olhava para ele com ar de espanto, completou:

— Pois é. Antes de falar, é preciso sempre passar pelas três peneiras o que vai dizer. Vejamos. A primeira peneira é a da verdade. Você verificou se isso que você tem para me contar está realmente correto?

— Não, eu ouvi dizer e...

— Tudo bem! Mas suponho que você fez passar pelo menos pela segunda peneira, que é a da bondade. O que você quer me contar é, ao menos, uma coisa boa?

O homem hesitou e depois respondeu:

— Não, infelizmente não é nada de bom, ao contrário...

— Hum... — observou o filósofo. — Ainda assim, vejamos a terceira peneira. O que você está com vontade de me dizer é uma coisa útil para se contar?

— Útil? Não é bem assim...

— Então não falemos mais nisso! — disse Sócrates. — Se o que você tem para me dizer não é verdadeiro, nem bom, nem útil, prefiro ignorá-lo. E até aconselho você a esquecer...

Michel Piquemal e Philippe Lagautrière. *Fábulas filosóficas*. 2. ed. São Paulo: Cia. Editora Nacional, 2009. p. 42-43.

1. **Em sua opinião, se todo mundo agisse como Sócrates, a vida em sociedade seria como é hoje?**

2. **Qual das três peneiras você acha que seria mais importante no mundo de hoje? Por quê?**

Aposto

Observe esta oração.

Luisinho fez o gol da vitória.

Agora, veja como podemos ampliá-la.

Luisinho, **o centroavante**, fez o gol da vitória.

aposto

Note que o termo classificado como **aposto** não é indispensável ao sentido geral da oração, pois, mesmo sem ele, o sentido estaria completo. O aposto apenas dá mais informações a respeito de algum termo. No caso do exemplo, ele informa sobre o substantivo **Luisinho** — ficamos sabendo que ele é o centroavante do time. O aposto geralmente vem separado por vírgula, dois-pontos ou travessão.

Veja outros exemplos de orações com aposto.

Esse filme é sobre Brasília, **a capital do Brasil**.

aposto

Famosa escritora brasileira, Ruth Rocha é autora de muitos livros para crianças.

aposto

Sueli, **aluna do 8º ano**, venceu o concurso de contos da escola.

aposto

Gosto de praticar vários esportes: **natação, vôlei e basquete**.

aposto

Rafael — **professor de ciências** — está preparando uma exposição.

aposto

Como podemos observar pelos exemplos, o aposto pode vir no início, no meio ou no fim de uma oração e geralmente acompanha o termo a que se refere.

O **aposto** é a palavra ou expressão que explica, elucida ou amplia o significado de um elemento da oração, qualquer que seja sua função sintática.

Atividades

1. **Leia a tira.**

PEANUTS — Charles M. Schulz

- A tira apresenta três exemplos de aposto. Quais são eles e a que termos se referem?

____

____

2. **Leia o texto e observe a imagem.**

O gigantesco Rio Amazonas

O Amazonas, rio mais extenso do planeta, percorre cerca de 7 mil quilômetros desde a Cordilheira dos Andes, no Peru, onde nasce, até a região da Ilha de Marajó, a maior ilha fluvial do mundo, no estado do Pará. Além disso, fornece água para uma grande população e atravessa a Floresta Amazônica, o maior paraíso da biodiversidade no mundo. No seu ponto mais largo, na época da seca, o Rio Amazonas alcança a largura de 11 quilômetros e, na época das chuvas, chega a 50 quilômetros. Incrível!

O Rio Amazonas e a Floresta Amazônica.

- Sublinhe os apostos presentes nesse texto e circule as palavras a que eles se referem.

3. **Sublinhe o aposto que há nas orações a seguir.**

a) Essas fotos mostram Fortaleza, uma linda cidade litorânea.

b) Esses meninos, alunos do 8º ano, vão nos ajudar na festa.

c) Estamos lendo *A droga da obediência*, livro do escritor Pedro Bandeira.

d) Essa cantora, ídola da garotada, vai se apresentar em nossa cidade.

e) Marina ganhou vários presentes: livros, roupas e acessórios.

f) Amigas de longa data, Renata e Fabiana querem ser jornalistas.

4. **Amplie as frases incluindo os apostos em destaque.**

a) Os seres humanos estão destruindo a natureza. nosso tesouro mais valioso

____

____

b) Bruno está conversando com o técnico. capitão do nosso time

____

____

c) A cor vermelha de Marte vem das rochas e da poeira que cobrem sua superfície. a mais evidente característica desse planeta

____

____

d) Todos nós vamos homenagear as professoras. alunos desta classe

____

____

e) O Egito é muito visitado por turistas. o país das grandes pirâmides

____

____

5. **Desafio! Use sua criatividade e, levando em conta o sentido geral das frases, complete a lacuna de cada uma com um aposto. Veja o exemplo.**

Ontem, **sábado**, começou o campeonato de vôlei da escola.

a) Fernando, ______________________, está sempre conversando com os alunos e orientando-os.

b) Muitos jovens são fãs dessa banda, ______________________.

c) No fim do ano, Aline e Luíza, ______________________, prepararam uma festa na sala de aula.

d) Os jovens, hoje em dia, gostam de diversos tipos de música: ______________________.

e) ______________________, Ventania era o cavalo preferido do pessoal da fazenda.

Vocativo

ARMANDINHO

Alexandre Beck

No primeiro quadrinho, o menino se dirige diretamente ao pai, chamando sua atenção. No segundo, é o pai que se dirige diretamente ao filho, fazendo-lhe uma pergunta. Na análise sintática, o termo da oração que indica alguém a quem nos dirigimos é classificado como **vocativo**.

Pai, não vejo a hora de ir pra escola! (Pai → vocativo)

O que houve, **filho**? (filho → vocativo)

O vocativo também pode se referir a um animal ou a uma coisa personificada. Observe.

Vamos, **Totó**, está na hora de passear! (Totó → vocativo)

Tristeza, não entre em minha casa! (Tristeza → vocativo)

A palavra **vocativo** vem do latim *vocare*, que significa "chamar", "invocar". Por isso, podemos dizer que o vocativo é uma forma de chamamento.

Quando queremos reforçar o vocativo, podemos usar uma interjeição. Observe.

Ó Deus, quanta felicidade! (Ó Deus → vocativo; Ó → interjeição)

O vocativo pode também ser acompanhado de outras palavras. Veja os exemplos.

Caros estudantes, bom dia! (Caros estudantes → vocativo; Caros → adjetivo)

Entrem aqui, **meus amigos**! (meus amigos → vocativo; meus → pronome possessivo)

Vocativo e pontuação

Pelos exemplos, podemos observar que o vocativo vem sempre separado por vírgula e pode aparecer no início, no meio ou no fim da oração.

Atenção: a ausência da vírgula depois do vocativo pode criar alteração de sentido. Para perceber isso, leia em voz alta estas frases.

> I. Marisa, vai à biblioteca pegar o dicionário.
> II. Marisa vai à biblioteca pegar o dicionário.

Na frase I, alguém pede a Marisa que vá à biblioteca. Nesse caso, o termo **Marisa** é vocativo, por isso vem separado por vírgula.

Na frase II, alguém apenas diz que Marisa vai à biblioteca. Nesse caso, o termo **Marisa** é o sujeito do verbo **ir**. Por isso, não há vírgula entre o sujeito e o verbo.

Em situação de fala, a diferença de entonação é o que deixa evidente o sentido de cada frase. Na escrita, é a presença da vírgula que marca essa diferença; por isso, a vírgula é obrigatória.

Atividades

1. Reescreva as orações inserindo em cada uma delas um vocativo na posição mais adequada. Atenção à pontuação.

a) E agora, o que devo fazer?

____

____

b) Seu amigo parece muito cansado.

____

____

c) No dia do aniversário da nossa escola haverá alguma festa?

____

____

d) Vamos ao cinema?

____

____

2. Leia em voz alta as frases e coloque vírgula naquelas que apresentam vocativo.

a) Não Bruno você não faz parte do nosso grupo.

b) O supermercado senhora fica na outra esquina.

c) O senhor mora nesse bairro?

d) Posso te ajudar com as sacolas Clarice? Elas estão pesadas.

e) Letícia o professor Carlos me sugeriu ler esse livro.

f) Não saia agora Mariana está começando a chover.

g) Meus queridos amigos virão à minha festa de aniversário.

Atenção

Não confunda o vocativo com o sujeito da oração. Observe.

Rodrigo, **você** vai à festa da escola?

Rodrigo → vocativo; você → sujeito

Às vezes, o sujeito pode estar oculto. Observe.

Rodrigo, **vamos** à festa da escola?

Rodrigo → vocativo; vamos → verbo → sujeito oculto (nós)

3. Indique o sujeito e o vocativo de cada oração a seguir.

a) Fabiana, suas colegas já chegaram.

____

b) Caro amigo, por que não veio à minha festa?

____

c) Faça o teste com atenção, Gabriel!

____

d) O prazo para matrícula, professora, já está no fim?

____

e) Mariana e Luíza, por favor, ajudem suas colegas.

____

f) Veja, papai, que linda lua cheia!

____

g) Nós vamos sair mais cedo hoje, professor?

____

4. A anedota a seguir foi transcrita sem os sinais de pontuação. Reorganize o texto em parágrafos, usando as letras maiúsculas e os sinais de pontuação adequados.

um homem volta ao médico depois de uma semana o médico pergunta o senhor melhorou está passando bem que nada doutor continuo mal mas o que houve meu senhor não tomou o remédio que eu lhe dei claro que não doutor mas por que não tomou porque no vidro estava escrito o seguinte mantenha este vidro sempre fechado então como é que eu poderia tomar o remédio

____

____

____

____

____

____

____

Dica

Por que / por quê / porque / porquê

- **Por que:** separado e sem acento, significa "por que motivo" e é usado:
  no início de frases interrogativas.

  Por que o passeio foi cancelado?

  no meio de uma frase.

  Não sei por que ele saiu da sala.

- **Por quê:** separado e com acento, também significa "por que motivo" e é usado no fim de uma frase interrogativa.

  O passeio foi cancelado por quê?

- **Porque:** junto e sem acento, é usado para iniciar uma explicação.

  O passeio foi cancelado porque estava chovendo muito.

- **Porquê:** junto e com acento, tem valor de substantivo e significa "causa ou motivo". Vem sempre acompanhado de um artigo ou pronome.

  Gostaria de saber o porquê de sua tristeza.

Nesse caso, admite o plural.

Muitos porquês ficaram sem resposta.

Atividades suplementares

1. **Reescreva as frases a seguir conforme o exemplo.**

Se precisar de ajuda, chame o professor. → Caso **precise** de ajuda, chame o professor.
↓ **presente do subjuntivo**

a) Se houver problemas com esse trabalho, peça ajuda.

b) Se não souberem usar o computador, conversem com esse professor.

c) Se estiver com fome, pegue uma fruta na geladeira.

d) Se tiverem dúvidas sobre o dia do exame, perguntem na secretaria.

e) Se for ao supermercado, você pode me comprar esses produtos?

f) Se for um trabalho muito difícil, você pode pedir nossa ajuda.

g) Se você vier à festa, não deixe de trazer seu irmão.

h) Se você trouxer as fotos da festa, podemos expor no mural da classe.

2. Reescreva as orações passando o objeto direto para o plural. Atenção à concordância do predicativo do objeto. Veja o exemplo.

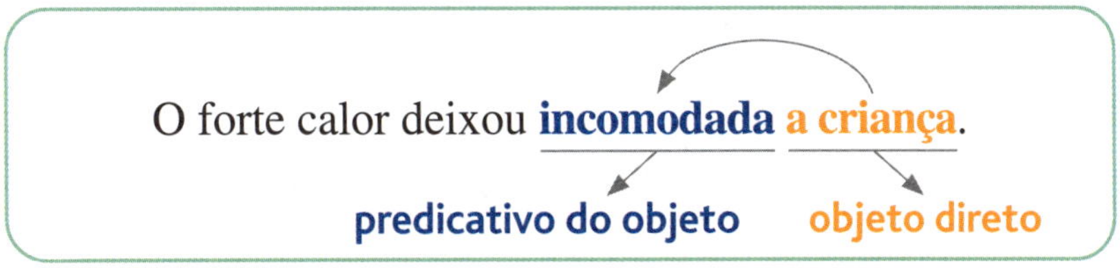

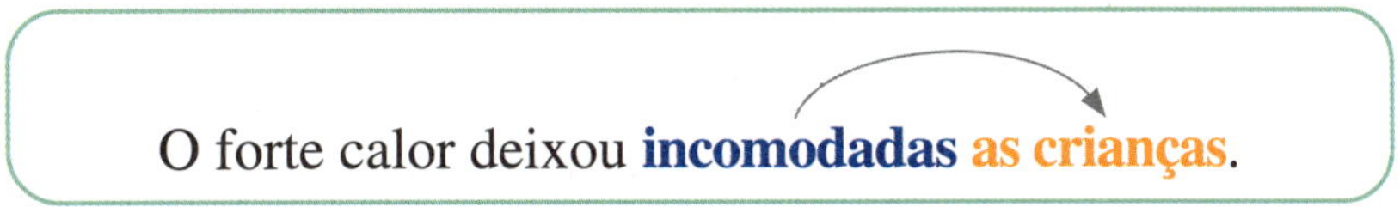

a) Todos acharam muito divertido esse filme.

____

____

b) A longa espera deixou nervoso o estudante.

____

____

c) Os convidados acharam saboroso esse sorvete.

____

____

d) Mantenha arrumada a estante de livros.

____

____

e) O elogio da professora deixou animada a aluna.

____

____

f) O forte calor deixou muito cansado o viajante.

____

____

g) Considero muito simpática essa menina.

____

____

3. **Nas frases a seguir, separe com vírgulas os adjuntos adverbiais intercalados entre o sujeito e o verbo.**

a) Os visitantes na parte da tarde foram conhecer o pomar.

b) Os estudantes quase todos os dias se reúnem nessa lanchonete.

c) O jogador com muita calma fez o gol da vitória.

d) Eu e meus colegas no fim das aulas fomos conversar com o diretor.

e) Muitos animais no começo da manhã vão beber água nesse rio.

f) Algumas crianças com medo dos trovões começaram a chorar.

g) Os turistas sem muita pressa foram voltando aos hotéis.

- Classifique os adjuntos adverbiais das frases anteriores.

____

____

____

4. **Complete as lacunas do texto a seguir com as palavras do quadro. Considere a coerência do texto, isto é, ele tem que formar uma sequência lógica e compreensível de ideias. Atenção: algumas palavras podem ser usadas mais de uma vez.**

para	com	nos	ar	ou	bom	por	muitos	ao	de	a	verde

O benéfico contato com a natureza

YAO KAILUN/PEXELS

Sair __________ um ambiente fechado e caminhar __________ ar livre em um bosque pode trazer __________ benefícios __________ a nossa saúde. Basta uma caminhada __________ meia hora, duas __________ três vezes __________ semana, e já começamos __________ nos sentir mais leves, __________ mais disposição e __________ humor. Respirar __________ puro é revigorante, olhar o __________ descansa os olhos e o silêncio __________ dá uma sensação __________ paz interior. Voltamos __________ casa revigorados. Já experimentou passar __________ essa experiência?

5. **Em cada palavra a seguir está faltando uma sílaba que tem g ou j. Complete-as.**

a) gara________
b) a________te
c) gor________ta
d) vi________lante
e) ob________tivo
f) ________gantesco
g) a________lidade
h) exi________
i) gen________va
j) inter________ção
k) ori________
l) diri________
m) re________tar
n) tra________to
o) bu________ganga

6. **Os versos a seguir estão escritos na 2ª pessoa do singular. Passe-os para a 3ª pessoa do singular, fazendo as mudanças de concordância necessárias.**

Se eu soubesse com certeza
Que tu me tinhas amor,
Caía nestes teus braços
Como o sereno na flor.

Da tradição popular.

____
____
____
____
____
____

7. **Preencha as lacunas com sinônimos dos verbos.**

a) autorizar → ___ ___ ___ ___ I ___ ___ ___
b) economizar → ___ ___ ___ ___ A ___
c) experimentar → ___ ___ O ___ ___ ___
d) causar → ___ ___ ___ V ___ ___ ___ ___
e) incomodar → ___ ___ ___ ___ U ___ ___ ___ ___
f) interromper → ___ ___ ___ ___ L ___ ___ ___ ___
g) iniciar → ___ ___ ___ N ___ ___ ___ ___ ___ ___

Dica

Todos os verbos começam com a letra **p**. Algumas letras já estão preenchidas.

Aprendendo com o dicionário

Coração, corações

O coração é o órgão mais importante do nosso corpo. Se ele parar de funcionar, não há mais vida. Isso todo mundo sabe. Mas o que pouca gente sabe é a origem da palavra **coração**. Ela vem do latim *cor* (pronuncia-se com **o** aberto). Da palavra *cor* formaram-se várias outras, como **coração** e **coragem**. Dela surgiu também a expressão “saber de cor”, isto é, saber de memória, decorar (observe que esse verbo também deriva de *cor*). Os povos antigos acreditavam que o coração era a sede da memória e dos sentimentos. É por isso, aliás, que até hoje o coração simboliza amor, carinho e amizade.

WILDPIXEL/ISTOCKPHOTO/GETTY IMAGES

O substantivo **coração** pode ter vários sentidos, dependendo do contexto. Veja alguns deles no verbete a seguir.

> **coração** (co.ra.**ção**) *s.m.* **1.** Órgão muscular que faz o sangue circular pelo corpo. **2.** *fig.* Parte do corpo onde estão os sentimentos. **3.** *fig.* Amor. **4.** *fig.* Parte principal ou mais profunda de alguma coisa.

1. **Em qual desses sentidos o substantivo coração foi usado no texto?** ______

2. **Indique o sentido que o substantivo coração tem em cada frase, conforme a numeração do verbete.**

a) Romeu conquistou o coração de Julieta. ☐

b) Não guarde raiva no seu coração. ☐

c) O coração faz o sangue circular pelo corpo todo. ☐

d) A expedição chegou ao coração da floresta. ☐

3. **O substantivo coração está presente em muitas expressões de nossa língua. Leia as frases a seguir e relacione cada expressão destacada com seu respectivo significado.**

1 Ele **abriu o coração** e contou tudo o que estava sentindo.

2 A cena que vi me **cortou o coração**.

3 Desejamos **de coração** que você seja muito feliz.

4 Ele tem **coração duro**, nunca ajuda ninguém.

5 Todos gostam muito dele, é um homem **de bom coração**.

6 Enquanto ele fazia essa viagem perigosa, fiquei **com o coração nas mãos**.

- [ ] Bondoso, sempre pronto a ajudar.
- [ ] Desabafar, revelar pensamentos bem íntimos.
- [ ] Profundamente preocupado.
- [ ] Provocar muita pena ou tristeza.
- [ ] Sinceramente.
- [ ] Indiferente às dores dos outros.

Leia, no verbete a seguir, alguns sentidos do substantivo **corpo**.

corpo (**cor**.po) *s.m.* **1.** Parte física dos seres humanos e animais. **2.** Grupo ou conjunto de pessoas que exercem a mesma atividade ou profissão. **3.** Cadáver de pessoa ou animal.

4. Com base no verbete, indique o sentido da palavra corpo nas frases a seguir.

a) A prática de exercícios físicos fortalece nosso corpo. ☐

b) Na região, havia alguns corpos de animais que morreram por causa da seca. ☐

c) O corpo de bombeiros conseguiu apagar o incêndio em algumas horas. ☐

5. Nas frases a seguir, foram destacadas expressões com a palavra corpo. Leia e relacione cada uma delas com seu significado.

1 Ele se dedicou **de corpo e alma** aos cuidados daquelas crianças.

2 Na hora do trabalho em grupo, ele fez **corpo mole**.

3 Os guerreiros enfrentaram-se **corpo a corpo**.

4 Ela também devia colaborar na pesquisa, mas tentou **tirar o corpo fora**.

5 Com esses exercícios diários, você vai **ganhar corpo** em pouco tempo.

- [ ] Homem contra homem.
- [ ] Ficar forte.
- [ ] Não se esforçar.
- [ ] Com todo o esforço.
- [ ] Não assumir uma responsabilidade.

Aprenda mais!

Procure em um dicionário as palavras **corpulento** e **corporal** e explique oralmente o que elas significam, elaborando frases de exemplo.

Interpretação de textos

Leia as charges e o texto para responder às questões de 1 a 3.

1

2

O Dia da Terra, também chamado Dia Mundial do Planeta Terra, é comemorado em 22 de abril. Constitui um alerta para que os seres humanos pensem na importância de não poluir nem destruir o meio ambiente.

1. **Com base na charge 1, responda.**

a) A charge mostra vários exemplos da destruição causada pelo ser humano em nosso planeta. Destaque pelo menos três desses exemplos.

____

____

____

b) Nessa charge, alguns detalhes indicam que houve discursos no Dia da Terra. Quais são esses detalhes?

____

____

c) Seria possível imaginar as promessas que devem ter sido feitas nos discursos desse dia?

____

____

d) A frase "Agora, onde estávamos?" revela que o ser humano quer, de fato, mudar seu comportamento e parar de destruir o planeta como antes? Por quê?

____

____

2. **O que mostra a charge 2?**

____

____

____

3. **Apenas duas das afirmativas estão corretas. Assinale-as.**

- Com base na leitura das charges, pode-se dizer que elas:

  a) expressam uma visão otimista sobre o futuro do planeta e o cuidado com o meio ambiente.

  b) mostram que não faz sentido comemorar o Dia da Terra se a destruição do planeta continua.

  c) revelam o egoísmo dos seres humanos, que não parecem empenhados em mudar seu modo de vida para cuidar melhor do planeta.

  d) mostram que deve haver mais discursos no Dia da Terra para provocar uma mudança no comportamento do ser humano com relação ao planeta.

CAPÍTULO 13

Pronomes relativos *que* e *quem*

E depois?

À medida que crescemos, aumenta a responsabilidade sobre as decisões que tomamos. É o momento em que precisamos aprender a pensar nas consequências de nossas ações.

Uma pessoa prudente questiona as próprias ações antes de colocá-las em prática: "Será que estou fazendo algo que vai me envergonhar mais tarde?"; "Será que estou agindo de forma errada e vou receber alguma punição?"; "Será que estou me comportando de forma ética e respeitando os outros?". Pensar nas consequências dos nossos atos é muito importante e mostra que estamos ficando cada vez mais maduros e responsáveis.

Voltar atrás em uma decisão não é sinal de fraqueza. Ao contrário, mostra que você é uma pessoa sábia, que reflete sobre as situações e reconhece quando precisa mudar a conduta. Se percebeu que está no caminho errado, por que não mudar de ideia? Isso é sinal de inteligência. Insistir no erro é que não é inteligente.

1. Por que é importante pensar bem antes de tomar uma decisão?

2. Você já se arrependeu de algo que fez sem pensar direito? O que foi? Como você se sentiu depois?

3. Você acha que, só porque seus colegas estão fazendo algo, você também deve fazer? É perigoso agir assim?

Pronome relativo *que*

Observe as duas orações abaixo e veja na sequência como podemos juntá-las em um só período, evitando a repetição de palavras.

Aquele é o **rapaz**. O **rapaz** toca violão muito bem.

Aquele é o **rapaz** **que** toca violão muito bem.

antecedente — **pronome relativo (= rapaz)**

O pronome **que** se relaciona com uma palavra da oração anterior (**rapaz**). Assim, juntamos as orações e não repetimos a palavra **rapaz**. Por isso, o pronome **que**, nesse caso, é classificado como **pronome relativo**.

Veja outros exemplos.

O técnico abraçou o **jogador** **que** fez o gol da vitória.

pronome relativo

Tenho uma **colega** **que** participa do grupo de teatro.

pronome relativo

Essa é a **autora** **que** foi premiada hoje.

pronome relativo

Nesses exemplos, o pronome relativo **que** refere-se a pessoas, mas ele pode referir-se também a coisas e animais. Veja.

Estou lendo o **livro** **que** o professor indicou.

pronome relativo

Fotografei dois lindos **cães** **que** estavam no parque.

pronome relativo

O **pronome relativo** é o pronome que se refere a uma palavra citada anteriormente, substituindo-a em outra oração.

Atividades

1. **Leia a tira.**

HAGAR — Chris Browne

- Nessa tira, foi usado o pronome relativo **que**. A que palavra anterior esse pronome relativo está se referindo?

____

____

2. **Sublinhe a palavra a que se refere o pronome relativo que nas frases a seguir.**

a) Pegue os livros que estão em cima da mesa.

b) Respeite o novo horário das aulas que foi divulgado ontem.

c) Cumprimente os meninos e as meninas que acabaram de chegar.

d) Vimos um vídeo belíssimo que mostra a vida dos golfinhos.

e) Não gostei desse filme de ficção científica que meus colegas elogiaram.

f) Guarde esse mapa no armário que está no fundo da sala.

g) Não mexa no bolo de chocolate que está na geladeira.

3. **Junte as duas orações de cada item em um só período, usando o pronome relativo que.**

a) Alguém mexeu na mochila. A mochila estava nesse armário.

____

____

b) Gabriela gostou dos presentes. Ela ganhou os presentes no seu aniversário.

____

____

c) Ele vestiu a camiseta branca. A camiseta branca estava nessa gaveta.

d) Vamos fazer os exercícios. A professora explicou os exercícios.

e) Quem pegou as chaves? As chaves estavam em cima da mesa.

4. Observe a imagem e leia a frase.

FILIPEFRAZAO/ISTOCKPHOTO/GETTY IMAGES

O tesouro que existe na natureza é insubstituível, não podemos perdê-lo.

a) Sublinhe o pronome relativo presente na legenda da foto.

b) A que palavra se refere o pronome relativo nesse caso, isto é, qual é seu antecedente?

c) Passando esse antecedente para o plural, que mudanças devem ser feitas na frase? Escreva.

5. **Veja como devemos usar o pronome relativo que para juntar estas duas orações.**

O **grupo** fez esse trabalho. O **grupo** recebeu um prêmio.

O **grupo** **que** fez esse trabalho recebeu um prêmio.

pronome relativo

- Com base no exemplo, junte as duas orações de cada item a seguir. Depois, faça uma seta ligando o pronome relativo à palavra a que ele se refere, como no exemplo.

a) O time venceu o torneio. O time ganhou uma linda taça.

____

____

b) Os alunos ajudarão na montagem da exposição. Os alunos já chegaram.

____

____

c) As pessoas foram sorteadas. As pessoas poderão assistir gratuitamente ao espetáculo.

____

____

d) Esse filme de ficção científica está passando no cinema. Esse filme de ficção científica é emocionante.

____

____

e) Filmes de super-heróis atraem grande público. Filmes de super-heróis têm muita ação e violência.

____

____

f) Já chegaram os livros. A bibliotecária vai colocar os livros na estante.

____

____

Uso da preposição com o pronome relativo *que*

Quando usamos o pronome relativo **que**, também pode ser necessário o emprego de uma preposição. Isso vai depender do verbo que o segue.

Esse foi o **passeio** **de** **que** nossa turma mais gostou.

antecedente **preposição** **pronome relativo**

Com o verbo **gostar**, usamos a preposição **de**, pois, quem gosta, gosta **de** alguma coisa. Por isso, nesse exemplo, devemos usar a preposição **de** antes do pronome relativo **que**.

Há casos em que o verbo que vem depois do pronome relativo é usado sem preposição. Então não há preposição antes do pronome. Veja este exemplo.

Esse é o **livro** **que** o professor comentou na aula.

antecedente **pronome relativo**

Nessa frase, não há preposição antes do pronome relativo porque dizemos que, quem comenta, comenta alguma coisa. O verbo **comentar** não pede preposição.

Atividades

1. **Complete as frases com as preposições a, de ou com.**

a) Essa é a ferramenta ____________________ que preciso para fazer esse trabalho.

b) Esse é o filme ____________________ que o professor se referiu.

c) Bolo de chocolate é a sobremesa ____________________ que mais gosto.

d) Essa é a chave ____________________ que abrimos o velho cofre.

e) ____________________ que barulho você está reclamando agora?

2. **Complete as frases com o pronome relativo que. Em duas delas o pronome deve estar acompanhado de preposição.**

a) Não encontrei a calça ____________________ estava querendo comprar.

b) Qual é o título do livro ____________________ você precisa ler?

c) Esse é o dicionário ____________________ mais tenho necessidade.

d) Não sei ____________________ roupa devo ir à festa.

Pronome relativo *quem*

Observe estas duas orações.

Não conheço a menina. Você conversava com a menina.

Agora, veja como juntamos essas orações em um só período, usando o pronome relativo **quem**.

Não conheço a **menina** **com** **quem** você conversava.

menina → antecedente; **com** → preposição; **quem** → pronome relativo

O pronome relativo **quem** só é empregado com referência a pessoas e vem sempre precedido de preposição.

Uso da preposição com o pronome relativo *quem*

Para saber qual preposição deve ser usada antes do pronome **quem**, devemos analisar o verbo que o segue.

Como exemplo, vamos juntar estas duas orações em um só período, usando o pronome **quem**.

Célia é a professora. Todos gostam dessa professora.

Célia é a **professora** **de** **quem** todos gostam.

professora → antecedente; **de** → preposição; **quem** → pronome relativo (refere-se ao substantivo *professora*)

Devemos usar a preposição **de** porque dizemos que quem gosta, gosta **de** alguém ou **de** alguma coisa.

Vejamos outro exemplo.

Laura é uma colega. Sempre jogo *videogame* com ela.

Laura é uma **colega** **com** **quem** sempre jogo *videogame*.

colega → antecedente; **com** → preposição; **quem** → pronome relativo (refere-se ao substantivo *colega*)

Para saber qual é a preposição adequada, pense assim: quem joga, joga **com** alguém. Portanto, devemos usar a preposição **com** antes do pronome **quem**.

Atividades

1. **Junte as orações em um só período, usando o pronome relativo quem.**

a) Esses são os colegas. Fui ver o jogo com eles no domingo.

b) Marcelo é o professor. A nossa classe deu um presente a ele.

c) Não conheço esse homem. O professor estava conversando com ele.

d) Gustavo é um amigo. Confio muito nesse amigo.

e) Essas são as jogadoras de vôlei. Jogaremos contra elas amanhã.

f) Eva é uma amiga querida. Sempre posso contar com ela.

g) Esse é o professor Cláudio. Nossa classe foi elogiada por ele.

h) Esse é meu pai. Eu sempre me sinto muito bem perto dele.

i) Paulo é um colega da escola. Vou compartilhar com ele essa boa notícia.

2. **Complete cada frase com uma das preposições do quadro.**

a	com	de	em

a) Rosana é a colega ________________ quem dividi meu lanche.

b) Catarina é uma menina ________________ quem podemos confiar.

c) Renata e Fabiana são as primas ________________ quem viajei nas férias.

d) Mariana é a bibliotecária ________________ quem você deve devolver os livros.

e) Essas são as colegas de escola ________________ quem tenho saudade.

f) Ela é a única pessoa ________________ quem espero um auxílio.

g) ________________ quem será que essa moça vai se casar?

h) Você deve dizer obrigado ________________ quem o ajudou a vencer essas dificuldades.

i) Não sei ________________ quem vou fazer esse trabalho de artes.

3. **Complete as orações com os pronomes relativos que ou quem.**

a) Essa menina não tem muitos amigos com ________________ possa conversar.

b) Leia os avisos ________________ foram colocados no pátio.

c) Pegue o livro ________________ está sobre a mesa.

d) Ela é uma pessoa por ________________ devemos ter muito respeito.

e) Júlia e Ricardo são os professores com ________________ viajamos nas férias.

Dica

Há pouco / daqui a pouco

São expressões usadas para indicar o passado e o futuro, respectivamente.

- **Há pouco** indica tempo passado e significa "faz pouco tempo".

Ele esteve aqui **há pouco**.

Encontrei meus colegas agora **há pouco**.

- **Daqui a pouco** indica tempo futuro e significa "daqui a instantes".

O jogo vai começar **daqui a pouco**.

Daqui a pouco vou almoçar.

Atividades suplementares

1. Leia o texto.

RANGIZZZ/SHUTTERSTOCK

Não se esqueçam, jovens: o futuro do planeta, nosso único lar, está nas mãos de vocês. Aprendam a cuidar bem dele!

a) No texto, há um aposto e um vocativo. Indique-os.

____

____

b) Releia esta oração: "Aprendam a cuidar bem dele!"

- Classifique o sujeito dessa oração. ______________________________
- Indique a função sintática de:

— bem: ______________________________

— dele: ______________________________

2. Complete as orações com o adjetivo indicado. Atenção à concordância. Veja o exemplo.

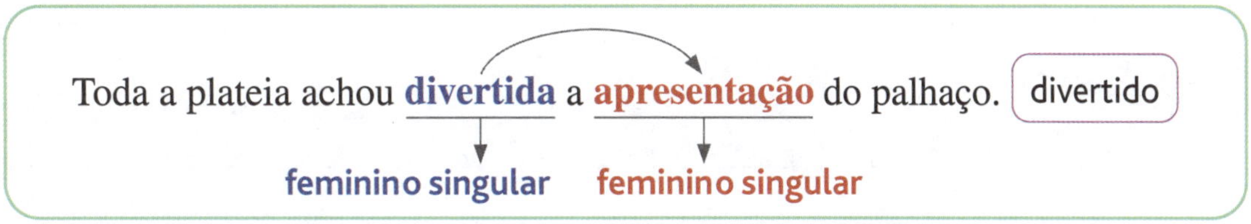

a) Não achei ______________ essas suas piadas. engraçado

b) O professor considerou ______________ as minhas respostas. correto

c) Achei ______________ as decisões da professora. justo

d) O temporal deixou ______________ muitas ruas do bairro. alagado

e) O juiz julgou ______________ os acusados. inocente

f) Acho ______________ essas informações. importantíssimo

3. **Complete as lacunas do texto usando os verbos do quadro no tempo e no modo adequados ao contexto. Alguns verbos podem ser empregados mais de uma vez.**

haver	ser	estar	saber	dar	parecer	olhar	ver

Mares na Lua?

KANENORI/ PIXABAY

Uma noite em que a Lua ______________ bem redonda no céu, ______________ com atenção para ela. ______________ aquelas manchas que você ______________? ______________ dois grandes olhos e uma boca, como se a Lua ______________ a cabeça de uma pessoa. Mas, na verdade, ______________ grandes espaços planos. De longe, ______________ a impressão de serem mares, por isso foram chamados de mares. Mas, na Lua, não ______________ uma gota de água sequer!

Pierre Avérous e Marie-Marthe Collin. *De olho no céu e na Terra*. São Paulo: Scipione, 1992. p. 58.

a) Dê o tempo e o modo das formas verbais que você usou para completar as lacunas do texto.

____

____

____

____

b) No texto, há somente um pronome demonstrativo. Qual?

____

c) Destaque do texto três substantivos comuns dissílabos.

____

d) Explique por que as palavras a seguir devem ser acentuadas. Se precisar, consulte o Quadro geral das regras de acentuação no fim do livro.

- céu: ______________________________
- você: ______________________________
- água: ______________________________

4. Reescreva as frases substituindo a expressão destacada por um verbo de sentido equivalente e fazendo, conforme o caso, as adaptações necessárias. Atenção ao tempo e ao modo do verbo **fazer**.

O mecânico **fez o conserto** do carro.
↓
pretérito perfeito do indicativo

O mecânico **consertou** o carro.
↓
pretérito perfeito do indicativo

a) A professora **fez a correção das** provas.

____

____

b) Todo ano, ela **faz uma distribuição de** livros para as crianças.

____

____

c) Vou **fazer a devolução dessa** mercadoria para a loja.

____

____

d) A prefeitura **fará a reconstrução dessa** antiga escola.

____

____

e) Espero que a livraria nos **faça logo a entrega desses** livros.

____

____

f) O professor me **fez um elogio**.

____

____

g) Nós **faremos a análise desse** texto.

____

____

5. **Reescreva o trecho destacado nas frases a seguir substituindo o pronome pessoal do caso reto pelo pronome pessoal oblíquo correspondente e fazendo as adaptações necessárias nos verbos. Atenção à acentuação. Veja o exemplo.**

A lição? Vou **acabar ela** em um instante. → acabá-la

a) Os livros? Vou **guardar eles** na estante.

b) O bolo de chocolate? Vamos **comer ele** daqui a pouco.

c) Esse erro de ortografia? Vou **corrigir ele**.

d) As mochilas? Eles vão **comprar elas** amanhã.

e) Os celulares? Vou **deixar eles** em cima dessa mesa.

f) A bicicleta? Vou **vender ela** para o Marcelo.

6. **Reescreva as frases eliminando os pleonasmos.**

a) Houve um sorteio na loja e eu ganhei de graça um bonito relógio.

b) Ele estava na sala de aula e saiu para fora para chamar a professora.

c) O homem parou no portão da casa e bateu palmas com as mãos para chamar alguém.

d) Ele não ficou com medo e encarou o adversário de frente.

e) O técnico do time pediu aos jogadores que avançassem para a frente.

f) Quando os bombeiros chegaram, viam-se grandes labaredas de fogo nas janelas.

g) Todos estavam muito cansados, mas prosseguiram adiante sem reclamação.

h) Fui obrigado a comparecer pessoalmente no banco para resolver esse problema.

7. Nas frases a seguir, faltam sempre três vírgulas. Leia com atenção e coloque a pontuação correta. Dica: as vírgulas estão relacionadas aos adjuntos adverbiais.

a) No interior da floresta a expedição logo no primeiro dia encontrou uma aldeia indígena.

b) Sem demora os viajantes prepararam suas bagagens e antes do fim da tarde já tinham partido.

c) Hoje em dia a criação de um mundo de paz depende sem dúvida alguma do esforço de todas as nações.

d) Ao longo da praia podíamos ver a pouca distância muitas casas de pescadores.

e) No início o grupo estava muito nervoso, mas aos poucos ficou mais calmo e fez uma boa apresentação.

f) Na verdade precisamos combater sem descanso a devastação do meio ambiente.

Aprendendo com o dicionário

Fugindo do tempo frio

AGAMI STOCK/ISTOCKPHOTO/GETTY IMAGES

As andorinhas-azuis migram todos os anos de uma região para outra. Elas se reproduzem no Hemisfério Norte, nos Estados Unidos e no Canadá, e, quando o verão termina por lá, voam para o Hemisfério Sul, onde o tempo está esquentando. O Brasil é um dos destinos dessas aves viajantes, que chegam aqui em setembro e ficam até os primeiros meses do ano seguinte. Mas, quando o tempo começa a esfriar, é hora de levantar voo novamente e retornar para o Hemisfério Norte, onde está recomeçando a primavera.

O substantivo **tempo** pode ter diferentes sentidos, conforme o contexto em que é usado. Veja alguns desses sentidos no verbete a seguir.

tempo (**tem**.po) *s.m.* **1.** Sequência de horas, dias, meses, anos etc. **2.** Época; período determinado na história de um povo, de uma pessoa etc. **3.** Período próprio para que algo seja feito ou aconteça. **4.** Condições da atmosfera. **5.** Cada período em que se divide uma disputa esportiva, como futebol, handebol etc. **6.** Momentos livres, sem nenhuma obrigação. **7.** Forma do verbo que mostra se ele indica o presente, o passado ou o futuro.

1. Localize o substantivo tempo no texto e indique em qual dos sentidos do verbete ele foi usado.

____

2. Seguindo a numeração do verbete, indique o sentido do substantivo tempo em cada frase.

a) Chegou o tempo de plantar uva. ☐

b) Hoje, tenho tempo para ler esse livro com calma. ☐

c) Esse filme mostra o tempo da escravidão no Brasil. ☐

d) A forma verbal **partirei** está no tempo futuro. ☐

e) Morei muito tempo nesse bairro, acho que uns dez anos. ☐

f) O tempo está chuvoso, não poderemos ir ao parque. ☐

g) Nosso time fez dois gols no primeiro tempo. ☐

h) Não brinque com esse jogo eletrônico durante muito tempo. ☐

i) Ainda não tive tempo para fazer essa pesquisa. ☐

3. **Nas frases a seguir, foram destacadas expressões com a palavra tempo. Relacione cada uma delas com seu significado.**

1 Ele está triste porque não pôde viajar; mas vamos **dar tempo ao tempo** que ele vai se esquecer disso e voltar a brincar como antes.

2 Você não vai **dar um tempo** nesse joguinho para almoçar?

3 Ele não gosta de trabalhar, prefere **matar o tempo** na lanchonete.

4 Ele costuma visitar os avós **de tempos em tempos**.

5 O céu está ficando escuro, acho que vai **fechar o tempo**.

6 Ele **chegou a tempo** de pegar o trem.

☐ De vez em quando.

☐ Parar, fazer uma pausa.

☐ No prazo certo para conseguir algo.

☐ Começar a chover.

☐ Distrair-se.

☐ Esperar com paciência uma solução.

4. **Leia a tira.**

ARMANDINHO — Alexandre Beck

- O humor da tira nasce de duas interpretações diferentes da expressão "ter tempo de vida". Explique oralmente:

  a) O que o pai do Armandinho pensou que ele estivesse dizendo? E por que ficou assustado?

  b) O que o menino queria, de fato, dizer?

O substantivo **hora** também pode ter vários sentidos, dependendo do contexto. Veja alguns deles no verbete a seguir.

> **hora** (**ho**.ra) *s.f.* **1.** Cada unidade de tempo de 60 minutos. **2.** Momento do dia indicado pelo relógio. **3.** Momento em que alguma coisa aconteceu ou pode acontecer. **4.** Momento em que alguém costuma fazer algo ou em que alguma coisa acontece. **5.** Momento exato combinado ou marcado. **6.** Instante em que se percebe ou se passa alguma coisa. **7.** Oportunidade ou ocasião favorável.

5. Sublinhe no texto "Fugindo do tempo frio" o substantivo hora e indique em qual sentido foi usado, conforme a numeração do verbete.

____

6. Seguindo a numeração do verbete, indique o sentido do substantivo hora em cada frase a seguir.

a) Já está na hora do almoço. ☐

b) Ficamos duas horas na biblioteca. ☐

c) A essa hora, as aulas já terminaram. ☐

d) Não vejo a hora de fazer essa viagem. ☐

e) O filme acabou às 10 horas. ☐

f) Hoje tenho hora no dentista. ☐

g) Agora não é hora de falar sobre isso, vamos deixar para depois. ☐

h) Eles se encontraram na hora da saída da escola. ☐

i) Está na hora da minha caminhada diária. ☐

j) Na hora de pagar o lanche, vi que estava sem dinheiro. ☐

k) Todo mundo chegou na hora do treino, ninguém se atrasou. ☐

l) Esperei o grupo por mais de uma hora e ninguém apareceu. ☐

m) O filme começou bem na hora em que entrei no cinema. ☐

n) Chegou a hora de você explicar bem o que aconteceu na escola. ☐

o) Parece que as horas voam quando estamos nos divertindo. ☐

p) O exame começa na hora, por isso não se atrase. ☐

7. **Leia a tira.**

MALVADOS **André Dahmer**

a) A palavra **hora** foi usada duas vezes na tira. Em quais sentidos do verbete ela foi empregada?

---

b) Você acha que essa tira faz alguma crítica ao uso do telefone celular? Por quê?

8. **Há muitas expressões populares com a palavra hora. Leia as frases a seguir e relacione cada expressão destacada com o significado correspondente.**

1 No dia da prova, entrei na sala de aula **em cima da hora**.

2 Chegamos muito cedo no cinema e ficamos **fazendo hora** na sala de espera.

3 Ela está **contando as horas** para o início da festa.

4 Você chegou **em boa hora**, estou mesmo precisando de ajuda.

5 **Nas horas vagas**, ele costumava ficar sentado na praia observando o mar.

6 O super-herói salvou a mocinha **na hora H**.

☐ Momentos sem compromisso ou trabalho.

☐ Distrair-se enquanto espera.

☐ No momento decisivo ou mais perigoso.

☐ Nos últimos instantes.

☐ No momento mais oportuno.

☐ Esperar com impaciência ou ansiedade.

Interpretação de textos

Leia a tira para responder às atividades de 1 a 3.

CALVIN E HAROLDO **Bill Watterson**

CALVIN & HOBBES, BILL WATTERSON © 1993 WATTERSON/ DIST. BY ANDREWS MCMEEL SYNDICATION

1. **A tira faz o leitor refletir sobre:**

a) a importância dos jardins zoológicos.

b) a extinção de animais.

c) a crueldade feita com os animais.

d) a preocupação da mulher com os animais.

2. **Apenas uma afirmativa sobre a tira está incorreta. Assinale-a.**

a) A resposta do tigre deixa evidente que, para um animal, o zoológico não passa de uma prisão.

b) A resposta do menino à mãe mostra que ele conseguiu ver a situação do ponto de vista do tigre.

c) A resposta do tigre é engraçada porque compara o zoológico a um presídio, o que surpreendeu o menino.

d) A cara do menino, no segundo quadrinho, mostra que ele se surpreendeu com a resposta do tigre e entendeu a comparação.

3. **Você concorda com a comparação feita pelo tigre? Por quê?**

Leia o texto e observe as imagens para responder à atividade 4.

A maior ameaça: humanos

A perda de *habitat* — provocada principalmente pela expansão do homem à medida que utilizamos terras para habitação, agricultura e comércio — é a maior ameaça enfrentada pela maioria das espécies de animais, seguida da caça e da pesca. Ainda que o *habitat* não esteja totalmente perdido, ele pode estar tão alterado que os animais não conseguem se adaptar. Cercas fragmentam pastagens, a exploração madeireira divide florestas ao meio, interrompendo corredores migratórios; a poluição intoxica os rios; pesticidas matam de forma generalizada e indiscriminadamente. Além dessas ameaças localizadas, surgem cada vez mais ameaças globais: o comércio, que espalha doenças e espécies invasoras de um local para outro, e as mudanças climáticas, que acabam afetando todas as espécies da Terra, a começar pelos animais que vivem no alto das montanhas, onde é mais frio, ou que dependem do gelo polar. Todas essas ameaças remetem, direta ou indiretamente, ao homem e à nossa presença crescente. A maioria das espécies enfrenta várias ameaças. Algumas são capazes de se adaptar a nós; outras desaparecerão.

OSTILL/SHUTTERSTOCK EDWIN BUTTER/SHUTTERSTOCK PAL TERAVAGIMOV/SHUTTERSTOCK

Animais em risco de extinção.

Elizabeth Kolbert. O que perdemos com a extinção dos animais. *National Geographic*, out. 2019. Disponível em: https://santil.la/o-que-perdemos. Acesso em: abr. 2024.

4. Com base no texto, leia as afirmativas e escreva V (verdadeiro) ou F (falso) em cada uma delas.

☐ Várias ações humanas têm impedido a sobrevivência de muitas espécies animais.

☐ Os animais, em geral, têm se adaptado à perda de seu *habitat*, aprendendo a conviver bem com os seres humanos.

☐ A caça, a pesca e a destruição do *habitat* são algumas causas da extinção de muitas espécies animais.

☐ Os animais estão vencendo as dificuldades causadas pelas ações humanas e conseguem sobreviver em novos locais.

☐ A maioria das espécies animais supera bem as destruidoras ações humanas na natureza.

☐ A sobrevivência dos animais fica ainda mais difícil com as mudanças climáticas que atingem o planeta.

CAPÍTULO 14

Pronomes relativos *o qual, onde e cujo*

Plateia de acidente

Certa vez, eu estava fazendo uma viagem de *van* pelo interior de São Paulo. Uma longa fila se formou. Havia um caminhão virado, caído na descida ao lado da estrada. Os condutores agiam como se estivessem diante de um *show*. Estacionavam, atrapalhando o socorro. A polícia rodoviária mandava todos seguirem. Poucos obedeciam. O motorista da *van* conseguiu perguntar:

— O que houve?

— O caminhão virou — respondeu o policial. — Mas não aconteceu nada com o caminhoneiro.

Suspiramos aliviados. A *van* deu uma guinada para o acostamento.

— Que vai fazer? — perguntei.

— Parar.

— Não vai, não. Continue.

De mau humor, ele engrenou a marcha e acelerou. Encarou-me, como se eu fosse o maior dos estraga-prazeres.

Agora, se é coisa séria, alguém para? Quem já passou pela experiência de o motor falhar, ou algo assim, sabe o que estou dizendo. Fica-se encalhado na pista, enquanto todos os outros motoristas

1. Você já viu cenas em que muitos curiosos param para ver acidentes e até atrapalham o socorro às vítimas? Por que você acha que há tantas pessoas que parecem gostar de ver acidentes?

2. O autor afirma que pouca gente demonstra interesse em ajudar de fato o próximo. Que situação ele descreve como exemplo dessa afirmação?

cortam, aceleram, xingam, sem tentar ajudar. O problema do veículo pode ser pequeno. Levá-lo até o acostamento para pedir socorro é quase impossível.

Na mesma [rodovia] Raposo Tavares, tempos atrás, encontrei um carro parado na faixa do meio. Dentro, havia um homem caído sobre o volante. Quem via acelerava. Até hoje não sei qual foi o problema do sujeito. Suponho ter corrido mais risco de morte com a pressa dos outros motoristas do que com o desmaio propriamente dito. Era impossível parar. Lembrei-me de um posto rodoviário logo adiante. Acelerei até lá. Desci e comuniquei o fato aos policiais. Mandaram uma viatura tratar do socorro. Gentilmente, me agradeceram. Perguntei, curioso:

— Alguém já dera o alarme?

— Não, ninguém.

Ou seja, centenas de carros haviam passado pelo homem caído. Nenhum se dera ao trabalho de avisar a polícia rodoviária. Mesmo havendo um posto pouco menos de 1 quilômetro depois!

Fico pensando. Ser curioso é uma qualidade do ser humano. Mas, sem querer criar uma rima, e talvez apontando uma solução, quem sabe a mera curiosidade pudesse ser substituída por uma forte solidariedade.

Walcyr Carrasco. *Histórias para a sala de aula*. São Paulo: Moderna, 2015. p. 118-119. (Adaptado.)

3. **Por que podemos dizer que, ao avisar a polícia sobre o que estava acontecendo na estrada, o autor mostrou ser uma pessoa solidária?**

4. **O título do texto pode ser entendido como uma crítica social? Explique.**

5. **Você acha que há poucos exemplos de solidariedade em nossa sociedade? Justifique.**

6. **Na escola, há situações em que podemos ser solidários? Justifique.**

Pronome relativo *o qual* e suas variações

No capítulo anterior, estudamos os pronomes relativos **que** e **quem**. Agora, vamos estudar o pronome relativo **o qual** e suas variações — **a qual, os quais, as quais.**

Assim como os pronomes **que** e **quem**, o relativo **o qual** e suas variações também se referem a uma palavra anterior (antecedente), substituindo-a na oração seguinte. Observe a seguir como isso ocorre ao juntarmos as duas orações.

preposição

Vamos ler o livro. O professor falou **sobre** esse livro na aula.

preposição

Vamos ler o livro **sobre** o qual o professor falou na aula.

antecedente — pronome relativo (substitui o termo *esse livro*)

Veja outro exemplo:

preposição

Procure as fotos. Não podemos terminar o trabalho **sem** essas fotos.

preposição

Procure as fotos, **sem** as quais não podemos terminar o trabalho.

antecedente — pronome relativo (substitui o termo *essas fotos*)

Atividades

1. Nas frases a seguir, circule os pronomes relativos. Depois, sublinhe as palavras a que esses pronomes se referem. Veja o exemplo.

> Tenho muitos amigos na escola, entre os quais você e seu irmão.

a) Essas são informações importantes, sem as quais não podemos terminar nossa experiência.

b) Achei várias fotos sobre a Amazônia, com as quais podemos ilustrar nosso trabalho.

c) Havia uma grande árvore no quintal, sob a qual ela gostava de se sentar com as crianças.

d) Vimos um tanque no pátio da fazenda, em torno do qual havia várias pessoas.

e) Estou levando vários livros na viagem, com os quais pretendo me distrair.

2. **Junte as orações de cada item usando os pronomes relativos o qual, a qual, os quais e as quais. Atenção ao uso da preposição.**

a) Participei de uma viagem interessante. Durante a viagem conheci várias cidades muito bonitas.

____

____

b) Esses são problemas sérios. Precisamos conversar sobre esses problemas.

____

____

c) *Bullying* é um assunto polêmico. É necessário falar sobre isso.

____

____

d) Esses são adversários fortes. Ele lutou bravamente contra eles.

____

____

3. **Assinale o item que completa corretamente a lacuna do segundo quadrinho da tira a seguir.**

GARFIELD Jim Davis

a) com a qual

b) do qual

c) sem a qual

d) da qual

Uso do pronome *o qual* (e suas variações) no lugar do pronome *que*

Às vezes, para deixar bem explicado o sentido de uma frase, o pronome **o qual** (e suas variações **a qual**, **os quais** e **as quais**) costuma ser usado no lugar do pronome **que**. Observe, por exemplo, esta frase, que apresenta duplo sentido.

> Visitei o pai dessa menina, que, aliás, parecia bem contente.

Da forma como está redigida, a frase deixa dúvida sobre quem parecia contente: o pai ou a menina? Releia a frase e veja que ela tem duplo sentido. Nesse caso, para deixar bem evidente o sentido que queremos dar à frase, podemos usar o pronome **o qual** ou **a qual**. Observe.

Visitei o pai dessa **menina**, **a qual**, aliás, parecia bem contente.

(para dizer que a menina é que parecia contente)

Visitei o **pai** dessa menina, **o qual**, aliás, parecia bem contente.

(para dizer que o pai é que estava contente)

Se, em situações como essa, os antecedentes do pronome **que** forem palavras do mesmo gênero (isto é, todas masculinas ou femininas), não será possível compreender o sentido da frase. Nesse caso, é preciso escrever a frase de outra maneira para deixar claro o que se quer dizer.

Atividades

1. Explique o duplo sentido das frases a seguir.

a) Os fotógrafos estão sempre atrás da filha desse ator, que mora no Rio de Janeiro.

b) Não conheço o namorado da garota que venceu o concurso.

c) A filha do professor, que é muito gentil, aceitou participar desse programa de televisão.

2. Agora, explique como podemos usar o pronome o qual (e suas variações) para tornar evidente um dos sentidos das frases analisadas.

Identificando o pronome relativo *que*

O pronome **o qual** (e suas variações) pode nos ajudar também a perceber se a palavra **que** é ou não um pronome relativo. Se o **que** puder ser substituído por **o qual** (e suas variações), então temos um caso de pronome relativo.

Observe a frase.

O professor disse **que** o filme **que** vamos ver é muito engraçado.

A palavra **que** foi usada duas vezes nessa frase, mas ela é um pronome relativo apenas na segunda ocorrência, pois ali pode ser substituída por **o qual**. Veja.

O professor disse que o filme **o qual** vamos ver é muito engraçado.

Atividades

1. Nas frases a seguir, sublinhe a palavra que nos casos em que ela é pronome relativo.

a) Os músicos que tocam nessa banda vão lançar um novo álbum.

b) A chuva forte que caiu ontem prejudicou as pessoas que moram naquele lado da cidade.

c) O juiz disse que o gol que nossa equipe marcou foi irregular.

d) Os turistas que visitaram nossa cidade afirmaram que nunca tinham visto praias tão bonitas.

2. Leia o texto.

Atletas que praticam ginástica olímpica precisam treinar muito. São horas e horas de treino que exigem intensa dedicação. Mas eles afirmam que vale a pena tudo isso, porque a emoção que sentem no momento da vitória é incrível.

CRÉDITO DAS IMAGENS: TIM CLAYTON/CORBIS/GETTY IMAGES; SOEREN STACHE/PICTURE ALLIANCE/GETTY IMAGES; LIONEL BONAVENTURE/AFP/GETTY IMAGES; TORU HANAI/GETTY IMAGES

- Sublinhe os pronomes relativos que foram usados no texto.

Pronome relativo *onde*

Observe como juntamos estas orações.

Essa é **a academia**. Suzana faz natação **nessa academia**.

Essa é **a academia** **onde** Suzana faz natação.

antecedente — pronome relativo (= na qual)

Emprega-se o pronome relativo **onde** em referência a um antecedente que indica lugar. Esse pronome, geralmente, equivale a **no qual**, **na qual**, **nos quais** ou **nas quais**. Observe mais um exemplo em que juntamos duas orações.

Minha amiga estuda **em uma cidade grande**. **Nessa cidade**, a vida é muito agitada.

Minha amiga estuda **em uma cidade grande**, **onde** a vida é muito agitada.

antecedente — pronome relativo (= na qual)

Atividade

- **Junte as orações de cada item usando o pronome relativo onde.**

a) Estou em uma pequena cidade do interior. Nessa cidade, não há cinema.

b) Entramos em um galpão abandonado, no fundo da chácara. Nesse galpão, achamos esse velho baú.

c) Estamos perto de um rio. O pessoal da fazenda costuma pescar nesse rio.

d) Vamos até aquela sorveteria. Os estudantes gostam de se encontrar nessa sorveteria.

Pronome relativo *cujo* e suas variações

Observe como podemos juntar estas duas orações.

Esse é **o aluno**. O pai **dele** está conversando com o diretor.

Esse é **o aluno cujo** pai está conversando com o diretor.

O pronome relativo **cujo** (e suas variações **cuja**, **cujos** e **cujas**) é sempre seguido de um substantivo. Esse pronome geralmente dá ideia de posse e equivale a **dele** (e suas variações **dela**, **deles** e **delas**).

Observe este outro exemplo.

Vamos passear **em uma chácara**. O dono **dela** é meu avô.

Vamos passear **em uma chácara cujo** dono é meu avô.

Atenção

O pronome **cujo** nunca é seguido de artigo e concorda em gênero (masculino ou feminino) e número (singular ou plural) com o substantivo que vem depois dele. Veja.

Esta é a casa **cujo dono** está viajando.

Esta é a casa **cuja dona** está viajando.

Esta é a casa **cujos donos** estão viajando.

Esta é a casa **cujas donas** estão viajando.

Vamos recordar

Como vimos, os pronomes relativos retomam um antecedente e podem ser **variáveis** ou **invariáveis**. Observe.

Pronomes relativos	
Variáveis	Invariáveis
o qual / a qual	que
os quais / as quais	quem
cujo / cuja, cujos / cujas	onde

Atividades

1. Complete as frases usando o pronome relativo cujo ou uma de suas variações.

a) Vou ler esse livro ________________ autor ganhou vários prêmios.

b) Esse é o artista brasileiro ________________ quadros estão no Museu da Cidade.

c) Vou visitar a cidade de Salvador, ________________ praias são belíssimas.

d) Devemos proteger o Pantanal, ________________ beleza nos encanta.

2. Junte as orações de cada item usando o pronome relativo cujo ou uma de suas variações.

a) Todos elogiam essa banda. As apresentações dessa banda atraem um grande público.

____

____

b) Essa é minha colega Isabela. O pai dela é ator de cinema.

____

____

c) Esse é o cofre. A chave desse cofre desapareceu.

____

____

Dica

Conosco / com nós

- Conosco é a combinação da preposição **com** + **nos** (pronome oblíquo).

Ela quer falar conosco.

Eu e meu pai fomos ao cinema e meus primos foram conosco.

- A forma **com nós** é correta apenas quando é seguida de um numeral ou de uma palavra modificadora, como **mesmos**, **todos** etc.

Eles queriam viajar com nós dois.

É com nós mesmos que você deve conversar.

Atividades suplementares

1. **Complete as lacunas das palavras a seguir com uma sílaba que tem ch ou x.**

a) ca______eira
b) en______to
c) capri______so
d) me______rica
e) fe______dura
f) li______ra
g) lan______nete
h) en______me
i) co______lar
j) rela______mento
k) ca______bo
l) bola______
m) a______tar
n) ______nelada
o) lu______oso

- Uma das palavras formadas é um substantivo coletivo. Qual?

____

- Apenas uma das sílabas que você usou apresenta ditongo. Em que palavra ela foi usada?

____

- Colocando em ordem alfabética as palavras que você formou, quais são as três primeiras e as três últimas?

____

____

____

2. **Empregue os pronomes pessoais do caso oblíquo lo, la, los e las ou o, a, os e as, conforme o exemplo. Atenção às formas acentuadas.**

Renato, **devolva esses livros**. → Renato, **devolva-os**.
O mestre **vai explicar o problema**. → O mestre **vai explicá-lo**.

a) Laura **vai comprar essa agenda**. → Laura ________________

b) Diego, **ligue a televisão**. → Diego, ________________

c) Fabiana **deve fechar esses envelopes**. → Fabiana ________________

d) Sueli, **apague essa mensagem**. → Sueli, ________________

e) Cláudia, **guarde esses recibos**. → Cláudia, ________________

f) Fernando **vai consertar esse telefone**. → Fernando ________________

g) Fátima **vai resumir esse texto**. → Fátima ________________

3. Leia este cartaz.

RAMI_BA/ISTOCKPHOTO/GETTY IMAGES

a) No aviso, há duas orações. Dê a função sintática dos seguintes termos de cada uma:

- bonito: ____________________
- limpo: ____________________

b) Nesse cartaz, foi usado um pronome pessoal do caso oblíquo. Identifique-o e indique sua função sintática.

____

c) Que função sintática exerce o pronome possessivo usado no cartaz?

____

d) Classifique o predicado de cada oração.

____

e) Em que modo foi usado o verbo **manter**? Assinale a resposta.

☐ indicativo ☐ subjuntivo ☐ imperativo

4. Complete as frases com conjunções do quadro a seguir.

desde que	a fim de que	como	porque	portanto	assim que

a) A criança estava quieta, mas começou a chorar ____________________ a mãe saiu da sala.

b) Não pudemos viajar por aquela estrada ____________________ ela estava bloqueada pela polícia.

c) ____________________ chegou, ele ainda não conversou com ninguém.

d) O jardim ainda está muito molhado; ____________________, a chuva deve ter parado há pouco tempo.

e) Para fazer o discurso, ele subiu em um banco ____________________ todo o auditório pudesse vê-lo.

f) Sei que há muito trabalho a fazer, mas podemos terminá-lo ainda hoje, ____________________ todos ajudem.

g) Nessa viagem, a volta não demorou tanto ____________________ a ida.

- Indique a frase em que a conjunção expressa ideia de:

☐ finalidade ☐ causa ☐ conclusão ☐ comparação

- Em duas frases, as conjunções usadas expressam ideia de tempo. Quais são as frases?

____

____

- Qual conjunção expressa duas ideias diferentes? Quais são essas ideias?

____

____

Vamos recordar

Quando fazemos comparações, fazemos uma associação de ideias, relacionando coisas diferentes, mas que têm algo em comum.

Isso acontece, por exemplo, quando dizemos:

Essa menina tem os olhos azuis **como** o céu.

Os olhos e o céu são coisas diferentes. Mas a frase destaca que há algo em comum entre os dois: a cor azul.

5. Agora é sua vez! Complete as frases com substantivos fazendo uma comparação, como no exemplo do boxe anterior.

a) Esse homem tem cabelos brancos como ______________________.

b) Queimamos os pés na areia da praia, que estava quente como ______________________.

c) Seus olhos são negros como ______________________.

d) Ela fez um bolo doce como ______________________.

e) Essa gravata é vermelha como ______________________.

f) Ouvimos um barulho forte como ______________________.

g) Ela é delicada como ______________________.

h) Esse jogador é rápido como ______________________.

i) Nosso goleiro não deixa passar nada, é ágil como ______________________.

j) Essa parede é áspera como ______________________.

k) Esse sabonete é perfumado como ______________________.

l) O pelo desse gato é macio como ______________________.

6. **Faça a divisão silábica das palavras a seguir.**

a) helicóptero: ______

b) abstrato: ______

c) cooperativa: ______

d) excelente: ______

e) passageiro ______

f) objetivo: ______

g) substituto: ______

h) advertir: ______

- De todas as palavras que você escreveu, só uma apresenta ditongo. Qual?

______

- Qual é a única palavra que apresenta hiato?

______

- Por que a palavra **helicóptero** deve ser acentuada? Se necessário, consulte o Quadro geral das regras de acentuação no fim do livro.

______

- Escreva mais cinco palavras que são acentuadas pela mesma regra da palavra **helicóptero**.

______

______

7. **Preencha as lacunas das frases escolhendo preposições do quadro.**

com	de	para	em	contra

Dica

Nem todas devem ser usadas e algumas podem ser usadas mais de uma vez.

a) O verão é a estação do ano ______ que mais gosto.

b) Essa é a menina ______ quem ele ficou conversando na festa.

c) Onde está o livro ______ que preciso para fazer a pesquisa?

d) O jogador ______ quem vou disputar uma partida de xadrez é muito experiente.

e) Ele não tem o dinheiro ______ que necessita para comprar essa casa.

f) Os jovens ______ quem ele foi à praia são colegas de escola.

g) As ferramentas ______________ que posso abrir esse cofre estão no depósito.

h) Ele está tão calado, ______________ que estará pensando?

i) Esse é o auxílio ______________ que preciso neste momento.

8. **Preencha o diagrama com sinônimos das palavras e expressões destacadas em cada frase. Atenção: todas as palavras devem começar com a letra r.**

1. Vou **voltar** para minha cidade.
2. Gosto de contemplar o sol **surgir no horizonte**.
3. Acho esse homem muito **rabugento**.
4. Ele sabe **escrever** muito bem, faz ótimas redações.
5. A menina quer **declamar** essa poesia.
6. É gostoso **lembrar** dos momentos felizes.
7. O professor vai **agrupar** os alunos no centro da quadra.
8. Ele faz todo mundo **dar risada** com suas piadas.

Aprendendo com o dicionário

Cara ou coroa?

Os arqueólogos encontram frequentemente moedas dos antigos romanos, pois elas circulavam em muitas regiões do mundo. Essas moedas costumavam ter de um lado o desenho da face ou cara de um imperador e, de outro, a figura de um deus. Moedas com essa configuração foram criadas por muitos povos ao longo do tempo. Antigamente, quando o Brasil era governado pelo rei de Portugal, algumas moedas apresentavam, de um lado, o desenho da cara do rei e, do outro, o desenho de uma coroa. Quando as pessoas queriam fazer uma escolha entre duas possibilidades, faziam o jogo conhecido como "cara ou coroa", muito usado ainda hoje em várias situações, como no futebol, em que o capitão de cada time escolhe um lado da moeda para saber quem vai iniciar a partida. O árbitro joga a moeda para o ar e, quando ela cai, um dos lados fica para cima. Quem tiver escolhido esse lado, ganha o "cara ou coroa". Essa expressão tão antiga permanece em nossa língua até hoje, embora nossas moedas não mostrem mais nenhuma cara de rei nem coroa.

A palavra **cara** pode ter vários sentidos, dependendo do contexto. Veja alguns deles no verbete.

> **cara** (**ca**.ra) *s.f.* **1.** *pop.* Rosto. **2.** *pop.* Aparência do rosto. **3.** Lado da moeda em que geralmente aparece a figura de um rosto (o outro lado é chamado de coroa). **4.** *fig.* Coragem. • *s.m.* **5.** *pop.* Uma pessoa cujo nome não sabemos ou não queremos dizer.

1. Indique o sentido da palavra cara nas frases a seguir, conforme a numeração do verbete.

a) Na rua, pedi uma informação ao cara da banca de jornais. ☐

b) Ele fez cara de espanto quando soube da notícia. ☐

c) Não tenho cara de pedir dinheiro emprestado para ele mais uma vez. ☐

d) O palhaço pinta a cara antes do espetáculo. ☐

e) Vera está com cara de sono. ☐

f) Alguém desenhou no muro a cara do dono da casa. ☐

g) Vi ele conversando com um cara na lanchonete. ☐

Aprenda mais!

Procure em um dicionário a palavra **caradura** e explique oralmente o que ela significa, compondo uma frase de exemplo.

2. **Há muitas expressões populares com a palavra cara. Leia as frases e relacione cada expressão destacada com seu significado.**

[1] Eles se encontraram **cara a cara** e começaram a discutir.

[2] Ele não gostou da brincadeira e saiu da sala **de cara amarrada**.

[3] Quando viu que não poderia entrar na festa, ele ficou com **cara de tacho**.

[4] Ele ainda não **deu as caras** na escola.

[5] **Está na cara** que esses dois estão namorando.

[6] No jogo de ontem, nosso time fez um gol **logo de cara**.

[7] Ao sair da sala, ela **deu de cara** com a professora.

[8] Ele quis bancar o espertinho mas **quebrou a cara**.

[ ] Aparecer.

[ ] Sem graça, desapontado.

[ ] Sair-se mal.

[ ] Bem no início.

[ ] Muito irritado.

[ ] Encontrar-se de repente com alguém.

[ ] Frente a frente.

[ ] Ser fácil de perceber.

O verbo **encontrar** pode ter vários sentidos, dependendo do contexto. Vejamos alguns deles no verbete.

> **encontrar** (en.con.**trar**) *v.* **1.** Achar (coisa, pessoa, local etc.). **2.** Passar a saber, descobrir. **encontrar-se 3.** Estar em certa condição. **4.** Reunir-se, estar com alguém. **5.** Estar em certo local.

3. **Sublinhe no texto o verbo encontrar e indique com qual sentido foi usado, conforme a numeração do verbete.**

____

Aprenda mais!

Procure em um dicionário a palavra **coroar** e explique oralmente pelo menos dois sentidos que ela pode ter.

4. **Indique o sentido do verbo encontrar nas frases a seguir, conforme a numeração do verbete.**

a) Ele nunca se encontra em casa no período da tarde. [ ]

b) Finalmente, encontrei a solução desse problema. [ ]

c) A turma sempre se encontra nessa lanchonete. [ ]

d) Você encontrou a chave desse armário? [ ]

e) Ele saiu da aula porque não se encontrava muito bem. [ ]

Aprenda mais!

Procure em um dicionário a palavra **encontrão** e explique oralmente o que ela significa, compondo uma frase de exemplo.

Interpretação de textos

Leia a tira para responder às questões de 1 a 5.

FRANK & ERNEST **Bob Thaves**

1. **Considerando a fala do homem, o que a recepcionista deve ter dito a ele?**

2. **E como o homem entendeu o que ela disse?**

3. **Por que ele ficou surpreso com o que ela disse?**

4. **Qual palavra foi explorada pelo autor para provocar o humor da tira?**

5. **O adjetivo novo pode mudar de sentido se vier antes ou depois do substantivo a que se refere. Reescreva as frases a seguir substituindo esse adjetivo por palavras equivalentes.**

a) Ele mudou sua vida e agora é um novo homem.

b) Nossa professora é uma mulher nova.

c) Vamos fazer uma nova viagem aos Estados Unidos.

____

d) Este ano ele fez uma viagem nova, foi conhecer a Itália.

____

e) Na escola, ela fez novas amizades.

____

Leia o texto para responder às questões 6 e 7.

Não, não... de novo, não!

Errei, mas parei. Não faço mais isso. Quantas vezes você e eu fomos capazes de parar e refletir sobre o que fizemos e não gostaríamos de fazer novamente? O ser humano tem a capacidade de se arrepender daquilo que fez e decidir não agir mais daquele modo. [...] Afinal, nós somos, sim, capazes de cometer tolices, mas além do arrependimento em relação às besteiras já cometidas, sabemos que existe a possibilidade de nos equivocarmos novamente. Aos termos essa consciência, fica mais fácil prestar atenção aos nossos atos, avaliar os erros, corrigi-los e redobrar a vigilância para não repeti-los. Cuidado para não repetir o erro. Se esse for um objetivo (não repetir erros), teremos mais clareza para fazer as mudanças necessárias em nossas atitudes e tomar as decisões mais acertadas.

Mario Sergio Cortella. *Vamos pensar + um pouco?* São Paulo: Cortez, 2018. p. 26.

6. De acordo com o texto:

a) as pessoas dificilmente repetem erros ao longo da vida.
b) não é raro que a gente repita erros ao longo da vida.
c) depois que a gente se arrepende de um erro, nunca mais volta a cometê-lo.
d) quem é capaz de cometer tolices não consegue se arrepender mais tarde.

7. Apenas uma das afirmativas sobre o texto é incorreta. Assinale-a.

a) Quando temos consciência de que podemos cometer erros, fica mais fácil evitá-los.
b) Ter consciência de que podemos errar novamente nos ajuda a pensar melhor antes de agir.
c) Saber por que erramos nos dá condições de mudar nosso comportamento para não errar de novo.
d) Quando repetimos um erro, não temos mais condições de sentir arrependimento.

CAPÍTULO 15 Concordância verbal e nominal

Obrigação de dar presentes?

Quando você é convidado para uma festa de aniversário, sente-se obrigado a dar um presente ao aniversariante? Se ele o convidou, é porque ficaria feliz com sua presença, não é mesmo? Será que um presente é mesmo necessário?

Hoje em dia, parece que é uma obrigação dar presentes em aniversários. Muita gente até faz uma lista informando o que gostaria de ganhar! Você acha que dar presentes é, de fato, um sinal de amizade?

Além disso, há casos em que os presentes caros são mais festejados pelo aniversariante. Na sua opinião, é certo esse comportamento?

Vivemos em uma sociedade em que as coisas parecem ser mais valiosas que as pessoas. Mas uma amizade não deveria ser medida pela qualidade ou quantidade de presentes que se dá ou recebe. Há outros valores bem mais importantes em jogo, você não acha?

1. **Você já se sentiu "obrigado" a presentear uma pessoa? Como você se sentiu nessa situação?**

2. **Quem nos deu um presente gosta mais de nós do que quem não deu? Explique seu ponto de vista.**

3. **Você concorda que, entre amigos, há valores mais importantes do que presentes materiais? Exponha sua opinião.**

Concordância verbal

Em uma oração, o verbo concorda com o sujeito em **número** (singular ou plural) e **pessoa** (1ª, 2ª ou 3ª). Observe estas orações.

Essa brincadeira **parece** muito divertida.

sujeito (singular) — verbo (3ª pessoa do singular)

Muita gente **passeia** nesse parque.

sujeito (singular) — verbo (3ª pessoa do singular)

Muitos fãs **compareceram** aos *shows* dessa banda.

sujeito (plural) — verbo (3ª pessoa do plural)

Denise e sua irmã **estudam** nessa escola.

sujeito composto — verbo (3ª pessoa do plural)

Observe que, quando o sujeito é formado de uma palavra que está no singular, usamos o verbo no singular. Se o sujeito é formado de uma palavra no plural ou é um sujeito composto, usamos o verbo no plural.

Sujeito composto formado por pronomes

Observe a concordância verbal nestas orações.

Eu e ele **fomos** à biblioteca.

sujeito composto — verbo (1ª pessoa do plural)

Você e eu **precisamos** arrumar esse quarto.

sujeito composto — verbo (1ª pessoa do plural)

Eu e vocês **vamos** ajudar a arrumar a classe.

sujeito composto — verbo (1ª pessoa do plural)

Marcela e eu **somos** vizinhos.

sujeito composto — verbo (1ª pessoa do plural)

Eu e meus irmãos **gostamos** muito de praia.

sujeito composto — verbo (1ª pessoa do plural)

Podemos observar que, quando o sujeito é formado pelo pronome **eu** + outro pronome ou substantivo, o verbo é usado na 1ª pessoa do plural. Veja o esquema.

	+ ele, ela, eles, elas	
Eu	+ você, vocês	verbo na 1ª pessoa do plural
	+ substantivo (singular ou plural)	

Observe agora estas orações.

Você e ele **vão** me ajudar nesse trabalho.

sujeito composto → Você e ele; **verbo (3ª pessoa do plural)** → vão

Vocês e seus pais **podem** participar da festa.

sujeito composto → Vocês e seus pais; **verbo (3ª pessoa do plural)** → podem

Bruna e você **são** minhas melhores amigas.

sujeito composto → Bruna e você; **verbo (3ª pessoa do plural)** → são

Quando o sujeito composto é formado **apenas** por pronomes de 3ª pessoa (ele, ela, eles, elas, você, vocês) ou por um pronome de 3ª pessoa + substantivo, o verbo é usado na 3ª pessoa do plural.

Atividades

1. **Complete cada oração com uma das formas verbais destacadas.**

a) A divulgação daquelas notícias nas redes sociais ______________ muita gente. preocupou / preocuparam

b) Naquele dia de chuva, ______________ alguns acidentes na estrada. aconteceu / aconteceram

c) Na reunião de moradores do bairro, ______________ poucas famílias. compareceu / compareceram

d) O número de alunos matriculados nessa escola ______________ no último ano. cresceu / cresceram

e) A devastação de florestas ______________ causar sérios problemas para os seres humanos. poderá / poderão

2. Treine a concordância verbal conforme o exemplo a seguir.

Os alunos saíram mais cedo hoje. [Daniel]
Daniel, porém, não saiu.

a) Todas essas roupas deviam caber nesse armário. [as camisetas]

____

b) Muitos estudantes fizeram essa excursão. [eu e Renato]

____

c) Os pais deviam vir à festa da escola. [eu e meus pais]

____

d) Os alunos do 8º ano deviam estar aqui às 9 horas. [Tânia e eu]

____

e) Muitas crianças quiseram esse lanche. [minha irmã e eu]

____

f) Todos nós devíamos ir à escola de manhã. [você e Juliana]

____

Concordância de algumas expressões

Um dos que

A expressão **um dos que** (ou **uma das que**) leva o verbo para o plural.

Esse rapaz é **um dos** bombeiros **que ajudaram** no resgate.
Ela é **uma das** autoras **que escreveram** este livro.

Qual de e quais de

Quando o sujeito é constituído da expressão **qual de**, o verbo fica na 3ª pessoa do singular.

Qual de vocês **fará** a pesquisa de campo?
Qual destas pessoas **socorreu** o acidentado?

Se a expressão estiver no plural (**quais de**), o verbo irá para a 3ª pessoa do plural.

> **Quais de** vocês **farão** a pesquisa de campo?
> **Quais destas** pessoas **socorreram** o acidentado?

Essa regra vale também para outras expressões, como **algum de**, **alguns de**, **vários de**, **quantos de** etc.

Um de

Com a expressão **um de** (ou **uma de**), o verbo fica na 3ª pessoa do singular.

> **Um de** nós **deve** participar da corrida.
> **Uma das** meninas **precisa** de ajuda para carregar as bagagens.

Cada um

Com a expressão **cada um** (ou **cada uma**), o verbo fica na 3ª pessoa do singular.

> **Cada um** dos acrobatas **entrará** por um lado do palco.
> **Cada uma** de vocês **auxiliará** os colegas no camarim.

A maioria de, a maior parte de e grande parte de

Quando o sujeito é uma expressão que indica parte de um todo, como **a maioria de**, **a maior parte de**, **grande parte de** etc., podem ocorrer duas situações:

- O verbo pode ficar na 3ª pessoa do singular, caso se queira destacar a noção do todo.

> A maior parte dos funcionários **participou** da comemoração.

- O verbo pode ir para a 3ª pessoa do plural, caso se queira realçar a ação de cada elemento.

> A maior parte dos funcionários **participaram** da comemoração.

As duas construções são aceitáveis, dependendo da intenção de quem fala ou escreve.

Atividades

1. Complete cada oração usando o verbo indicado entre parênteses no pretérito perfeito do indicativo.

a) Só um dos jogadores ________________ falar com a imprensa. (ir)

b) Qual de vocês ________________ à escola ontem? (vir)

c) Não sei quais de vocês ________________ a verdade. (dizer)

d) Cada um dos alunos ________________ um presente para os professores. (trazer)

e) Você é um dos alunos que ________________ sair do jogo? (querer)

f) Quais dos alunos já ________________ a experiência de ciências? (fazer)

g) Uma das professoras ________________ esse filme e gostou muito. (ver)

2. Desafio!

a) Crie uma frase interrogativa usando a expressão **qual de**.

____

____

b) Crie uma frase declarativa usando a expressão **cada um**.

____

____

Concordância dos verbos *faltar, bastar, sobrar e restar*

Como esses verbos geralmente vêm antes do sujeito, costumam provocar dúvidas de concordância. Mas eles devem sempre concordar com o sujeito, como vemos nos exemplos a seguir.

Faltar

Falta um minuto para o início da partida.

Falta → verbo no singular; um minuto → sujeito no singular

Faltam dois minutos para o início da partida.

Faltam → verbo no plural; dois minutos → sujeito no plural

Bastar

Para fazer essa tarefa, **basta** **um funcionário**.

verbo no singular **sujeito no singular**

Para fazer essa tarefa, **bastam** **dois funcionários**.

verbo no plural **sujeito no plural**

Sobrar

Sobrou **um sanduíche** na bandeja.

verbo no singular **sujeito no singular**

Sobraram **alguns sanduíches** na bandeja.

verbo no plural **sujeito no plural**

Restar

Ainda **resta** **um capítulo do livro** para eu terminar a leitura.

verbo no singular **sujeito no singular**

Ainda **restam** **dois capítulos do livro** para eu terminar a leitura.

verbo no plural **sujeito no plural**

Cuidado com as locuções verbais

Quando esses verbos fazem parte de uma locução verbal, os verbos auxiliares também devem concordar com o sujeito. Observe.

Deve faltar **um minuto** para o início do filme.

verbo no singular **sujeito no singular**

Devem faltar **dez minutos** para o início do filme.

verbo no plural **sujeito no plural**

Acho que **vai** sobrar **uma garrafa de suco** na geladeira.

verbo no singular **sujeito no singular**

Acho que **vão** sobrar **duas garrafas de suco** na geladeira.

verbo no plural **sujeito no plural**

Atividades

1. **Complete cada oração com uma das formas verbais destacadas.**

a) Finalmente, ______________ poucos dias para as férias. falta / faltam

b) No fim das festas, sempre ______________ muita comida. sobra / sobram

c) ______________ poucas figurinhas para eu preencher esse álbum. falta / faltam

d) Naquela partida, ______________ alguns minutos para o nosso time fazer o primeiro gol. bastou / bastaram

e) Acho que ______________ voluntários para ajudar na limpeza do pátio depois da festa. sobra / sobram

f) ______________ uma semana para a gente terminar essa pesquisa. resta / restam

2. **Em cada frase a seguir, escolha a forma verbal que completa corretamente a locução verbal.**

a) Sei que não ______________ faltar oportunidades para eles fazerem aquela viagem. vai / vão

b) ______________ bastar essas informações para vocês completarem a pesquisa. deve / devem

c) Acho que, por causa das chuvas, ______________ faltar muita gente hoje na escola. pode / podem

d) ______________ restar poucas vagas para o curso de dança moderna. deve / devem

3. **Leia o texto.**

Quando estamos bem, **amigo** não falta. Mas é quando não estamos bem que não pode faltar **amigo** que nos ajude.

SIMONKR/E+/GETTY IMAGES

- Reescreva o texto passando as palavras destacadas para o plural e fazendo as mudanças necessárias no restante da frase.

____

____

Concordância dos verbos *haver, existir e fazer*

Haver

Quando empregado com o sentido de "existir", o verbo **haver** só é usado na 3ª pessoa do singular.

Há centenas de espécies de aves.
Houve várias festas no fim do ano.

Quando indica tempo passado, o verbo **haver** também é usado apenas na 3ª pessoa do singular.

Laura recebeu o diploma **há** cinco anos.
Há dias que não vejo meus amigos.

Quando o verbo **haver** faz parte de uma locução, seu auxiliar também é usado apenas na 3ª pessoa do singular.

Deve haver umas duzentas pessoas no auditório.
(Deve haver → 3ª pessoa do singular)

Pode haver muitos problemas por causa das fortes chuvas.
(Pode haver → 3ª pessoa do singular)

Existir

O verbo **existir** flexiona-se normalmente, concordando sempre com o sujeito a que se refere.

Existem **muitas árvores** nesse bairro.
(Existem → 3ª pessoa do plural; muitas árvores → sujeito no plural)

Gostaria que **existissem** **mais pessoas** cuidando do meio ambiente.
(existissem → 3ª pessoa do plural; mais pessoas → sujeito no plural)

Quando o verbo **existir** faz parte de uma locução, seu auxiliar também concorda normalmente com o sujeito a que se refere.

Devem existir **muitas pessoas** interessadas na preservação da natureza.
(Devem → 3ª pessoa do plural; muitas pessoas → sujeito no plural)

Fazer

Quando indica tempo passado, o verbo **fazer** é usado sempre na 3ª pessoa do singular.

> **Faz** dez minutos que acabaram as aulas.
> Já **fez** dois anos que eles se casaram.

Quando o verbo **fazer** se refere a fenômenos atmosféricos, é usado sempre na 3ª pessoa do singular.

> Esta semana **fez** poucos dias de sol.

Nesses dois casos, se o verbo **fazer** é parte de uma locução, seu auxiliar também segue as mesmas regras.

Deve fazer três dias que eles viajaram.

↓ **3ª pessoa do singular**

Parece que, esta semana, **vai** fazer poucos dias de sol.

↓ **3ª pessoa do singular**

Atividades

1. **Reescreva as frases formando orações que indiquem tempo. Siga o exemplo.**

> Há quanto tempo você mora neste bairro? [dois anos]
> Moro neste bairro há dois anos. / Faz dois anos que moro neste bairro.

a) Há quanto tempo você faz aulas de judô? [cinco meses]

____

____

b) Renato foi viajar há quanto tempo? [três semanas]

____

____

c) Há quantos anos Regina é professora? [dez anos]

____

____

2. **Complete corretamente cada frase com uma das formas verbais destacadas.**

a) Hoje, ______________ no Brasil vários animais ameaçados de extinção. existe / existem

b) Acho que ______________ muitos anos que ele se mudou. faz / fazem

c) Ontem, ______________ muitas pessoas no evento. havia / haviam

d) Você acha que ______________ haver problemas com a reforma? pode / podem

e) Este ano, ______________ fazer dois anos que me formei. vai / vão

Concordância nominal

Damos o nome de concordância nominal à concordância em **gênero** (masculino ou feminino) e **número** (singular ou plural) do artigo, do adjetivo, do pronome e do numeral com o substantivo a que se referem. Observe alguns exemplos destacados no texto a seguir.

A primavera é **uma** estação especial. **Os** dias ficam mais **claros** e **muitas** flores começam a nascer.

Os dias ficam mais **claros**.

- Os: artigo definido masculino plural
- dias: substantivo masculino plural
- claros: adjetivo masculino plural

PXHERE

Muitas flores começam a nascer.

- Muitas: pronome indefinido feminino plural
- flores: substantivo feminino plural

Vejamos alguns casos especiais de concordância nominal.

Adjetivo que se refere a mais de um substantivo

Quando se refere a mais de um substantivo masculino, o adjetivo vai para o masculino plural. Quando se refere a mais de um substantivo feminino, vai para o feminino plural.

Júlio e seu **pai** estavam **animados** com os planos de viagem.

- Júlio, pai: substantivos masculinos
- animados: adjetivo masculino plural

A **professora** e a **aluna** estavam **tranquilas**.

- professora, aluna: substantivos femininos
- tranquilas: adjetivo feminino plural

Quando se refere, ao mesmo tempo, a um substantivo masculino e a um substantivo feminino, o adjetivo vai para o masculino plural.

O **pai** e a **mãe** desse aluno estavam **preocupados**.

substantivo masculino — substantivo feminino — adjetivo masculino plural

Adjetivo como predicativo do objeto

Quando é predicativo do objeto, o adjetivo concorda normalmente com o substantivo a que se refere. Mas atenção aos casos em que o adjetivo vem antes do substantivo.

Mantenha as **janelas** da biblioteca **fechadas**.

Mantenha **fechadas** as **janelas** da biblioteca.

Achei as **jogadoras** do nosso time muito **simpáticas**.

Achei muito **simpáticas** as **jogadoras** do nosso time.

Atividades

1. Reescreva as orações passando a palavra destacada para o plural. Veja o exemplo.

Acho perigosa essa **viagem**. → Acho perigosas essas viagens.

a) Os alunos acharam muito triste essa **história**.

____

____

b) A forte chuva deixou inundada essa **rua**.

____

____

c) Ninguém achou bom esse **filme**.

____

____

d) Foi lamentável a reação dessas **pessoas**.

____

____

2. Transforme as frases conforme o exemplo.

> Encontrei um amigo italiano. [amigo e amiga]
> Encontrei um amigo e uma amiga italianos.

a) No armário, estava guardada a camisa branca. [camisa branca e blusa azul]

____

____

b) Ela deixou a casa fechada. [casa e garagem]

____

____

c) Na sala, vi um livro jogado no chão. [livro e agenda]

____

____

d) Encontrei o computador desligado. [computador e celular]

____

____

Adjetivo com valor de advérbio

É muito comum o uso de adjetivos com valor de advérbio de modo. Veja o exemplo.

> A jogadora agiu rápido, encobriu o goleiro e fez o gol.
> A jogadora agiu **rápido**. → A jogadora agiu **rapidamente**.

Nesses casos, o adjetivo fica sempre no masculino singular. Veja.

> Ela falou **sério**. → Ela falou **seriamente**.
> Eles tossiram **forte** à noite. → Eles tossiram **fortemente** a noite.

Atenção: nem sempre podemos transformar o adjetivo em um advérbio de modo terminado em **-mente**. No entanto, ele continua tendo valor de advérbio. Veja.

> Ela riu **alto**.

> O avião voou **baixo**.

Outros casos de concordância

Meio

Quando significa "metade de", concorda com o substantivo a que se refere.

Eles beberam **meia jarra** de suco.

Sobrou **meia *pizza*** no forno.

Quando significa "um pouco", é invariável.

A menina ficou **meio** nervosa.

Eles me parecem **meio** tristes.

Emprestado

Esse adjetivo significa "por empréstimo" e deve concordar com a palavra a que se refere.

Ele pediu **emprestada** a **borracha** do colega.

feminino singular feminino singular

Ele pediu **emprestadas** as minhas **anotações**.

feminino plural feminino plural

Menos

A palavra **menos** é um advérbio; portanto, é invariável como todos os advérbios.

Ela teve **menos** experiências na vida do que a irmã.
Tivemos **menos** oportunidades de trabalho do que vocês.

Barato e caro

Quando usadas com o sentido de "preço alto" ou "preço baixo", essas palavras são invariáveis, ficando sempre no masculino singular.

Essas bicicletas custam **caro**.

Comprei **barato** esses livros.

Quando usadas como adjetivos, elas concordam com o substantivo a que se referem.

A **vida** está **cara**.

Essas **mochilas** são **baratas**.

Atenção

Não se deve dizer que um preço é caro ou barato. O produto é que é caro ou barato. Quanto aos preços, podemos dizer que eles são altos, baixos, reduzidos etc.

Atividades

1. **Leia a tira e responda às questões.**

HAGAR — Dik Browne

HAGAR, O HORRÍVEL, DIK BROWNE © 1982 DIK BROWNE-KING FEATURES/DISTR. BULLS

a) O humor da tira nasce do contraste entre a fala do corretor e a cena representada. Portanto, é um contraste entre o verbal (fala) e o visual (cena). Por que esse contraste provoca humor?

____

____

b) Que sentido tem o advérbio **meio** nessa tira? Ele significa "um pouco" ou "metade"?

____

____

c) Como ficaria a última frase se a palavra **porão** fosse substituída pela palavra **casa**?

____

____

2. **Leia as frases a seguir.**

I. A menina ficou meio em dúvida com a pergunta do professor.

II. Eu trabalho meio período, das 13 às 18 horas.

III. É meio difícil dar a eles essa notícia.

- Assinale o item que analisa corretamente a palavra **meio** nessas frases.
  - **a)** Significa "um pouco" em todas as frases.
  - **b)** Significa "metade" em todas as frases.
  - **c)** Significa "um pouco" apenas em (I) e (III).
  - **d)** Significa "metade" apenas em (I) e (II).

3. **Complete as lacunas de cada frase com uma das palavras do quadro. Atenção para a concordância.**

meio	menos	barato	emprestado	caro

a) Esses livros usados são ______________ nessa loja.

b) Não tenho dinheiro para comprar esses jogos, que custam ______________.

c) Ela bebeu só ______________ xícara de chá.

d) Ela pediu ______________ os meus resumos da aula.

e) Na prova, acertei ______________ questões que você.

f) Eles estão ______________ ocupados hoje à tarde.

g) Peça ______________ aquela bola de vôlei.

4. **Assinale as frases em que o adjetivo destacado equivale a um advérbio de modo.**

a) Saia **rápido** desse lugar perigoso.

b) Ele cantou **diferente** do que costuma cantar.

c) Está **alto** o número de pessoas inscritas nesse curso.

d) Ela caiu e bateu **forte** o braço no chão.

e) Ele ficou **tranquilo** durante a viagem.

f) Ele costuma falar **lento** e **baixo**.

Dica

Há menos de / a menos de

- Em **há menos de**, temos ideia de tempo passado. Nesse caso, o verbo **haver** pode ser substituído pelo verbo **fazer**.

Ele saiu **há** (faz) **menos de** dez minutos.

Voltei de viagem **há** (faz) **menos de** uma semana.

- Em **a menos de**, temos três ideias.

O carro parou **a menos de** dois metros da parede. (distância)

Ele fez um discurso **a menos de** vinte pessoas. (quantidade)

Estamos **a menos de** quinze dias das férias. (tempo futuro)

Atividades suplementares

1. Complete cada frase com o superlativo absoluto sintético do adjetivo destacado. Veja o exemplo.

Essa limonada está **geladíssima**. gelado

a) Ela é uma menina ____________________. gentil

b) Eles foram ____________________ com as visitas. simpático

c) As crianças estavam ____________________ pelo espetáculo. ansioso

d) Alguns testes foram ____________________. difícil

e) Essas meninas são amigas ____________________ há muito tempo. fiel

f) Vimos um trem-bala ____________________ no filme. veloz

g) Fizemos um passeio ____________________ no parque. agradável

2. Reescreva os períodos a seguir passando para a voz passiva analítica os verbos e as locuções verbais destacados. Veja o exemplo.

Eu soube que a prefeitura **vai reformar** a quadra de esportes.
Eu soube que a quadra de esportes **vai ser reformada** pela prefeitura.

a) Os médicos afirmam que a poluição do ar **está prejudicando** muito as crianças.

____

b) Todos gostariam que esse famoso arquiteto **fizesse** o projeto da nova escola.

____

c) O correio **vai entregar** o pacote de livros que enviei para você.

____

d) A fumaça do incêndio quase **cobriu** a pequena cidade.

____

3. Junte as duas orações, formando um período composto, conforme o exemplo.

Jogar bem. Ser o goleiro do time.
Se ele **jogasse** bem, **seria** o goleiro do time.

a) Estar com fome. Ir até a lanchonete comer um lanche.

____

b) Ser mais estudioso. Tirar notas melhores.

____

c) Ter dinheiro. Fazer essa viagem.

____

d) Querer. Fazer parte do grupo.

____

e) Vir à festa. Conhecer muitas pessoas.

____

4. Complete a lacuna de cada frase usando o particípio do verbo destacado. Atenção à concordância.

a) ________________ pela chuva de ontem, os abrigos de ônibus devem ser reformados. destruir

b) ________________ essas escolas, agora nenhuma criança ficará sem estudar. construir

c) ________________ pelos professores, a classe sentiu-se motivada para estudar ainda mais. elogiar

d) ________________ todas as contas, vimos que não teríamos como viajar no feriado. fazer

e) ________________ depois de um jogo tão duro, as jogadoras merecem um bom descanso. esgotar

5. Complete as orações com os pronomes relativos que ou quem.

a) Maria não tem muitos amigos com ________________ possa conversar.

b) Devemos protestar contra aqueles ________________ não respeitam os direitos humanos.

c) Onde está o bibliotecário a ________________ devemos devolver os livros?

d) Gostaria de ler a revista ________________ você comprou.

e) Éder é um amigo em ________________ confio.

- Com os colegas, identifique oralmente o antecedente do pronome relativo em cada frase.

Aprendendo com o dicionário

O fogo

Quando um raio caía na floresta e incendiava algumas árvores, os homens pré-históricos sentiam o calor do fogo. Deve ter sido uma experiência incrível para eles! E quando descobriram um jeito de fazer fogo, puderam usá-lo para se esquentar, iluminar algum lugar e assar carnes, além de proteger-se de animais ferozes que têm medo das chamas. Essa descoberta foi importantíssima, pois deu aos seres humanos a oportunidade de ter uma vida melhor.

CHRISTIAN JEGOU/SCIENCE PHOTO LIBRARY/ FOTOARENA

Conforme o contexto em que está sendo usado, o verbo **descobrir** pode ter diferentes sentidos. Veja alguns deles no verbete a seguir.

> **descobrir** (des.co.**brir**) *v.* **1.** Tirar o que estava cobrindo. **2.** Achar, encontrar. **3.** Deixar ver, mostrar. **4.** Perceber. **5.** Passar a conhecer ou saber.

1. Em qual dos sentidos do verbete o verbo descobrir foi usado no texto "O fogo"?

____

2. Indique o sentido que o verbo descobrir tem em cada frase a seguir, conforme a numeração do verbete.

a) Os cientistas estão descobrindo os mistérios do Universo. ☐

b) Ele ficou furioso quando descobriu que tinha sido enganado. ☐

c) Como estava muito calor, a mãe descobriu o bebê. ☐

d) A expedição descobriu a nascente desse rio. ☐

e) Ela descobriu o braço para tomar a vacina. ☐

f) Descobri um erro no seu trabalho. ☐

g) Os médicos pesquisaram e descobriram como combater essa doença. ☐

O verbo **sentir** também pode ter vários sentidos diferentes, como podemos ver no verbete.

> **sentir** (sen.**tir**) *v.* **1.** Perceber por meio de um dos cinco sentidos (visão, olfato, paladar, tato e audição). **2.** Lamentar, ficar triste com alguma situação. **3.** Experimentar determinado sentimento ou determinada sensação. • **sentir-se 4.** Achar-se em determinado estado ou determinada condição. **5.** Considerar-se, julgar-se.

3. Em qual dos sentidos do verbete o verbo sentir foi usado no texto "O fogo"?

____

4. Indique o sentido que o verbo sentir tem nas frases a seguir, conforme a numeração do verbete.

a) Eu me sinto muito bem nessa escola. ☐

b) Todos nós sentimos muito que ela esteja doente. ☐

c) Senti uma certa tristeza na casa daquela família. ☐

d) Ao entrar no jardim, logo senti o perfume das rosas. ☐

e) Esse goleiro sente-se capaz de jogar no time principal. ☐

f) Esse rapaz sentiu-se mal com as brincadeiras dos colegas. ☐

g) Senti uma grande emoção ao conhecer aquela escritora. ☐

5. Leia a legenda desta foto.

MARCOS AMEND/PULSAR IMAGENS

Descubra a beleza de Fernando de Noronha e sinta a emoção de mergulhar em suas águas límpidas.

> **Aprenda mais!**
>
> Procure em um dicionário as palavras **fogaréu** e **foguetório** e explique oralmente o que elas significam, elaborando frases de exemplo.

- Na legenda, foram usados os verbos **descobrir** e **sentir**. Seguindo a numeração de cada verbete, indique o sentido que esses verbos apresentam.

____

Interpretação de textos

Leia a tira para responder às questões de 1 a 3.

ZITS **Jerry Scott e Jim Borgman**

1. Os quadrinhos que se referem à escrita egípcia indicam que o jovem:

a) gostaria de viver no Antigo Egito para enviar mensagens manuscritas.

b) imaginou que seria interessante voltar a escrever como os egípcios.

c) se sentiu como uma pessoa muito antiga ao enviar uma mensagem manuscrita.

d) teve uma experiência enriquecedora ao enviar uma mensagem manuscrita.

2. Pode-se dizer que o objetivo da tira é destacar que a comunicação digital:

a) pode ter uma influência negativa na linguagem dos jovens.

b) impede os jovens de aprenderem a linguagem não digital.

c) tornou-se a única forma de comunicação eficiente nos dias de hoje.

d) é atualmente uma forma ultrapassada de comunicação entre os jovens.

3. Você acha que a linguagem digital é apenas uma das possibilidades de comunicação no mundo de hoje ou ela vai fazer desaparecer todas as outras formas de linguagem? Exponha sua opinião.

Leia o texto e observe a imagem para responder às questões de 4 a 7.

Pegando uma onda

Você sabia que no dia 9 de fevereiro comemora-se o Dia do Surfe? Pois é. Esse esporte, tão popular hoje em dia, nasceu na ilha do Havaí, que faz parte do arquipélago da Polinésia, no oceano Pacífico. O Havaí é considerado um dos melhores lugares do mundo para a prática do surfe por causa de suas ondas enormes. A primeira referência escrita sobre o surfe foi feita por um navegador inglês chamado James Cook, que, por volta de 1778, viu os havaianos praticando surfe sobre tábuas. Cook foi o primeiro europeu a ver alguém surfando. Deve ter sido incrível presenciar isso!

MATT DUNBAR/WORLD SURF LEAGUE/GETTY IMAGES

O surfista brasileiro Ítalo Ferreira.

Mas o surfe de fato só ficou bem conhecido na Europa a partir de 1912, quando um nadador havaiano chamado Duke (1890-1968) conquistou a medalha de ouro de natação nas Olimpíadas de Estocolmo, na Suécia, e declarou a todos que treinava surfando. Ele então visitou vários países, explicando que surfar era como cavalgar as ondas. Muitos jovens se entusiasmaram e logo surgiram grupos de surfistas. Assim, aos poucos, esse esporte acabou se popularizando. Em 2020, nas Olimpíadas de Tóquio, no Japão, o surfe estreou como esporte olímpico. O vencedor dessa primeira competição foi o brasileiro Ítalo Ferreira.

4. **Segundo o texto:**

a) o surfe foi inventado pelos ingleses no Havaí.

b) o inglês James Cook foi o primeiro europeu a surfar.

c) o surfe surgiu entre os nativos do Havaí.

d) as ondas espetaculares do Havaí espantaram James Cook.

5. **O texto informa que:**

a) a prática do surfe começou em 1778.

b) só em 2020 os brasileiros começaram a praticar surfe.

c) os atletas havaianos conheceram o surfe em 1912.

d) o havaiano Duke foi campeão olímpico de natação.

6. **No primeiro parágrafo, há uma frase opinativa, isto é, que expressa a opinião do autor do texto sobre o momento em que o navegador inglês viu alguém surfando. Qual é essa frase?**

____

7. **Que importância teve a Olimpíada de Estocolmo para a divulgação do surfe?**

____

____

Revisão

Nesta seção, apresentamos algumas atividades para você verificar se entendeu bem a matéria estudada até aqui. Aproveite a revisão para tirar dúvidas.

1. Leia a tira e responda às questões.

GARFIELD — Jim Davis

a) Você já estudou que, conforme a frase, a palavra **melhor** pode ter valor de advérbio ou de adjetivo. Nessa tira, essa palavra foi usada três vezes, sempre com o mesmo valor. Qual?

____

____

> **Vamos recordar**
>
> O adjetivo refere-se a um substantivo. O advérbio pode referir-se a um verbo, a um adjetivo ou a outro advérbio.

b) Que pronome relativo foi usado duas vezes na tira?

____

____

c) A que substantivos se refere esse pronome?

____

____

2. Explique o duplo sentido que há nas frases a seguir. Depois, reescreva-as, deixando bem claro um dos sentidos.

a) Não conheço o marido da vizinha que trabalha na farmácia.

____

____

b) Gabriel disse que a irmã perdeu sua mochila.

____

____

> **Dica**
>
> Na reescrita, você pode usar os pronomes relativos **o qual, a qual, os quais** e **as quais** e os pronomes possessivos **dele, dela, deles** e **delas**.

c) Conversei com a irmã do Mateus que mora em Santos.

____

____

d) Meu pai viu uma menina saindo de sua casa.

____

____

e) Conheci a irmã do meu vizinho que entrou na faculdade.

____

____

f) João sugeriu que Marcela fizesse o trabalho na sua casa.

____

____

3. Assinale os itens em que há aposto e vocativo na mesma frase.

a) Mônica, por favor, procure a Mariana, professora de Ciências, e diga-lhe que a chave do laboratório está na secretaria.

b) Meu senhor, concordo com tudo o que disse ontem, na reunião.

c) Amanhã, Dia dos Pais, haverá uma festa especial na escola.

d) Na próxima semana, a última do bimestre, haverá alguma prova, professor?

e) Conversei com a Raquel, coordenadora do Ensino Fundamental, sobre o calendário das provas deste semestre.

f) Rodrigo vai ao museu para ver a exposição de Portinari, um renomado artista brasileiro.

4. Nas orações a seguir, passando as palavras destacadas para o plural, os verbos também devem ir para o plural, exceto em uma. Assinale-a.

a) Sobrou **lanche** na cozinha.

b) Havia **professor** na sala.

c) Sobrou **doce** na festa.

d) Falta **emprego** no país.

e) Conserta-se **celular**.

f) Faltou **aluno** na prova.

- Justifique sua resposta.

5. Complete as lacunas das frases com preposições do quadro.

com	de	em	a

a) O livro ______________ que precisamos está na biblioteca.

b) Esse é o aluno ______________ quem o diretor estava conversando.

c) Afinal, ______________ que você necessita para acabar seu trabalho?

d) Ele está confuso, não sabe mais ______________ quem acreditar.

e) O filme ______________ que ele se referiu ganhou vários prêmios.

6. Escreva os adjetivos correspondentes a cada tópico conforme o exemplo. Esses adjetivos devem terminar em -oso ou -osa.

Pessoa que tem grande poder. → pessoa poderosa

a) Cena que inspira pavor. → cena ______________

b) Período de glória. → período ______________

c) Terreno coberto de areia. → terreno ______________

d) Gesto que demonstra amizade. → gesto ______________

e) Mar com tempestade. → mar ______________

f) Notícia que causa dor. → notícia ______________

g) Homem que faz caridade. → homem ______________

h) Terreno com muitas pedras. → terreno ______________

i) Pessoa que mostra preconceito. → pessoa ______________

j) Gesto que demonstra afeto. → gesto ______________

7. Leia o texto e responda às questões.

Animais ameaçados de extinção

Há no Brasil muitas espécies animais ameaçadas de extinção. É o caso do mico-leão-dourado, da onça-pintada, da anta, do tubarão-martelo, do pica-pau-amarelo, entre outros. Esses animais têm muita necessidade de proteção. Infelizmente, pouca gente hoje demonstra preocupação com esse problema. O ser humano precisa entender que ele é responsável pela vida animal. Depende da ação humana a preservação dessas espécies.

NADINEDOERLE/PIXABAY

a) Nesse texto, há cinco complementos nominais. Sublinhe-os.

b) Dê a função sintática dos seguintes termos:

- necessidade: ______
- preocupação: ______
- preservação: ______
- ser humano: ______
- responsável: ______
- da ação: ______

8. Complete as lacunas das frases com as expressões do quadro.

com o qual	sobre o qual	durante a qual	sem o qual	diante do qual

a) A rainha estava no trono, ______ os súditos se curvavam.

b) Agradeço o apoio recebido do professor, ______ não poderia ter feito meu projeto.

c) Usamos um novo aplicativo, ______ pudemos terminar nossa pesquisa.

d) Esse é o tema ______ a escritora vai conversar com os estudantes.

e) Houve uma reunião ______ os alunos puderam expor suas opiniões.

9. Complete a lacuna de cada frase com uma das palavras destacadas.

a) Meus colegas ______ frequentemente a esta lanchonete. vêm / vem

b) Seu comentário não tem ______ com o assunto que estamos discutindo. nada a ver / nada haver

c) Minha ______ de ginástica começa às 16 horas. sessão / seção

d) A poluição ambiental é um grande ______ do mundo moderno. mau / mal

e) Ele saiu do escritório ______. Foi até o outro departamento e deve voltar daqui ______. a pouco / há pouco

Hora da leitura

Menino pequeno

Ele descia a ladeira e vinha só. De cor era branco, de tez era pálido — dessa brancura descorada de criança que não come vitamina, filho de emigrante pobre que não herdou as cores rosadas da gente da terra velha e não adquiriu ainda o moreno igualitário da terra nova. Num pé só, calçava um acalcanhado sapato de lona. No outro, uma tira negra encordoada, que há tempos fora uma atadura. Vestia uma jardineira azul, que na certa pertencera a um menino mais velho, pois a barra das calças arrastava atrás; os bracinhos nus, ao frio da manhã sem sol, de tão arrepiados eram ásperos, azulados.

É de notar que o pequeno, ao descer assim a ladeira empedrada, não ia à toa, tinha um propósito, embora singular. Porque na mãozinha suja como ele todo, carregava — calculem — carregava uma rosa. Uma grande rosa cor-de-rosa propriamente dita, tão bela, tão preciosa, dessas que só medram em jardim de governo ou em jardim de rico, pétalas de porcelana, mal desabrochada, formosa, frágil como uma bolha de sabão. E o pequeno, evidentemente, tinha consciência daquela beleza e daquela fragilidade. Pois caminhava de leve, a mão direita que segurava a rosa era mantida rígida, embora um pouco trêmula, e a mão esquerda de vez em quando se erguia à frente para afastar da flor uma rajada de ar, ou qualquer perigo invisível — assim como a gente levanta a mão a fim de proteger a luz de uma vela.

Para onde iria aquele menino com tais cuidados, carregando aquela rosa? Para dar, para entregar, ou para ficar com ela, embriagado pela enamorada alegria de ser dono do que é belo? Eram oito da manhã. Ele teria no máximo uns seis anos, levando-se em conta a desnutrição, o seu possível raquitismo de garoto pobre. Pois, se não fosse a carinha viva, pelo tamanho a gente diria que não passava dos quatro.

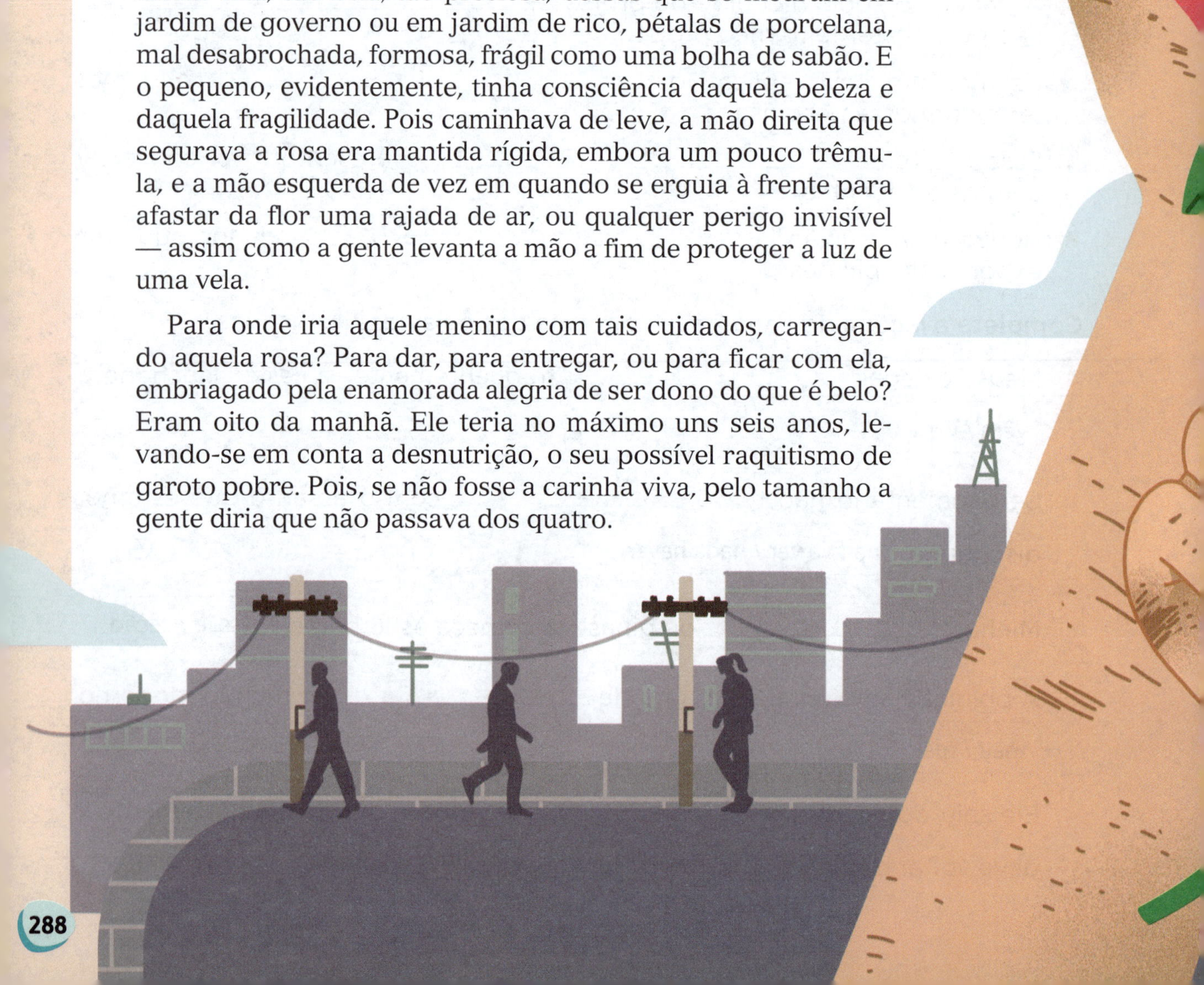

Cruzou comigo, que comprava os jornais na banca, e não levantou os olhos, embebido na flor. Virou a esquina. Depois se sumiu no meio dos transeuntes que iam em busca da feira da Glória.

Quem seria mais frágil, o menino ou a rosa? Ah, quem pode dizer neste país quanto durará um menino? Aquele, aquele, azulado pelo frio na sua velha jardineira sem mangas, será que escapa da pneumonia, será que escapa da septicemia com o pé infeccionado dentro da atadura negra, será que escapa da tuberculose assim tão malcomido e malvestido, será que escapa da vida, menino sem dono, anão perdido na cidade grande?

Vi uma vez uma fita americana chamada *They were expendable*. Tratava de soldados na guerra e o título quer dizer mais ou menos — “eles são para gastar” ou “eles são para jogar fora”. Assim também é menino neste país. Não nasce para nada — nasce para se perder, para morrer, para ser jogado fora.

Tanto trabalho, tanta agonia custa um menino. E mesmo que não custe nada, mesmo que nasça de parto sem dor e se crie sozinho pelas estradas sertanejas, pelos pés de serra, pelas calçadas do Rio; quanto custa a ele viver, quanto vale aquele pequeno milagre de vida que um dia pode chegar a ser homem!

Sim, sei que a gente nasce para morrer. Mas não tão cedo. Não tão depressa que não dê nem para sentir o gosto da vida. Quem se dá ao trabalho de vir ao mundo deveria ter pelo menos um direito garantido — o de sobreviver. Para que, afinal, a gente se organiza em sociedade, para que obedece às leis, para que aceita essa porção de contratos com a civilização — casamento, serviço militar, impostos, moral, semana inglesa, ministério do trabalho, eleição, justiça, polícia — se em troca nem ao menos se garante a chance de viver a um menino que nasce debaixo dessas leis? Ele nasceu perfeito, tinha pernas e tinha braços, tinha coração e fígado, tinha alma e tinha amor dentro do peito, e tinha ternura com a sua rosa. E então por que ninguém lhe assegura, como todos os bichos da natureza aos seus filhotes, o sustento e a proteção enquanto deles carece?

Rachel de Queiroz. *100 crônicas escolhidas*. 3. ed. Rio de Janeiro: José Olympio, 1973. p. 228.

O ser humano, a Terra e os animais

CALVIN E HAROLDO — Bill Watterson

Sem dúvida, um dos problemas mais graves do mundo moderno é a devastação da natureza. É incrível a falta de consciência do ser humano sobre a necessidade de preservar o meio ambiente. Além de prejudicar a própria vida humana, essa destruição provoca a morte e a extinção de muitas espécies animais, pois quebra o equilíbrio natural que existe entre elas e a natureza.

Por isso, é muito importante que as futuras gerações conheçam o problema e procurem encontrar formas de impedir essa devastação.

Agora é sua vez!

ODS 15

1. **Dizem que o ser humano é racional, isto é, toma decisões baseadas na razão. O modo como ele vem tratando a natureza confirma isso? Por quê?**

2. **Observe a charge.**

© ARIONAURO

a) Que exemplos da devastação do meio ambiente estão representados nessa charge?

b) Que título você daria a essa charge?

CAPÍTULO 16

Formas nominais dos verbos

Qual é sua cor?

Mauricio de Sousa. *Horácio completo*. São Paulo: Pipoca & Nanquim, 2022. v. 4. p. 132.

1. Em sua opinião, essa história pode ser um exemplo do que muitas vezes ocorre na sociedade? Por quê?
2. Como você acha que podemos combater esse grave problema que é o racismo? Será que a escola pode contribuir? Exponha seu ponto de vista.
3. Procure saber o que se comemora nos dias 18 de novembro e 20 de novembro e explique se essas comemorações têm a ver com o tema que estamos discutindo.

As três formas nominais dos verbos

Você já estudou que os verbos podem ser usados em três formas nominais: o **infinitivo**, o **gerúndio** e o **particípio**. Essas formas são chamadas **nominais** porque têm o valor de um nome, isto é, de um substantivo ou adjetivo. Observe um exemplo de cada uma dessas formas com o verbo **sonhar** nas imagens a seguir.

BRUNASSARAIVA/SHUTTERSTOCK

sonhar → infinitivo

BOULE13/ISTOCKPHOTO/GETTY IMAGES

sonhando → gerúndio

ALBERTO ANDREI ROSU/SHUTTERSTOCK

sonhado → particípio

Infinitivo

O infinitivo é a forma que dá nome ao verbo e indica a própria ação verbal. Ele termina em **-r**. E é a vogal que vem antes do **-r** que nos indica a conjugação a que pertence o verbo. Veja.

- sonhar → **ar** 1ª conjugação
- viver → **er** 2ª conjugação
- partir → **ir** 3ª conjugação

Muitas vezes, em uma frase, podemos substituir o infinitivo por um substantivo. Observe.

Sonhar não é proibido. → O **sonho** não é proibido.

Sonhar → infinitivo; sonho → substantivo

Gerúndio

O gerúndio indica uma ação que está se realizando. Observe.

Continue **sonhando** com o futuro!

O gerúndio termina sempre em **-ndo**.

sonhando vivendo partindo

O gerúndio pode equivaler a um adjetivo e a uma expressão adverbial. Observe.

Pegue água **fervendo** para fazer café.

↓ valor de adjetivo que modifica o substantivo **água**

Anoitecendo, iremos à festa.

↓ valor de expressão adverbial de tempo equivalente a **à noite**

Particípio

O particípio indica uma ação terminada. Veja.

Aquilo que foi **sonhado** pode virar realidade no futuro.

O particípio termina em **-do**, **-da**, **-dos** e **-das**.

sonhado sonhada sonhados sonhadas

vivido vivida vividos vividas

partido partida partidos partidas

O particípio tem valor de adjetivo. Observe.

Mantenha **ligada** sua imaginação.

↓ valor de adjetivo que se refere ao substantivo **imaginação** (feminino singular)

Atenção

As formas nominais podem compor uma locução verbal. Observe.

Vou sonhar com você. ↓ infinitivo

Ele **tinha imaginado** o futuro. ↓ particípio

Ela **está descansando** na sala. ↓ gerúndio

Atividades

1. **Substitua o infinitivo destacado nas frases a seguir por um substantivo com o mesmo sentido.**

> **Entrar** nessa festa é difícil.
> ↓
> **infinitivo**
>
> A **entrada** nessa festa é difícil.
> ↓
> **substantivo**

a) **Ler** faz a imaginação voar.

____

b) **Rir** é o melhor remédio.

____

c) Gosto de ouvir **cantar** o bem-te-vi.

____

d) **Vender** a casa foi uma decisão dolorosa.

____

e) **Amar** faz as pessoas felizes.

____

f) **Odiar** torna as pessoas estressadas.

____

2. **Complete as lacunas das frases com verbos no gerúndio. Você pode usar qualquer verbo, desde que a frase tenha sentido.**

a) ____________________, ele entrou na sala.

b) ____________________ ou não, você terá que fazer esse teste.

c) ____________________ aquela linda paisagem, fiquei emocionado.

d) ____________________ para todos, a cantora se despediu.

e) ____________________, o garoto correu para os braços do pai.

f) ____________________ mais cedo, você não chegará atrasado na escola.

3. Leia a tira.

FRANK & ERNEST — Bob Thaves

a) Que jogo de palavras provoca o efeito de humor da tira?

____

____

b) Que locução verbal foi usada na tira?

____

c) Nessa locução, o verbo principal está em que forma nominal?

____

4. Leia o aviso.

AVISO

Vamos manter nossa escola limpa. Continue jogando o lixo no lixo.

a) Que formas nominais estão presentes nesse aviso?

____

____

b) Essas formas fazem parte de locuções verbais? Justifique sua resposta.

____

____

5. Complete as lacunas das frases usando verbos no particípio. Você pode usar qualquer verbo, desde que a frase tenha sentido. Atenção à concordância do particípio com a palavra a que ele se refere. Veja o exemplo.

Terminada a partida, os jogadores foram logo para o vestiário.

a) ______________________ o filme, a plateia saiu rapidamente do cinema.

b) ______________________ no último jogo, nosso time não conseguiu ser campeão.

c) Muito ________________________, as praças da cidade já estão prontas para a festa.

d) ________________________ pelos alunos, as exposições de arte estão muito bonitas.

e) Muito ________________________ pelos torcedores, essa equipe de vôlei venceu todas as partidas.

f) ________________________ o prazo de inscrição, ninguém mais poderá participar do concurso.

6. Complete as lacunas do texto usando os verbos do quadro nas formas nominais, isto é, no infinitivo, gerúndio ou particípio. Alguns verbos podem ser usados mais de uma vez.

desembaraçar	servir	fazer	cuidar	ter	limpar	pentear	usar
manifestar	arrancar	coçar	ensinar	passar	lamber	manter	

Comportamento felino

FERIR/SHUTTERSTOCK

ERIC HAN/UNSPLASH

O gato é um animal que está sempre se ________________. Costuma ________________ boa parte do dia ________________ do corpo. Para isso, pode ________________ a língua, a saliva, as patas e os dentes. A língua tem algo parecido com pequenos ganchos, ________________ para ________________ os pelos mortos e ________________ os outros pelos. Graças à saliva, consegue ________________ os pelos brilhantes e macios. As patas são ________________ para ele se ________________, e os dentes, para ________________ os pelos. As mães estão sempre ________________ os filhotes, limpando-os e, ao mesmo tempo, ________________ como devem ________________ quando ficarem maiores. O ato de lamber pode ________________ também outras finalidades. Quando lambe uma pessoa, por exemplo, principalmente aquela que está sempre ________________ dele, é porque está ________________ carinho por ela. E o mesmo vale para quando ele ________________ outro gato.

Infinitivo impessoal e infinitivo pessoal

O infinitivo tem duas formas: **impessoal** e **pessoal**.

O infinitivo impessoal é a forma que dá nome ao verbo e que não varia (exemplos: **começar**, **vender**, **abrir**).

O infinitivo pessoal é conjugado em todas as pessoas. Veja no quadro a seguir a conjugação do infinitivo pessoal dos verbos **começar**, **vender** e **abrir**.

Começar (1ª conjugação)	Vender (2ª conjugação)	Abrir (3ª conjugação)
começar (eu)	vender (eu)	abrir (eu)
começares (tu)	venderes (tu)	abrires (tu)
começar (você/ele/ela)	vender (você/ele/ela)	abrir (você/ele/ela)
começarmos (nós)	vendermos (nós)	abrirmos (nós)
começardes (vós)	venderdes (vós)	abrirdes (vós)
começarem (vocês/eles/elas)	venderem (vocês/eles/elas)	abrirem (vocês/eles/elas)

Atenção

Hoje em dia, as formas correspondentes ao pronome **vós** são raramente empregadas. Você poderá encontrá-las em muitos textos antigos.

Atividades

1. Um dos empregos do infinitivo pessoal é no início de frases. Ele sempre concorda com o sujeito a que se refere. Observe.

Depois de **almoçarmos**, **nós** vamos passear na praça da cidade.

infinitivo pessoal (1ª pessoa do plural) — **sujeito (1ª pessoa do plural)**

- Complete as frases com o infinitivo pessoal dos verbos destacados. Leia a frase toda para saber com qual pessoa o verbo deverá concordar.

a) Para ______________ o jogo, devemos nos esforçar muito. vencer

b) Ao ______________ o resultado do exame, esses alunos pularam de alegria. saber

c) Para ______________ na hora da aula, eles precisam sair bem cedo de casa. chegar

d) Antes de ______________ o computador, verifiquei se o texto estava salvo. desligar

e) Depois de ______________ do laboratório, fomos até a biblioteca. sair

2. **Leia o aviso.**

a) Há dois verbos no aviso. Qual deles está no infinitivo pessoal? E em que pessoa?

____

b) Como ficaria o aviso se fosse escrito na:

- 3ª pessoa do plural?

____

- 1ª pessoa do plural?

____

CHEPKO DANIL VITALEVICH/SHUTTERSTOCK

3. **Reescreva as frases conforme o exemplo.**

> O funcionário deve resolver esse problema.
> Está na hora **de ele** resolver esse problema.

a) Os zeladores devem limpar o jardim.

____

b) Essa aluna deve apresentar o trabalho.

____

c) Os pais devem ajudar os filhos.

____

d) O gerente vai explicar o plano de trabalho.

____

Atenção

A preposição **de** não forma contração com o pronome pessoal do caso reto quando este é seguido de infinitivo.

Dica

Ao encontro de / de encontro a

- A locução **ao encontro de** expressa ideia de situação favorável.

> A escolha da professora veio **ao encontro do** desejo de todos.

> Ele foi **ao encontro da** namorada e abraçou-a.

- A locução **de encontro a** expressa ideia de oposição ou choque.

> A decisão do filho foi **de encontro a** tudo aquilo que os pais esperavam.

> Ele perdeu a direção do carro, que foi **de encontro à** parede.

Atividades suplementares

1. Reescreva as orações formando locuções com o verbo **dever**. Mantenha o tempo e o modo dos verbos que estão destacados. Atenção à concordância. Veja o exemplo.

> **Havia** duas pessoas na sala de espera. → **Devia haver** duas pessoas na sala de espera.
>
> **Havia**: pretérito imperfeito do indicativo — **Devia**: pretérito imperfeito do indicativo

a) **Há** muitos cavalos nessa fazenda.

____

____

b) **Havia** dúvidas sobre esse problema.

____

____

c) **Faz** muitos anos que ele se mudou desta cidade.

____

____

d) **Existem** animais ferozes na Amazônia.

____

____

e) **Haverá** problemas para a realização desse trabalho.

____

____

f) **Fazia** alguns dias que ele tinha viajado.

____

____

g) **Existirão** pessoas que podem ajudar essas famílias.

____

____

2. **Complete as lacunas do texto com palavras do quadro. Atenção à coerência do texto, isto é, ele tem de formar uma sequência lógica e compreensível de ideias.**

antes de	quando	força	marinha	como
dessa maneira	além disso	metros	com	como se
para	enxergar	ainda	velocidade	olhos	sobreviver

> **Dica**
> Antes de começar, procure reconhecer o assunto do texto. Isso vai ajudar você a escolher corretamente as palavras.

Uma ave que parece um foguete

WIRESTOCK/ISTOCKPHOTO/GETTY IMAGES

O ganso-patola é uma grande ave ____________ que, ____________ pegar peixes, mergulha no oceano a uma ____________ que pode chegar a 190 quilômetros por hora e a 40 ____________ de profundidade. ____________ ele se choca ____________ a superfície da água, a ____________ de impacto pode ser vinte vezes maior que a força da gravidade. ____________ ele consegue ____________ a esse impacto e ____________ repetir esse mergulho várias vezes?

____________ mergulhar, o ganso-patola estica as asas junto ao corpo para ficar mais aerodinâmico, ____________ fosse uma flecha. Quando atinge a superfície do oceano, o bico, a cabeça e o pescoço formam um cone. ____________, a força do impacto se distribui por todos os músculos do seu pescoço. ____________, o ganso-patola imediatamente ajusta o foco dos ____________ para conseguir ____________ debaixo d'água. Incrível, não é mesmo?

3. **Complete as palavras a seguir com as sílabas ex ou es.**

a) ______timular
b) ______tourar
c) ______plosão
d) ______perimentar
e) ______plêndido
f) ______petáculo
g) ______plicar
h) ______quadrão
i) ______tremidade
j) ______terminar
k) ______trangeiro
l) ______posição

- Das palavras que você formou, quais apresentam ditongo?

- Colocando em ordem alfabética as palavras que você formou, quais seriam as duas primeiras e as duas últimas?

4. Leia o texto.

VWALAKTE/FREEPIK

Os surfistas chegaram bem cedo. Estavam todos alegres. Fazia calor, o sol brilhava, e a praia, uma das melhores para a prática do surfe, ainda não estava cheia de gente.

a) Nesse texto, há três períodos. Classifique-os em simples ou composto.

b) Identifique e classifique o sujeito das duas primeiras orações.

c) Dê a função sintática dos termos a seguir.

- cedo:
- alegres:

d) No terceiro período, há uma oração sem sujeito. Qual?

e) Qual é a última oração do texto?

f) Na última oração, há um aposto. Identifique-o.

g) Esse aposto refere-se a qual palavra da oração? Qual é a função sintática dessa palavra?

h) Em "... ainda não estava cheia de gente", há um predicativo do sujeito e um complemento nominal. Quais são eles?

____

____

5. Reescreva as orações substituindo o adjunto adverbial de tempo por um verbo correspondente. Veja o exemplo.

Lemos o jornal **durante a viagem**.
Lemos o jornal **enquanto viajávamos**.

a) Conversamos bastante durante a caminhada no parque.

____

____

b) Explicamos nossa ideia durante o almoço na escola.

____

____

c) Ouvimos música durante o descanso.

____

____

d) Combinamos a viagem durante o jantar.

____

____

e) Discutimos essa questão durante o trabalho.

____

____

f) Encontramos alguns amigos durante o passeio na praia.

____

____

g) Compramos sorvete durante a volta da escola.

____

____

h) Não conversamos durante a nossa ida ao colégio.

6. A anedota a seguir foi reproduzida sem os sinais de pontuação e sem a divisão em parágrafos. Reescreva-a, dividindo-a em parágrafos e colocando os sinais de pontuação adequados. Atenção para o uso das letras iniciais maiúsculas.

a professora estava dando uma aula sobre alimentação e perguntou a uma aluna isabela dê um exemplo de alimento que engorda se for consumido em excesso pão professora respondeu a menina exatamente disse a professora o pão é um dos alimentos que mais engordam não concordo professora falou o paulinho lá do fundo da sala o pão não engorda quem engorda são as pessoas que comem pão é ou não é

7. Reescreva as orações conjugando os verbos destacados conforme o exemplo.

> Se eles [voltar] cedo, [poder] ir ao cinema.
>
> Se eles **voltarem** cedo, **poderão** ir ao cinema.
>
> **voltarem** → **futuro do subjuntivo**; **poderão** → **futuro do presente**
>
> Se eles **voltassem** cedo, **poderiam** ir ao cinema.
>
> **voltassem** → **pretérito imperfeito do subjuntivo**; **poderiam** → **futuro do pretérito**

a) Se eu [ter] disposição, [ir] ao passeio.

b) Se nós [ir] ao cinema, [perder] um bom programa na televisão.

c) Se eles [trazer] os amigos, a festa [ser] mais animada.

d) Se eu [ver] seu irmão, [dar] esse recado.

e) Se eles [vir] à escola, [ter] uma boa surpresa.

f) Se elas [querer], [poder] viajar nas férias.

g) Se você [ser] esperto, [aproveitar] essa oportunidade.

Aprendendo com o dicionário

Uma festa de cores

Chegou abril. E é justo nesse mês que começam a abrir as flores coloridas dos ipês, transformando o Pantanal em um festival de cores que nos dá a impressão de que estamos entrando em um paraíso!

MARIO FRIEDLANDER/PULSAR IMAGENS

Veja alguns dos sentidos da palavra **justo** no verbete a seguir.

justo (**jus**.to) *adj.* **1.** Que respeita os direitos do outro, que age com justiça. **2.** Razoável, lógico, justificado. **3.** Exato, preciso. **4.** Que está um pouco apertado no corpo. **5.** Merecido, apropriado. • *adv.* **6.** Exatamente, no momento preciso.

1. Em qual desses sentidos a palavra justo foi usada no texto?

____

- Escreva outra frase em que a palavra **justo** assuma esse mesmo sentido.

____

____

2. Com base no verbete, indique as classes gramaticais a que pode pertencer a palavra justo.

____

____

3. Indique o sentido da palavra justo nas frases a seguir, conforme a numeração do verbete.

a) Justo no dia da viagem, a mala estourou. ☐

b) O gorro ficou justo, porque o bebê cresceu. ☐

c) A professora deu uma nota justa a esses alunos. ☐

d) Eles chegaram justo na hora em que eu ia sair. ☐

e) Essa camisa ficou justa no menino. ☐

f) Você acha justo deixar esse garoto fora do time? ☐

g) Luciana tem um motivo justo para sair mais cedo da aula. ☐

h) Ele trabalhou com afinco, mas não recebeu um pagamento justo. ☐

i) O juiz tomou uma decisão justa. ☐

j) Agora é a hora justa de protestar contra a devastação da natureza. ☐

Aprenda mais!

Procure em um dicionário o verbo **justificar** e explique oralmente o que ele significa, elaborando uma frase de exemplo.

Agora, veja alguns sentidos do verbo **abrir**.

abrir (a.**brir**) *v.* **1.** Separar as partes que estão juntas para deixar livre a passagem de algo ou alguém. **2.** Tirar aquilo que fecha alguma coisa. **3.** Estender. **4.** Fazer alguma coisa funcionar. **5.** Desabrochar. **6.** Montar, instalar, fundar. **7.** Iniciar. **8.** Cavar, escavar. **9.** Clarear. **10.** Funcionar. **abrir-se 11.** Desabafar, falar o que está sentindo.

4. **Sublinhe no texto "Uma festa de cores" o verbo abrir e indique em qual dos sentidos do verbete esse verbo foi usado.**

____

- Escreva outra frase em que o verbo **abrir** assuma esse mesmo sentido.

____

____

5. **Seguindo a numeração do verbete, indique o sentido do verbo abrir em cada frase.**

a) Essa lanchonete abre todos os dias. ☐

b) O pássaro abriu as asas e voou. ☐

c) Ele abriu o chuveiro e tomou um banho. ☐

d) As rosas do jardim ainda não abriram. ☐

e) Esse casal abriu uma livraria. ☐

f) Nossa escola abriu o desfile. ☐

g) Ele se abriu comigo e contou o que estava acontecendo. ☐

h) Depois da tempestade, o céu abriu e o sol voltou a brilhar. ☐

i) O cachorro abriu um buraco e enterrou o osso. ☐

j) Ela abriu a garrafa de suco e ofereceu aos colegas. ☐

k) Abra a porta e deixe o pessoal entrar. ☐

Interpretação de textos

Observe o cartaz para responder às atividades de 1 a 3.

DOHTAR/ISTOCKPHOTO/GETTY IMAGES

1. Nessa imagem, a natureza está representada visualmente como:

a) o coração humano.

b) os pulmões humanos.

c) o cérebro humano.

d) os braços humanos.

2. A parte com a natureza devastada passa a ideia de que:

a) está havendo um processo de destruição da vida humana.

b) a natureza está se recuperando rapidamente.

c) está havendo um combate contra a devastação da natureza.

d) não há perigo de destruição da vida humana.

3. Como você entendeu a frase que está no cartaz? Por que nossa vida depende da natureza?

Leia o texto para responder às atividades de 4 a 6.

Crianças e animais nas aldeias indígenas

Nos territórios indígenas não há *pets* do jeito como vemos nas cidades. Os animais vivem soltos na floresta. E mesmo os que recebem cuidados de crianças ou adultos nas aldeias podem voltar para a mata. A relação com eles é de cuidado e de respeito [...]. Em vez de cachorros e gatinhos, são araras, papagaios, jabutis, macacos e capivaras os companheiros de brincadeiras e afagos dos pequenos.

FABIO COLOMBINI

Menina indígena brincando com sagui.

Para esses bichinhos, se dá o nome de **xerimbabos**, que em tupi significa "coisa muito querida". A palavra aparece em vários registros históricos quando há a descrição da relação entre os povos originários e os animais da mata, sendo o termo criado pelos próprios indígenas. Nas aldeias, faz parte da cultura cuidar e proteger tudo o que tem vida na floresta. [...]

Entre os afagos e as brincadeiras, as crianças vão aprendendo o quanto os animais são parte de um universo natural onde toda vida importa. Dentro ou fora da floresta, a relação com os xerimbabos ajuda a entender que somos todos natureza. E que cuidar dessa casa comum é essencial.

Célia Fernanda Lima. Xerimbabos: animais da floresta como companheiros das crianças. *Lunetas*, 16 maio 2022. Disponível em: https://santil.la/xerimbabo. Acesso em: abr. 2024. (Grifos nossos.)

4. De acordo com o texto, nas aldeias indígenas as crianças:

a) ficam tristes quando os animais voltam para a mata.

b) não costumam brincar com animais da mata porque eles são ferozes.

c) brincam com os animais da floresta, mas não se sentem proprietárias deles.

d) não gostam que os animais fiquem muito tempo com elas.

5. De acordo com o texto, o que é xerimbabo?

____

____

6. Apenas duas das afirmativas sobre o texto não estão corretas. Assinale-as.

a) As crianças indígenas aprendem que tanto os animais como os seres humanos são parte da natureza e merecem respeito e cuidado.

b) Só quando aprendem a respeitar os animais é que as crianças indígenas podem brincar com eles.

c) As crianças indígenas brincam com os animais, mas não os prendem.

d) Vários animais da mata vivem soltos pelas aldeias e são companheiros das crianças indígenas.

e) Tanto as crianças indígenas como aquelas que vivem em cidades brincam do mesmo modo com os animais.

CAPÍTULO 17

Vozes do verbo

O altruísmo

O altruísmo é uma qualidade muito importante que devemos desenvolver. Praticar o altruísmo significa agir pensando no bem dos outros. A pessoa que age assim é chamada de altruísta.

Como vemos, o altruísmo é o oposto do egoísmo. A própria origem dessas palavras nos ajuda a entender bem esses conceitos: *altrui*, em **latim**, significa "outra pessoa", enquanto *ego*, também de origem latina, quer dizer "eu".

A prática do altruísmo ajuda a formar uma sociedade mais pacífica e solidária. Pessoas que fazem trabalho voluntário, por exemplo, são altruístas, pois fazem o bem aos outros sem pensar em tirar vantagem pessoal disso. Fazem porque se sentem bem em agir assim. Mas há muitas outras formas de praticar altruísmo. O importante é entender que, em uma sociedade altruísta, todos ganham e ninguém sai perdendo. Pessoas altruístas são especiais; elas tornam a vida melhor.

Latim é o nome de uma língua falada muitos séculos atrás pelos habitantes da antiga cidade de Roma. Com o tempo, ela foi sendo usada em outras regiões e se espalhou por vários países, modificando-se e dando origem a outras línguas. A língua portuguesa, por exemplo, é derivada do latim.

1. **Explique a diferença entre egoísmo e altruísmo.**
2. **Você também acha que a prática do altruísmo pode fazer uma sociedade ser mais pacífica? Por quê? Explique seu ponto de vista.**
3. **Você acha que é possível ser altruísta também na escola? Em que situações? Exponha sua opinião.**

Voz verbal

Voz verbal é o nome que damos à forma assumida pelo verbo para indicar se o sujeito da oração é agente ou paciente da ação verbal. Ele é **agente** quando pratica a ação expressa pelo verbo. É **paciente** quando sofre a ação expressa pelo verbo. São três as vozes verbais: ativa, passiva e reflexiva.

Voz ativa e voz passiva

Observe a imagem e leia a legenda.

WIRESTOCK/FREEPIK

A natureza sustenta a humanidade. Preserve a natureza. Preserve a vida.

Veja a análise desta oração.

A natureza **sustenta** **a humanidade**.

sujeito agente | verbo transitivo direto | objeto direto

Nessa oração, o sujeito é **natureza**. É ela que pratica a ação de sustentar a humanidade. Por isso, classificamos o termo **natureza** como **sujeito agente** (ou simplesmente sujeito). O destaque foi dado à palavra **natureza**, que inicia a oração. Nesse caso, dizemos que a oração está na **voz ativa**.

Observe agora outra forma de construir essa oração.

A humanidade **é sustentada** **pela natureza**.

sujeito paciente | verbo *ser* + particípio de *sustentar* | agente da voz passiva

Vemos que, nessa oração, o destaque foi dado à palavra **humanidade**, que recebe a ação expressa pelo verbo **sustentar**. Por isso, classificamos o termo **humanidade** como **sujeito paciente**. O termo **pela natureza** indica aquele que pratica a ação verbal. Nesse caso, dizemos que a oração está na **voz passiva** e o termo que indica aquele que praticou a ação (pela natureza) é classificado como **agente da voz passiva** (ou agente da passiva).

Observe que, na voz passiva, a forma do verbo **sustentar** mudou. Agora, a forma verbal é composta pelo verbo **ser** + particípio.

Na **voz ativa**, a ação expressa pelo verbo é praticada pelo sujeito da oração, denominado **sujeito agente** (ou simplesmente **sujeito**). Na **voz passiva**, aquele que recebe ou sofre a ação expressa pelo verbo é chamado de **sujeito paciente** e aquele que pratica a ação é classificado como **agente da voz passiva**, ou, simplesmente, **agente da passiva**.

Atividades

1. Indique se o termo destacado em cada oração é sujeito agente (SA) ou sujeito paciente (SP).

a) **Essa festa** foi organizada pelas alunas do 8º ano. ☐

b) **Meu pai** fez alguns exames médicos. ☐

c) **A banda** foi muito aplaudida pelo público. ☐

d) **A escola** enfeitou o pátio para a festa junina. ☐

e) **O júri** premiou essas atrizes. ☐

f) **A biblioteca** da escola foi arrumada pelo nosso grupo. ☐

FREEPIK

2. Leia as orações da atividade anterior que apresentam sujeito paciente e indique o agente da passiva de cada uma.

____

____

____

____

____

____

Voz passiva analítica

A voz passiva pode ser **analítica** ou **sintética**. Na voz passiva analítica, a locução verbal é formada pelo verbo **ser** + particípio.

Observe a passagem da voz ativa para a voz passiva analítica.

sujeito agente — voz ativa — objeto direto

Rafael marcou o gol da vitória.

O gol da vitória foi marcado por Rafael.

sujeito paciente — voz passiva analítica do verbo *ser* + particípio — agente da passiva

O sujeito agente transforma-se no agente da passiva e o objeto direto passa a ser sujeito paciente. Na voz passiva analítica, o verbo que estava na voz ativa vai para o particípio (marcar → **marcado**).

Além disso, observe que o verbo **ser** vai para o mesmo tempo e modo do verbo na voz ativa. No exemplo anterior, repare que **marcou** está no pretérito perfeito do indicativo; por isso, o verbo **ser** também vai para esse tempo e modo: **foi**.

Se o verbo da voz ativa estivesse no futuro do presente, por exemplo, teríamos a seguinte oração:

Rafael **marcará** o gol da vitória.

Nesse caso, ao passarmos essa oração para a voz passiva analítica, o verbo **ser** também deverá ser usado no futuro do presente. Assim:

O gol da vitória **será marcado** por Rafael.

Atenção

Em resumo, na passagem da voz ativa para a voz passiva:

- o verbo da voz ativa vai para o particípio;
- o verbo **ser**, que é o verbo auxiliar, vai para o mesmo tempo e modo do verbo da voz ativa;
- o sujeito da voz ativa transforma-se em agente da passiva;
- o objeto direto da voz ativa transforma-se em sujeito paciente.

Importante: só poderá ocorrer voz passiva se o complemento do verbo na voz ativa for um **objeto direto**.

Atividades

1. Passe as orações a seguir para a voz passiva.

a) A prefeitura construiu o parque infantil.

____

b) A prefeitura construirá o parque infantil.

____

c) A prefeitura constrói o parque infantil.

____

d) A prefeitura construía o parque infantil.

____

e) A prefeitura construiria o parque infantil.

____

2. As orações a seguir apresentam dois agentes da passiva. Sublinhe-os.

a) A limpeza do terreno foi feita por meu pai e meu irmão.

b) O jogo foi visto pela televisão por adultos e crianças.

c) Essa festa foi preparada durante a semana por alunos e alunas do 8º ano.

d) A exposição de arte foi visitada pela manhã por muitos estudantes e professores.

e) O torneio de futsal será organizado no fim de semana por pais e alunos da escola.

3. Analise sintaticamente os termos destacados nas orações a seguir usando o código.

AP Agente da passiva　　　**AA** Adjunto adverbial

a) Os alunos foram cumprimentados **pelos pais e professores**. ☐

b) Ele enviou as fotos **pela internet**. ☐

c) Vamos à fazenda **por essa estrada**. ☐

d) O cantor foi aplaudido **por muitos fãs**. ☐

e) Essas cidades foram atingidas **por fortes chuvas**. ☐

f) Ele trabalhou nessa empresa **por muitos anos**. ☐

4. **Leia a tira.**

FRANK & ERNEST — Bob Thaves

a) Passe para a voz passiva a resposta dada pelo autor da invenção.

b) Se pusermos o verbo **entender** no presente do indicativo, como será a voz passiva?

5. **Reescreva os períodos passando as orações destacadas para a voz passiva. Atenção ao uso do subjuntivo. Veja o exemplo.**

> Espero que **o professor ajude meu irmão**.
>
> ↓
>
> Espero que **meu irmão seja ajudado pelo professor**.

a) Quero que vocês leiam esse livro.

b) Peço que você apresente o novo aluno à turma.

c) Gostaria que esse grupo fizesse a limpeza da sala de arte.

d) Se a escola aceitasse, eu mesmo treinaria o time de futsal.

Locuções verbais na voz passiva

Quando a voz ativa é constituída de uma locução verbal, o verbo **ser** na voz passiva fica na mesma forma do verbo principal na voz ativa. Observe.

voz ativa

O pai ia levando o filho.

sujeito agente — verbo principal: *levar* (gerúndio) — objeto direto

voz passiva

O filho ia sendo levado pelo pai.

sujeito paciente — verbo *ser* (gerúndio) — agente da passiva

Analise mais estes exemplos.

voz ativa

O professor vai devolver as redações.

sujeito agente — verbo principal: *devolver* (infinitivo) — objeto direto

voz passiva

As redações vão ser devolvidas pelo professor.

sujeito paciente — verbo *ser* (infinitivo) — agente da passiva

Atividades

1. Observe a foto e leia a legenda.

a) Passe a legenda da foto para a voz passiva.

____

____

____

b) Passando o verbo **estar** para o pretérito imperfeito do indicativo, como seria a voz passiva?

____

____

FABIO COLOMBINI

Um casal de joão--de-barro está construindo um ninho.

2. **Passe as orações da voz ativa para a voz passiva e as orações da voz passiva para a voz ativa.**

a) A classe do 8º ano poderá terminar essa experiência no laboratório.

____

____

b) O pessoal da fazenda estava semeando o campo.

____

____

c) Os livros novos devem ser distribuídos pelos professores.

____

____

d) Meu pedido está sendo analisado pelo diretor e pelo professor.

____

____

e) Nosso grupo pode fazer essa apresentação no auditório.

____

____

f) Esse cavalo está sendo treinado por um cavaleiro experiente.

____

____

3. **Leia a charge.**

"Você só está me confundindo, não é?"

- Qual das orações escritas pelo menino está na voz ativa? E na voz passiva?

____

____

____

____

____

____

Voz passiva sem agente da passiva

Assim como pode ocorrer sujeito indeterminado na voz ativa, também pode ocorrer agente da passiva indeterminado na voz passiva. Observe.

voz ativa
↑
Invadiram esse prédio.
Quem invadiu? → sujeito indeterminado

voz passiva
↑
Esse prédio **foi invadido**.
Foi invadido por quem? → agente da passiva indeterminado

Atividades

1. Leia a placa.

REPRODUÇÃO

a) Passe a oração que está na voz passiva para a voz ativa e classifique o sujeito.

____

____

____

b) Como seria a voz passiva se a oração fosse "Você foi filmado"?

____

____

2. Leia o aviso e responda às questões.

YAYAYOYO/SHUTTERSTOCK

a) Qual das orações apresenta sujeito indeterminado?

____

____

b) Passe essa oração para a voz passiva.

____

____

3. Passe as orações para a voz passiva com agente da passiva indeterminado, conforme o exemplo.

> Demoliram esse prédio antigo.
> ↓
> Esse prédio antigo foi demolido.

a) Proibirão a entrada de carros por esse portão.

____

____

b) Aplaudiram muito essa banda.

____

____

c) Estão cuidando bem desse jardim.

____

____

d) Limitarão a venda de ingressos para esse espetáculo.

____

____

e) Esqueceram duas chaves sobre a mesa.

____

____

f) Vão asfaltar essas ruas.

____

____

g) Estão pintando a fachada da escola.

____

____

Voz passiva sintética (ou pronominal)

Vejamos agora outro tipo de formação da voz passiva. Leia a história em quadrinhos.

PEANUTS Charles M. Schulz

Preste atenção na oração que aparece no primeiro quadro.

Vende-se refrigerante.

Dizemos que essa oração está na voz passiva sintética, pois equivale a:

Refrigerante **é vendido**.

Vende-se refrigerante. → Refrigerante **é vendido**.

Vende-se ↓ **voz passiva sintética**

é vendido ↓ **voz passiva analítica**

A **voz passiva sintética** (também chamada de **pronominal**) é construída com o verbo na 3ª pessoa, acompanhado pelo pronome **se**.

Na voz passiva sintética, o verbo sempre concorda em número (singular ou plural) com o sujeito paciente. Observe.

Vende-se **refrigerante**.
↙ ↘
3ª pessoa do singular **singular**

Vendem-se **flores**.
↙ ↘
3ª pessoa do plural **plural**

A oração na voz passiva sintética tem sujeito indeterminado, isto é, ele existe, mas não podemos identificá-lo.

O tempo do verbo na voz passiva sintética pode variar. Veja.

Vendem-se flores.
↓
presente do indicativo

Vendia-se limonada.
↓
pretérito imperfeito do indicativo

Venderam-se refrigerantes.
↓
pretérito perfeito do indicativo

Atenção

A voz passiva pode ser formada por dois processos: **analítico** ou **sintético** (pronominal).

- **Voz passiva analítica**: formada pelo verbo auxiliar + particípio.

A casa **foi vendida**.

As casas **foram vendidas**.

- **Voz passiva sintética** ou **pronominal**: verbo na 3ª pessoa do singular ou plural + pronome **se**.

Vendeu-se a casa.

Venderam-se as casas.

Atividades

1. Passe as orações para a voz passiva sintética ou pronominal. Atenção ao tempo dos verbos.

a) A festa foi preparada.

____

b) Essa notícia foi muito comentada nas redes sociais.

____

c) A escola era pintada todo ano.

____

d) Essas regras são sempre explicadas no começo do ano.

____

e) A exposição de artes foi montada no pátio.

____

f) Muitos filmes bons foram apresentados no festival de cinema.

____

g) Uma linda história foi contada para as crianças.

____

2. Observe a imagem e leia o texto.

ANTONIO SALAVERRY/SHUTTERSTOCK

Revitalização

Plantaram-se muitas árvores no parque. Construíram-se ciclovias, cortou-se o mato, aparou-se a grama e colocaram-se vários bancos. O local ficou muito bonito e agradável.

- Identifique as orações que estão na voz passiva sintética ou pronominal e passe-as para a voz passiva analítica.

____

____

____

Particípios irregulares nas vozes verbais

Existem verbos que têm duas formas no particípio: uma **regular** e outra **irregular**.

A **forma regular**, que termina em -**ado** ou -**ido**, geralmente é usada nos tempos compostos da voz ativa; portanto, com os auxiliares **ter** e **haver**. Observe os exemplos.

Ele tinha/havia **prendido** o cachorro.

forma regular do particípio do verbo *prender*

Ele tinha/havia **acendido** o fogo.

forma regular do particípio do verbo *acender*

A **forma irregular** geralmente é usada na voz passiva com os verbos auxiliares **ser** e **estar**. Veja.

O cachorro foi **preso** por ele. O cachorro está **preso**.

forma irregular do particípio do verbo *prender*

O fogo foi **aceso** por ele. O fogo está **aceso**.

forma irregular do particípio do verbo *acender*

Atualmente, algumas formas regulares estão caindo em desuso, sendo substituídas pelas formas irregulares em qualquer situação. É o caso, por exemplo, dos particípios regulares dos verbos **ganhar**, **gastar**, **pagar** e **pegar**. Os particípios irregulares **ganho**, **gasto**, **pago** e **pego** vêm sendo usados tanto com os verbos auxiliares **ter** e **haver** quanto com **ser** e **estar**. Observe alguns exemplos.

Ele tinha/havia **ganho** um prêmio.

Ele tem **gasto** muito com roupas.

Ele tinha/havia **pago** a conta.

O presente foi **pago** por ela.

Essa dívida está **paga**.

O menino tinha/havia **pego** o balão.

A seguir, apresentamos uma lista dos particípios irregulares mais comuns.

Verbo	Particípio regular	Particípio irregular
aceitar	aceitado	aceito
acender	acendido	aceso
eleger	elegido	eleito
entregar	entregado	entregue
enxugar	enxugado	enxuto
expulsar	expulsado	expulso
extinguir	extinguido	extinto
ganhar	ganhado	ganho
gastar	gastado	gasto
imprimir	imprimido	impresso
limpar	limpado	limpo
matar	matado	morto
morrer	morrido	morto
pagar	pagado	pago
pegar	pegado	pego
prender	prendido	preso
salvar	salvado	salvo
secar	secado	seco
segurar	segurado	seguro
soltar	soltado	solto
suspender	suspendido	suspenso

Alguns verbos apresentam apenas particípios irregulares. E os derivados desses verbos também só apresentam particípios irregulares, conforme você pode observar nos exemplos do quadro a seguir.

Verbos	Particípio irregular
abrir — reabrir	aberto — reaberto
cobrir — encobrir	coberto — encoberto
dizer — predizer	dito — predito
escrever — reescrever	escrito — reescrito
fazer — desfazer	feito — desfeito
pôr — compor	posto — composto
ver — rever	visto — revisto
vir — intervir	vindo — intervindo

Atividades

1. Passe as orações para a voz passiva analítica.

a) Suspenderam o jogo por causa da chuva.

b) Os bombeiros salvaram as pessoas.

c) Abriram uma grande avenida em nossa cidade.

d) Esses dois músicos compuseram uma linda canção.

e) Você vai reescrever essa redação.

f) Alguém pôs meu celular dentro dessa gaveta.

g) Gastaram muito dinheiro na reforma da escola.

h) Ninguém aceitou essa desculpa.

2. Quais orações da atividade anterior apresentam sujeito indeterminado?

- Passe essas orações para a voz passiva sintética.

Voz reflexiva

Quando o sujeito, ao mesmo tempo, pratica e recebe a ação expressa pelo verbo (isto é, exerce a função de agente e paciente), temos a chamada **voz reflexiva**. É o que vemos no exemplo a seguir.

A jovem **se olha** nas águas do lago.

sujeito agente e paciente → A jovem
voz reflexiva → se olha

Veja outro exemplo.

O garoto **vestiu-se**.

sujeito agente e paciente → O garoto
voz reflexiva → vestiu-se

Atenção

Ação reflexiva e ação recíproca

Quando o sujeito pratica e recebe a ação, temos a voz reflexiva, como você viu. Agora, observe esta frase.

As duas amigas **abraçaram-se**.

Nesse caso, não temos uma ação reflexiva, pois a frase diz que uma amiga abraçou a outra e não que cada uma abraçou a si mesma. Por isso, dizemos que, nessa frase, temos um exemplo de ação **recíproca**.

Atividades

1. Leia a tira e identifique um caso de ação reflexiva.

GARFIELD Jim Davis

2. **Assinale o tipo de ação que ocorre em cada frase a seguir.**

	Ação reflexiva	Ação recíproca
a) Os presidentes cumprimentaram-se educadamente.	☐	☐
b) O goleiro machucou-se ao fazer a defesa.	☐	☐
c) Parece que esses dois não se suportam.	☐	☐
d) A menina penteava-se no seu quarto.	☐	☐
e) Ele ficou assustado, mas procurou controlar-se.	☐	☐

3. **Analise as orações e classifique-as usando este código:**

VP Oração com voz passiva pronominal ou sintética

VR Oração com voz reflexiva

a) Interromperam-se as atividades no pátio por causa da chuva. ☐

b) A garota maquiou-se de forma exagerada. ☐

c) Inaugurou-se mais um *shopping* na cidade. ☐

d) Publicou-se nos jornais um protesto dos trabalhadores. ☐

e) Nós nos vestimos rapidamente. ☐

Dica

Mas / mais

- **Mas** é uma conjunção coordenativa adversativa. Exprime ideia de oposição e equivale a **porém**, **no entanto**, **entretanto**.

Tentei falar com ela, **mas** não consegui.

- **Mais** pode ser um advérbio ou um pronome. Como advérbio, indica intensidade.

Ontem foi a noite **mais** fria do ano.

- Como pronome, classifica-se como indefinido e refere-se a um substantivo de modo vago, indeterminado.

Hoje, há **mais** pessoas no cinema do que ontem.

Atividades suplementares

1. **Acrescente três letras e forme o gerúndio de verbos da 1ª conjugação. Quem consegue formar mais verbos? Veja o exemplo.**

___ ___ ___ A N D O → T O C A N D O

____

____

____

____

____

2. **Complete as lacunas das frases usando verbos no particípio. Você pode usar qualquer verbo, desde que a frase tenha sentido. Fique atento à concordância do particípio com a palavra a que ele se refere. Veja o exemplo.**

Passada a chuva, as meninas voltaram a jogar futebol.

a) ______________________ a entrevista, o rapaz saiu da sala.

b) ______________________ o filme, ninguém mais pode entrar no auditório.

c) ______________________ as dúvidas, a turma começou a fazer os exercícios.

d) ______________________ pelo delegado, as testemunhas contaram o que viram.

e) ______________________ pela plateia, os cantores agradeceram várias vezes.

f) ______________________ pelo juiz, os dois jogadores saíram do jogo.

g) ______________________ pelas notícias, as amigas abraçaram-se.

h) ______________________ pelas chuvas, essa ponte será reconstruída.

3. **Complete as lacunas do texto usando os verbos do quadro nas formas nominais, isto é, no infinitivo, gerúndio ou particípio.**

surgir   iluminar   desaparecer   acender   escurecer
observar   estar   olhar   acontecer   brilhar   ver
apagar   enxergar   perceber

A luz das estrelas

GUTEKSK7/SHUTTERSTOCK

__________ em um quarto escuro, a gente consegue __________ muito bem a luz de uma lâmpada acesa. Mas, se o quarto for completamente __________ pelo Sol, não podemos mais __________ a luz da lâmpada. No céu, costuma __________ a mesma coisa. Durante o dia, a luz do Sol é tão forte que não nos deixa __________ o brilho das estrelas; parece que elas estão __________ ou __________. Mas, à medida que vai __________, elas vão __________. E, então, vamos __________ cada estrela como se elas fossem se __________, uma a uma. Entretanto, na realidade, elas nunca deixaram de __________ lá no céu, __________.

4. **Nas frases a seguir, faltam duas vírgulas: uma para separar o adjunto adverbial de lugar e outra para separar o adjunto adverbial de tempo. Leia as frases com atenção e coloque as vírgulas que estão faltando.**

a) No fim do ano no centro da cidade a prefeitura costuma ornamentar as ruas.

b) Na próxima semana nossa classe vai apresentar um espetáculo de dança no auditório da escola.

c) A seleção de futsal treinou durante a tarde na quadra do ginásio de esportes.

d) No fim dessa rua desde o início do ano está sendo construída a nova biblioteca do bairro.

e) Com a chegada do verão podemos ver e ouvir muitos novos pássaros no parque da cidade.

f) Séculos atrás lá na Grécia Antiga nasceu e desenvolveu-se a arte teatral.

- Agora, sublinhe com um traço os adjuntos adverbiais de lugar e com dois traços os adjuntos adverbiais de tempo.

5. **Observe a imagem e leia o texto.**

BORCHEE/E+/GETTY IMAGES

Um céu incrível

A chamada aurora boreal é um fenômeno luminoso natural noturno, que ocorre no extremo norte da Terra. É um verdadeiro *show* de luzes no céu que mistura várias cores — vermelho, laranja, azul, verde e amarelo. É um espetáculo indescritível!

- Releia a última frase do texto: "É um espetáculo **indescritível**!". O adjetivo destacado equivale a uma frase inteira. Observe.

indescritível → que não se consegue descrever

- Agora, escreva os adjetivos que correspondem aos tópicos a seguir.

a) Animal que não se consegue domar. → ______

b) Mistério que não podemos decifrar. → ______

c) Decisão que não se pode questionar. → ______

d) Falha que não se pode desculpar. → ______

e) Projeto que não se consegue realizar. → ______

f) Nervosismo que não se consegue disfarçar. → ______

g) Compromisso que não se pode adiar. → ______

h) Espetáculo que não se pode perder. → ______

i) Erro que não se pode corrigir. → ______

6. **Todos os adjetivos que você escreveu na atividade anterior são acentuados por causa da mesma regra de acentuação. Qual é essa regra?**

______

______

Vamos recordar

No texto, foi usado o adjetivo **luminoso**, que equivale à locução adjetiva "de luz".

fenômeno **luminoso** = fenômeno **de luz**

luminoso ↓ adjetivo; **de luz** ↓ locução adjetiva

Locução adjetiva é uma expressão que equivale a um adjetivo. É formada por uma preposição + um substantivo.

7. Nos itens a seguir, troque a locução adjetiva por um adjetivo equivalente.

a) luz do sol ______________________

b) paisagem de outono ______________________

c) higiene da boca ______________________

d) aula da tarde ______________________

e) cobertura de vidro ______________________

f) radiografia da face ______________________

g) força de leão ______________________

h) paisagem da Lua ______________________

i) manhã de primavera ______________________

j) doença do pulmão ______________________

k) marcas de dedo ______________________

l) programação do ano ______________________

8. Reescreva as frases empregando o verbo no infinitivo pessoal. Atenção: o sujeito está indicado nos quadrinhos. Veja o exemplo.

> Cantar essa música. [nós] → É para nós cantarmos essa música.

a) Fazer esse trabalho. [ela]

____

b) Levar o lanche para a escola. [vocês]

____

c) Ler esse livro. [nós]

____

d) Resumir esse texto. [eu]

____

e) Resolver esse problema. [professores]

____

f) Apresentar esse trabalho. [todos nós]

____

Aprendendo com o dicionário

Guarda-costas espacial

É claro que você já sabe que a Lua é aquele astro grande e brilhante que vemos no céu. E já aprendeu também que a Lua é um satélite da Terra, não é mesmo? Mas sabe por que ela é chamada de **satélite**? Essa palavra veio do latim e quer dizer "escolta, guarda militar, guarda-costas". Como a Lua está sempre girando em volta da Terra, como se estivesse protegendo nosso planeta, os astrônomos resolveram chamá-la de satélite. Hoje em dia, essa palavra é usada também para indicar qualquer objeto não tripulado lançado ao espaço e que fica em órbita ao redor da Terra para diferentes finalidades. Os mais conhecidos são os satélites de comunicação, capazes de transmitir o tempo todo milhões de imagens e informações.

Conforme o contexto, o verbo **saber** pode ter diferentes sentidos. Veja alguns deles no verbete a seguir.

saber (sa.**ber**) *v.* **1.** Conhecer. **2.** Entender bem de alguma coisa. **3.** Estar ou ficar informado. **4.** Ter certeza de alguma coisa. **5.** Ter capacidade para fazer alguma coisa. **6.** Decorar, memorizar.

1. Indique em qual sentido o verbo saber foi usado no texto.

____

2. Indique o sentido do verbo saber em cada frase, conforme a numeração do verbete.

a) Você sabe se eles foram viajar? ☐

b) Ele sabe os nomes de todos os colegas da escola. ☐

c) Eu sabia que esse plano não ia dar certo... ☐

d) Meu primo sabe inglês e francês. ☐

e) Ela sabe o caminho da escola. ☐

f) Marina sabe cozinhar. ☐

g) Estudei e sei bem a matéria da prova. ☐

Aprenda mais!

Procure em um dicionário a palavra **sabichão** e explique oralmente o que ela significa, elaborando uma frase de exemplo.

3. **Sublinhe a palavra espaço no texto "Guarda-costas espacial". Depois, leia o verbete a seguir e indique em qual sentido essa palavra foi usada no texto.**

espaço (es.**pa**.ço) *s.m.* **1.** Lugar livre. **2.** Lugar onde ficam as estrelas, os planetas e outros astros. **3.** Período de tempo. **4.** Distância entre as coisas.

4. **Indique o sentido da palavra espaço em cada frase.**

a) Nessa cozinha, o espaço é curto para colocar uma mesa entre o fogão e a pia. ☐

b) Não há espaço no armário para guardarmos essas duas mochilas. ☐

c) A turma terminou o teste no espaço de uma hora. ☐

d) Os astronautas viajam pelo espaço a uma grande velocidade. ☐

e) A reforma da quadra foi terminada no espaço de uma semana. ☐

5. **Leia a tira.**

ARMANDINHO — Alexandre Beck

- O humor da tira nasce de uma combinação de sentidos da palavra **espaço**. Considerando o verbete **espaço**, responda às perguntas.

  a) Em que sentido essa palavra foi usada pelo pai do menino?

  b) Pelo comentário de Armandinho no último quadrinho, percebemos que ele pensou em outro sentido da palavra **espaço**. Qual? E como você chegou a essa conclusão?

Aprenda mais!

Procure em um dicionário o adjetivo **espaçoso** e explique oralmente o que ele significa, elaborando uma frase de exemplo.

Interpretação de textos

Observe a imagem para responder às atividades de 1 a 5.

1. **Descreva os elementos que compõem a imagem.**

____

____

2. **O que você acha que representam as mãos?**

____

____

3. **Que mensagem você acha que está expressa nessa imagem?**

____

____

4. **Crie um título para essa imagem.**

____

5. **Apenas uma das afirmativas sobre a imagem está incorreta. Qual?**

- Essa imagem poderia ser usada em uma campanha:
  - a) contra a destruição do meio ambiente.
  - b) a favor do respeito à vida animal.
  - c) contra as leis de proteção animal.
  - d) a favor da preservação da natureza.

Leia o texto para responder às atividades 6 e 7.

A maior pista de patinação do mundo

Você gosta de patinar? Que tal enfrentar uma pista de oito quilômetros de extensão? Bem, aí já é demais, não é mesmo? Mas essa pista existe e fica na cidade de Ottawa, capital do Canadá. Trata-se de um trecho do Canal Rideau (pronuncia-se *ridô*), um dos maiores do mundo, que tem cerca de 200 quilômetros de extensão e liga as cidades de Ottawa e Kingston.

No verão, ele é um rio calmo e navegável, no qual pessoas remam em canoas e turistas fazem passeios de barco. Em suas margens há calçadões e lindos parques, onde se pode caminhar, andar de bicicleta ou simplesmente relaxar. No inverno, de janeiro a março, ele fica congelado e se converte em uma das mais extensas pistas de patinação do mundo. Por ali, se divertem milhares de pessoas, adultos e crianças, canadenses e turistas, mas passam também aquelas que estão indo trabalhar. Para estas, a pista se transforma em uma imensa avenida de gelo. E, em vez de sapatos, é preciso usar patins.

VLADONE/ISTOCKPHOTO/GETTY IMAGES

CHARRONGOLF/E+/GETTY IMAGES

Canal Rideau no verão e no inverno.

6. O texto nos informa que o Canal Rideau:

a) liga as cidades de Ottawa e Kingston, bem próximas do Canadá.

b) não é navegável porque fica congelado na maior parte do ano.

c) no inverno, se transforma em uma extensa pista de patinação.

d) se torna um lugar de lazer e diversão só durante o inverno.

7. Com base no texto, analise as afirmativas a seguir e classifique-as em verdadeiras (V) ou falsas (F).

☐ No inverno, não é possível usar o Canal Rideau para ir trabalhar.

☐ Quando o canal fica congelado, apenas os turistas podem patinar por ele.

☐ Tanto os que passeiam quanto os que estão indo trabalhar usam o canal no inverno.

☐ Só de vez em quando o canal fica congelado no inverno.

☐ A extensa pista de patinação foi feita apenas para a diversão infantil.

☐ Muita gente usa o canal congelado como uma avenida em direção ao trabalho.

CAPÍTULO 18

Crase

Corrigir e aprender

Muitos estudantes, quando são corrigidos, ficam zangados, acham até que estão sendo perseguidos pelos professores. Mas é preciso entender que cometer erros é normal, pois a escola é o lugar onde aprendemos a identificar nossas dificuldades e os pontos que devemos melhorar.

Saber por que erramos é muito importante para avançarmos, afinal quem nos corrige, na maioria das vezes, está querendo nos ensinar. Por isso, em vez de ficar bravo, é mais vantajoso prestar atenção às orientações e buscar não repetir o erro.

Mas é claro que, para agir desse modo, é preciso desenvolver uma qualidade fundamental: a humildade. Não existe uma pessoa que saiba de tudo, e todos, sem exceção, cometem erros, inclusive os professores. Por isso, não é preciso ter vergonha de reconhecer um erro. Ao contrário, essa atitude é sinal de inteligência, pois demonstra boa vontade em agir para não errar novamente. E esse aprendizado é muito importante porque, mais tarde, vamos cometer erros fora da escola, ao longo da vida. E se tivermos a humildade de aceitar correções, aprenderemos mais e seremos seres humanos cada vez melhores.

1. Qual é a diferença entre uma pessoa orgulhosa e uma pessoa humilde?

2. Por que aceitar uma correção é sinal de inteligência?

3. Na escola, que objetivo tem o professor quando corrige um aluno?

Crase: conceito

Leia a oração a seguir.

O aluno vai à escola.

Nessa oração, foi usado o acento grave sobre a letra **a**: **à**. Esse é um exemplo de **crase**, o tópico gramatical que vamos estudar agora. Para começar, leia a oração a seguir e veja como a preposição **a** se une aos artigos definidos masculinos **o** e **os**.

Ela enviou uma mensagem de texto **ao** amigo.

a + o

preposição — artigo definido masculino singular

Ela enviou uma mensagem de texto **aos** amigos.

a + os

preposição — artigo definido masculino plural

Agora, observe estas outras orações em que a preposição **a** se une aos artigos definidos femininos **a** e **as**.

A turma deu um presente **à** professora.

a + a

preposição — artigo definido feminino singular

A turma deu um presente **às** professoras.

a + as

preposição — artigo definido feminino plural

Você observou que, quando a preposição **a** se junta com os artigos definidos masculinos **o** e **os**, formam-se as combinações **ao** e **aos**.

Mas quando a preposição **a** se une aos artigos definidos femininos **a** e **as**, ocorre uma junção marcada com o acento grave [`]. É ele que indica que essas duas palavras se juntaram em uma só. Essa junção recebe o nome de **crase**.

Casos em que ocorre a crase

- Na indicação de horas.

Essa loja fecha **às nove horas**.

O avião partiu **à meia-noite**.

Ele saiu **à uma hora** da tarde.

Chegamos **às cinco horas**.

- Em locuções adverbiais formadas por substantivos femininos, que geralmente expressam ideia de tempo, lugar ou modo.

O carro virou **à direita** e entrou na avenida. → Ideia de lugar

Ela fez o trabalho **às pressas**. → Ideia de modo

Eles voltaram **à noite** do passeio. → Ideia de tempo

Dicas práticas

Para saber se ocorre ou não a crase, preste atenção a estas dicas, que podem ajudar na maioria dos casos.

- Antes de tudo, é preciso compreender que, muitas vezes:

a = para   à = para a   às = para as

Em uma frase, se pudermos usar apenas **para** em lugar do **a**, é porque não ocorre a crase. Se pudermos usar **para a** (ou **para as**), é porque se dá a crase e o acento grave deve ser empregado. Observe.

Ele mostrou o quadro **à** mulher. → **para a**

Ele mostrou o quadro **a** ela. → **para**

- Outra dica é substituir a palavra feminina em questão por uma palavra masculina. Se na substituição você usar **ao** ou **aos** (preposição + artigo masculino), ocorrerá a crase no caso da palavra feminina, e o acento grave deve ser utilizado. Veja.

Ela se dedica **ao esporte**. → **palavra masculina**

Ela se dedica **à pintura**. → **palavra feminina**

Casos em que nunca ocorre a crase

Nos casos a seguir, **nunca** ocorre a crase; não se deve, portanto, colocar o acento grave.

- Antes de verbo no infinitivo.

Minha mãe voltou a **frequentar** a academia.

- Antes de palavra masculina.

Comprei meu carro a **prazo**.

- Quando o **a** estiver entre duas palavras repetidas.

Você deve tomar o remédio **gota** a **gota**.

Casos facultativos

- Diante de pronome possessivo com substantivo feminino no singular, o uso do acento grave é facultativo, isto é, esse acento pode ser usado ou não. Se o substantivo feminino estiver no plural, a indicação da crase será obrigatória. Observe.

Eduardo entregou o presente à **sua mulher**.

Eduardo entregou o presente a **sua mulher**.

Dei um presente às **minhas amigas** da escola.

- Diante de um nome próprio feminino no singular, o emprego da crase também é facultativo. Veja.

Eduardo entregou o presente à Fabiana.

Eduardo entregou o presente a Fabiana.

Atividades

1. Complete as lacunas com a, as, à ou às.

a) Hoje ______ tarde, vamos ______ Prefeitura para entrevistar ______ prefeita.

b) Nossa turma foi ______ lanchonete ______ 11 horas, quando acabaram ______ aulas.

c) Você deve mostrar ______ eles o resultado do teste.

d) Essas meninas se dedicam ______ ginástica olímpica e ______ natação.

2. Nas frases a seguir, reescreva o trecho destacado, passando as palavras para o feminino e usando o sinal da crase quando necessário. Veja o exemplo.

Vou dar essa ração **ao gato**. → **à gata**

a) Explique **ao diretor** o seu problema. → ____________________

b) Passe essa mensagem **a todos os alunos**. → ____________________

c) Diga **a ele** que nos ajude. → ____________________

d) Mostre **ao padrinho** as fotos da festa. → ____________________

3. O emprego ou não da crase pode mudar o sentido de uma frase. Veja como isso acontece: em cada item, há duas frases, e a diferença de sentido entre elas está apenas na presença ou não da crase.

- Leia com atenção e explique o sentido de cada uma.

a) I. Esse artista gosta de pintar a noite.
II. Esse artista gosta de pintar à noite.

b) I. Disse a menina que estava com sede.
II. Disse à menina que estava com sede.

Crase com pronomes demonstrativos

A preposição **a** pode juntar-se à vogal **a** inicial dos pronomes demonstrativos **aquele**, **aqueles**, **aquela** e **aquelas**. Essa junção também deve ser indicada na escrita pelo acento grave. Observe os exemplos a seguir e o quadro das formas de junção.

Entregue o livro **àquele** menino. → **a + aquele**

Entregue o livro **àquela** menina. → **a + aquela**

a + aquele = **àquele**	a + aquela = **àquela**
a + aqueles = **àqueles**	a + aquelas = **àquelas**

Nesses casos, para saber quando se deve colocar o acento grave, basta efetuar a seguinte substituição: se for possível trocar **àquele** por **para aquele** (ou **para aquela**, **para aqueles**, **para aquelas**), a colocação do acento grave será obrigatória. Caso contrário, não se coloca o acento.

Peça a chave **àquele** funcionário. → **para aquele**

Peça a chave **àquelas** funcionárias. → **para aquelas**

Atividades

1. **Complete as lacunas com aquele(s), aquela(s) ou àquele(s), àquela(s).**

a) Nossa turma disse ______________ professor que queria fazer um passeio.

b) Termine ______________ exercícios antes de ir para o pátio.

c) Vamos juntar ______________ mochilas e levá-las ______________ sala.

d) No cinema todos estavam pedindo silêncio ______________ garotos.

e) Diga ______________ pessoas que o *show* já vai começar.

f) Pegue ______________ pastas de desenho e ______________ estojos e entregue ______________ professora de artes.

2. **Observe a imagem e complete a legenda com a ou à e aqueles ou àqueles.**

YUGANOV CONSTANTINO/SHUTTERSTOCK

Dê asas ______________ imaginação e voe ______________ lugares com os quais você sempre sonhou.

Crase com os pronomes relativos *o qual, a qual, os quais e as quais*

Se, antes dos pronomes **o qual**, **a qual**, **os quais** e **as quais**, for usada a preposição **a**, temos então a ocorrência de uma crase ou combinação. Veja.

Esse é o filme. O professor se referiu a esse filme.
Esse é o filme **ao qual** o professor se referiu.

a + o qual

Essa é a exposição. O professor se referiu a essa exposição.
Essa é a exposição **à qual** o professor se referiu.

a + a qual

Atividade

- **Junte as orações, usando os pronomes relativos o qual, a qual, os quais ou as quais.**

  a) Aqui está a enciclopédia. Não podemos fazer o trabalho sem essa enciclopédia.

  b) Essa é a reclamação de muita gente. Precisamos conversar sobre essa reclamação.

  c) Essa é a atividade artística. Ele se dedicou a essa atividade por muitos anos.

  d) Aqui estão os pais. Daremos informações aos pais sobre o novo curso.

  e) Não conheço as escritoras. A professora se referiu a essas escritoras na aula.

Dica

Pôr / por

- **Pôr**, com acento, é verbo.

Vou **pôr** a mesa.	Vamos **pôr** as coisas em ordem.

Atenção: os verbos compostos de **pôr** não são acentuados: *compor*, *repor*, *dispor*, *impor* etc.

- **Por**, sem acento, é preposição.

O trabalho foi feito **por** mim.	Vamos **por** este caminho.

Atividades suplementares

1. Complete as lacunas com mais duas sílabas e forme o particípio de verbos da 2ª ou 3ª conjugação. Quem consegue formar mais particípios? Veja o exemplo.

____ ____ DO → VEN DI DO

____

____

____

____

2. Complete as lacunas do texto usando os verbos do quadro nas formas nominais, isto é, no infinitivo, gerúndio ou particípio.

chegar	observar	contemplar	cair	seguir
caminhar	conhecer	passar	sentir	

GTW/SHUTTERSTOCK

R.M. NUNES/GETTY IMAGES

Uma paisagem espetacular

______________ as cataratas do Rio Iguaçu é ______________ por uma experiência incrível. Elas estão na fronteira entre Brasil e Argentina e são espetaculares. Sem dúvida, ______________ essas maravilhas é uma grande emoção. Elas formam um conjunto de cerca de 260 cataratas de diferentes tamanhos. Algumas delas têm até 80 metros de altura. As pessoas vão ______________ e, quando veem a cena, ficam sem palavras. ______________ por passarelas, os visitantes podem ______________ de perto as cataratas. Para muitos, a grande emoção é ______________ de bote até perto das cataratas menores e ______________ a força e o barulho das águas ______________.

3. **Analise cada frase a seguir e indique se ela está na voz passiva (VP) ou voz ativa (VA).**

a) A escola está preparando o salão de festas para o baile de formatura. ☐

b) A limpeza do jardim está sendo feita pelos moradores do bairro. ☐

c) Os alunos foram bem ensinados pelos professores. ☐

d) A seleção dos livros será feita pelos professores. ☐

e) Algumas pessoas estavam filmando os pássaros nas árvores. ☐

f) Essa banda deve apresentar seu *show* amanhã à noite. ☐

g) Essas crianças precisam ser amparadas pelo governo e pela sociedade. ☐

- Agora, passe as frases que estão na voz passiva para a voz ativa e vice-versa.

4. **Complete as lacunas das frases com as conjunções e locuções conjuntivas do quadro.**

quando	pois	contudo	desde que
para que	ora	nem	portanto	como também

a) Esses filmes são não só divertidos ________________ muito educativos.

b) Ele também faria essa viagem, ________________ tivesse tempo e dinheiro.

c) Saímos de casa bem cedo, ________________ estava amanhecendo.

d) É proibido soltar balões, ________________ podem causar incêndios.

e) A criançada ora brincava na gangorra, ________________ se divertia no escorregador.

f) Ele não foi à escola ________________ voltou para casa.

g) Ele estava dirigindo o carro; ________________, é o responsável pelo acidente.

h) Ela afastou-se depressa ________________ ninguém a reconhecesse.

i) Os jogadores esforçaram-se bastante, ________________ não puderam evitar a derrota.

5. **Complete cada frase usando o verbo destacado no pretérito perfeito do indicativo.**

a) Cada um desses atletas ________________ o que foi possível para vencer a partida. fazer

b) Qual das alunas ______________ esse presente para a professora? trazer

c) Meu irmão é um dos alunos que ______________ aprovação no exame. obter

d) Ninguém sabe quais dos alunos ______________ nessa festa. estar

e) O professor disse que cada um de nós ______________ importante para o sucesso da exposição de artes. ser

f) Apenas um de nossos colegas não ______________ viajar com o grupo. querer

g) Uma das moradoras ______________ a ideia de organizar a festa do bairro. ter

h) Ele quer saber quais de nós ______________ essa brincadeira de mau gosto. fazer

6. Nas orações a seguir, os termos destacados exercem a função de objeto indireto ou complemento nominal. Classifique-os usando este código.

OI Objeto indireto **CN** Complemento nominal

a) Ele mostra muita preocupação **com os filhos**. ☐

b) Ontem, eu sonhei **com você**. ☐

c) Esse rapaz ainda não está preparado **para essa função**. ☐

d) Essa jovem é atenciosa **com todos**. ☐

e) Contamos **com todos vocês** para esse trabalho. ☐

f) Na verdade, ele só pensa **em si mesmo**. ☐

g) Nossos jogadores estão confiantes **na vitória**. ☐

h) Ele não confia muito **na nossa ajuda**. ☐

7. Ordene as letras e forme palavras em que o s tenha som de z. A letra azul é a primeira de cada palavra.

a) D O L E **P** A S E → ___ ___ ___ ___ ___ ___ ___ ___

b) C A R N **P** I S E → ___ ___ ___ ___ ___ ___ ___ ___

c) I R A **L** A S P I E → ___ ___ ___ ___ ___ ___ ___ ___ ___

d) T O A M N E A S **C** → ___ ___ ___ ___ ___ ___ ___ ___ ___

e) H O P **C** R I S O C A → ___ ___ ___ ___ ___ ___ ___ ___ ___ ___

f) T E N I **D** H S A E S → ___ ___ ___ ___ ___ ___ ___ ___ ___ ___

8. Observe a foto e leia o texto.

Um lugar maravilhoso

A cidade de Bonito, um paraíso natural no Mato Grosso do Sul, tem muitas belezas naturais. As paisagens são espetaculares. Os rios de águas límpidas e as belíssimas grutas atraem milhares de turistas anualmente.

RAFAPRESS/ISTOCKPHOTO/GETTY IMAGES

a) No texto, há um aposto. Sublinhe-o.

b) Os períodos que há no texto são simples ou compostos?

____

c) Dê a função sintática dos termos a seguir.

- belezas: _______________
- límpidas: _______________
- anualmente: _______________
- espetaculares: _______________

d) No texto, há um exemplo de predicado nominal. Qual?

____

e) Uma das orações do texto apresenta sujeito composto. Qual? Destaque os núcleos desse sujeito composto.

____

9. Complete as lacunas com os verbos destacados, adequando o tempo, o modo e a pessoa ao sentido das frases.

a) Talvez eles _______________ ao colégio ainda hoje. vir

b) Todos os dias, _______________ um passeio de bicicleta no parque. fazer

c) Assim que _______________ da escola, fui almoçar. chegar

d) Pode ser que a professora _______________ hoje as redações. entregar

e) Cuidado, não _______________ em tudo que vocês virem na internet. crer

f) _______________ sincero e conte-nos o que aconteceu. ser

g) Se nós _______________ onde ele mora, iríamos visitá-lo. saber

h) _______________ esses livros e guardem naquele armário. trazer

Aprendendo com o dicionário

O canto dos pássaros

Assim como nós usamos a voz para nos comunicarmos uns com os outros, muitos pássaros também fazem isso. O canto dos pássaros pode ter várias finalidades. Serve para fazer contato entre os pais e os filhotes ou entre indivíduos do mesmo bando, por exemplo. Em muitas espécies, para aprender a cantar, o filhote precisa ouvir o canto dos adultos, como ocorre com o canário-da-terra. Mas há também casos em que o filhote é capaz de reproduzir o canto de sua espécie mesmo sem nunca tê-lo ouvido.

Canário-da-terra.

O substantivo **canto** pode ter vários sentidos, dependendo do contexto. Veja alguns desses sentidos no verbete.

canto (**can**.to) *s.m.* **1.** Ponto onde se encontram dois lados ou duas linhas, formando um ângulo. **2.** Local quieto e sossegado. **3.** Um lugar qualquer, indeterminado. **4.** Som musical emitido pela voz de um ser humano ou de um animal.

1. **Em qual desses sentidos o substantivo canto foi usado no texto?**

____

2. **Seguindo a numeração do verbete, indique o sentido do substantivo canto em cada frase a seguir.**

a) Não encontro minha chave, deve estar em algum canto. ☐

b) Vou colocar a poltrona naquele canto da sala. ☐

c) Gosto muito de ouvir o canto do sabiá. ☐

d) Ela estava triste e quis ficar quietinha no seu canto. ☐

e) Mas em que canto da casa se meteu esse gatinho? ☐

f) Guarde a bicicleta naquele canto da garagem. ☐

Aprenda mais!

Procure a palavra **cantoria** em um dicionário e explique oralmente o que ela significa, elaborando uma frase de exemplo.

3. **Sublinhe o verbo servir no texto "O canto dos pássaros". Depois veja, no verbete a seguir, alguns sentidos que esse verbo pode ter, dependendo do contexto.**

servir (ser.**vir**) *v.* **1.** Oferecer comida ou bebida. **2.** Ter o tamanho exato para alguém usar. **3.** Ser bom ou útil para alguma coisa. **servir-se 4.** Pegar comida ou bebida para si.

- No texto, em qual sentido foi usado o verbo **servir**?

____

4. **Indique o sentido que o verbo servir tem em cada frase, conforme a numeração do verbete.**

a) Eles foram até a cozinha e serviram-se de suco e sanduíche. ☐

b) Acho que essa camiseta não serve em você. ☐

c) Essa mochila serve para o menino guardar seu material escolar. ☐

d) Minha mãe serviu um lanche aos meus colegas. ☐

e) A agenda serve para eu anotar as datas de aniversário dos meus amigos. ☐

f) Na festa, os doces e salgados estavam em uma grande mesa e os convidados se serviam à vontade. ☐

g) O garoto cresceu e os tênis dele ficaram pequenos, não servem mais. ☐

5. **Leia o cartaz.**

SARAH BROWN/UNSPLASH

- Em qual sentido do verbete o verbo **servir** foi usado no cartaz?

____

6. **Releia o texto "O canto dos pássaros" e circule o verbo ouvir. Depois, veja no verbete a seguir alguns dos sentidos que esse verbo pode ter, dependendo do contexto.**

> **ouvir** (ou.**vir**) *v.* **1.** Perceber sons, escutar. **2.** Pedir conselho, opinião etc. **3.** Aceitar ou levar em conta um conselho, aviso, pedido.

- Em qual desses sentidos o verbo **ouvir** foi usado no texto?

____

7. **Seguindo a numeração do verbete, indique o sentido do verbo ouvir em cada frase.**

a) Ele ouviu a família e acabou tomando a melhor decisão. ☐

b) Esse homem é muito idoso e já não ouve bem. ☐

c) Não sei bem o que fazer nesse caso; gostaria de ouvir meus pais. ☐

d) Assim que ouviram o sinal, os alunos saíram da sala. ☐

e) O professor ouviu a turma e resolveu mudar o dia da prova. ☐

f) Estou ouvindo uma conversa no corredor. ☐

8. **Leia o cartaz.**

COLDIMAGES/ISTOCKPHOTO/GETTY IMAGES

- Nesse cartaz, o verbo **ouvir** foi empregado em sentido figurado. Levando em conta a imagem e o texto, explique oralmente o que o cartaz está denunciando e qual é o sentido do verbo **ouvir** nesse contexto.

Interpretação de textos

Leia os cartazes de uma campanha de doação de livros para responder às questões de 1 a 4.

1. **Nos dois cartazes, encontramos a palavra página. Nesses casos, ela foi usada no seu sentido próprio ou no sentido figurado?**

____

2. **No cartaz 1, "virar a página da vida" significa:**

a) esquecer o passado e começar uma nova época na vida.

b) continuar a viver do mesmo jeito de sempre.

c) lembrar o tempo que foi bom e já acabou.

d) dar mais importância ao passado do que ao presente.

3. **Por que doar livros ajudaria uma pessoa a virar a página da vida?**

____

____

____

4. **Apenas uma das afirmativas está incorreta. Assinale-a.**

- O texto do cartaz 2 passa a ideia de que doar livros:

  a) é uma boa ação que ajuda muitas pessoas.

  b) é uma ação bonita que revela amor ao próximo.

  c) é uma ação bonita, mas pouco importante.

  d) é uma ação altruísta que merece elogios.

Leia o texto e observe as imagens para responder à questão 5.

CREATIVE TOUCH IMAGING LTD./ NURPHOTO/GETTY IMAGES

CHEN CHAO/CHINA NEWS SERVICE/GETTY IMAGES

Grafite 3D: realidade ou ilusão?

A arte do grafite é feita em espaços públicos como muros e paredes de prédios. Os grafiteiros, hoje presentes em cidades de diversos países, usam tinta em *spray* e, com sua arte, expressam ideias, fazem protestos ou homenagens, representam a vida cotidiana etc. Uma das formas mais interessantes dessa arte são as imagens em três dimensões (3D). Utilizando efeitos de luzes e sombras e de perspectiva, esses grafites dão uma incrível ilusão de realidade que chega a confundir muita gente, tanto adultos como crianças. É o que podemos ver, por exemplo, nas fotos ao lado.

No entanto, vemos que ainda há pessoas que confundem grafite com pichação. O grafite é uma forma de expressão artística, que exige muito talento e criatividade do artista. Suas obras são mantidas e preservadas em espaços públicos, sempre com autorização dos responsáveis pelas encomendas. A pichação, porém, nada mais é que palavras e desenhos feitos em muros de casas e prédios, bancos de praças, placas de trânsito, postes, portões. Muitas vezes, as pichações são feitas umas sobre as outras, poluindo visualmente o local. Evidentemente, não têm a autorização de um órgão público ou do proprietário dos imóveis. Algumas pessoas consideram pichação como expressão válida de arte; outras, não.

5. Com base no texto, analise as afirmativas a seguir e classifique-as em verdadeiras (V) ou falsas (F).

a) O grafite é uma arte praticada tanto em espaços públicos como em estúdios particulares. ☐

b) O grafite é sempre a expressão de um protesto social. ☐

c) O grafite expressa diferentes mensagens artísticas em espaços públicos. ☐

d) O grafite 3D é feito de forma que pode ser confundido com uma cena ou paisagem real. ☐

e) O grafite 3D ilude o olhar das pessoas, que ficam em dúvida se estão vendo uma pintura ou não. ☐

f) Por ser ilusionista, o grafite 3D consegue enganar as crianças, mas não os adultos. ☐

g) A pichação é uma forma de arte mais popular que o grafite. ☐

h) A pichação pode contribuir para a poluição visual urbana. ☐

CAPÍTULO 19

Período composto por coordenação

Música e saúde

Ouvir música não é só uma forma de distração. Muitos estudos mostram que a música é benéfica para a saúde, pois diminui o estresse, alivia a ansiedade e cria uma sensação de bem-estar e tranquilidade. Ficar sozinho em um lugar silencioso e ouvir música suave é um bom exercício de relaxamento.

O ideal é fazer isso constantemente, sobretudo em épocas de provas e exames, em que os estudantes se sentem exaustos, não só física, mas também mentalmente. Os especialistas recomendam realizar o relaxamento com música à noite, pois ela acalma, ajuda a dormir bem e promove a recuperação de energia. Mas atenção! É importante evitar o uso do computador ou do celular perto da hora de dormir. Pelo menos meia hora antes, afaste-se deles. A luz emitida por aparelhos eletrônicos afeta a qualidade do sono e prejudica os olhos.

Cuide da saúde. Ela é seu bem mais precioso.

1. Que tipo de música você mais gosta de ouvir? Por quê?
2. Você acha que a música é indispensável em nossa vida? Como seria a vida sem música?
3. O texto indica alguns benefícios que o relaxamento com música nos proporciona. Quais são eles?

Período simples e período composto

Vamos ver alguns exemplos de período simples e período composto no texto a seguir.

Pantanal

GERALD CORSI/GETTY IMAGES

RENATA SOUZA E SOUZA/MOMENT RF/GETTY IMAGES

YANN ARTHUS-BERTRAND/GETTY IMAGES

JOE MCDONALD/THE IMAGE BANK/GETTY IMAGES

GERALD CORSI/E+/GETTY IMAGES

O Pantanal é um lugar fascinante. Turistas do mundo todo o visitam e ficam encantados com suas belezas. Lá podemos conhecer uma grande variedade de animais. As paisagens do Pantanal são espetaculares e costumam fazer a alegria dos fotógrafos.

verbo

↑

O Pantanal **é** um lugar fascinante.

↓

período simples

(um núcleo verbal → uma só oração → **oração absoluta**)

locução verbal

↑

Lá **podemos conhecer** uma grande variedade de animais.

↓

período simples

(um núcleo verbal → uma só oração → **oração absoluta**)

Vamos recordar

Oração é uma frase organizada em torno de um verbo ou de uma locução verbal (verbo auxiliar + verbo principal).

Período é a frase constituída de uma ou mais orações. Quando há apenas uma oração, dizemos que o período é **simples**. Quando há mais de uma oração, o período é **composto**.

Atenção

A oração que compõe um período simples é chamada de **oração absoluta**.

verbo verbo

Turistas do mundo todo o **visitam** e **ficam** encantados com suas belezas.

oração 1 — oração 2

período composto, formado por duas orações
(dois núcleos verbais → duas orações)

verbo — locução verbal

As paisagens do Pantanal **são** espetaculares e **costumam fazer** a alegria dos fotógrafos.

oração 1 — oração 2

período composto, formado por duas orações
(dois núcleos verbais: verbo e locução verbal → período composto)

Atividades

1. Sublinhe os núcleos verbais (verbos ou locuções verbais) das frases e classifique os períodos em simples (S) ou composto (C).

Dica
Todas as frases se referem a animais que encontramos no Pantanal.

	S	C
a) O tuiuiú é a ave símbolo do Pantanal.		
b) O tamanduá-bandeira é um animal mamífero, pode chegar a 2 metros de comprimento e se alimenta de cupins e formigas.		
c) A arara-azul vive no Pantanal e em outras regiões brasileiras, tem cerca de 1 metro de comprimento e é considerada uma das maiores aves do mundo.		
d) A onça-pintada, um felino muito forte, pode medir até 2,5 metros de comprimento.		
e) O tucano, com seu bico grande e colorido, provoca admiração nos visitantes do Pantanal e pode ser encontrado em outras regiões do Brasil.		
f) Entre o grande número de espécies animais do Pantanal, podemos destacar o jacaré-do-pantanal, com seus dentes grandes e pontudos.		
g) A capivara, o maior animal roedor do mundo, tem quatro dedos nas patas dianteiras e três nas traseiras e geralmente costuma viver em grupos de 15 a 20 indivíduos.		
h) A ema é a ave maior e mais pesada do Pantanal e é também uma das maiores aves do planeta, mas não voa nem tem cauda.		

2. Leia a tira.

ARMANDINHO Alexandre Beck

a) Você acha que essa tira toca em um assunto que tem a ver com o Pantanal? Por quê?

b) Nessa tira, há dois períodos. Classifique-os em simples ou composto.

Período composto por coordenação: orações coordenadas

As orações de um período podem ser ligadas por conjunções. **Conjunção** é um termo que liga orações ou palavras de uma mesma oração. Observe estes exemplos.

No Pantanal, há muita variedade de peixes **e** aves.

conjunção ligando palavras (**e**)

Os turistas visitam o Pantanal **e** ficam admirados por sua beleza.

oração 1 (Os turistas visitam o Pantanal) — conjunção ligando orações (período composto) (**e**) — oração 2 (ficam admirados por sua beleza)

Fiquei poucos dias no Pantanal, **mas** pude ver muitos animais.

oração 1 (Fiquei poucos dias no Pantanal) — conjunção ligando orações (período composto) (**mas**) — oração 2 (pude ver muitos animais)

Nos exemplos de período composto que você observou, as orações são ligadas por conjunções, mas entre elas não há nenhuma dependência gramatical; ou seja, elas são independentes umas das outras. Entre elas, há apenas uma relação de sentido. Poderíamos até eliminar as conjunções e transformar as orações em períodos simples. Veja.

Os turistas visitam o Pantanal **e** ficam admirados com sua beleza.

Os turistas visitam o Pantanal. Ficam admirados com sua beleza.

Fiquei poucos dias no Pantanal, **mas** pude ver muitos animais.

Fiquei poucos dias no Pantanal. Pude ver muitos animais.

As orações independentes de um período composto são chamadas de **orações coordenadas**.

O período formado por orações coordenadas é classificado como **período composto por coordenação**.

Orações coordenadas assindéticas e sindéticas

Quando uma oração coordenada se liga a outra por meio de uma conjunção, recebe o nome de **oração coordenada sindética**.

Quando uma oração coordenada não se liga a outra por conjunção, é classificada como **oração coordenada assindética**.

Um período composto por coordenação pode apresentar orações coordenadas sindéticas e assindéticas. Observe este período.

oração 1 | **oração 2** | **oração 3**

Chegamos ao cinema, compramos os ingressos, entramos na sala.

período composto por coordenação

Nesse caso, temos:

- Oração 1: **Chegamos ao cinema** → oração coordenada assindética
- Oração 2: **compramos os ingressos** → oração coordenada assindética
- Oração 3: **entramos na sala** → oração coordenada assindética

Agora, observe este outro período.

oração 1 — As crianças foram ao parque

oração 2 — brincaram a tarde toda.

As crianças foram ao parque **e** brincaram a tarde toda.

conjunção — **e**

período composto por coordenação

Aqui, temos:

- Oração 1: **As crianças foram ao parque** → oração coordenada assindética
- Oração 2: **e brincaram a tarde toda** → oração coordenada sindética

Classificação das orações coordenadas sindéticas

As orações coordenadas sindéticas recebem o nome das conjunções coordenativas que as introduzem. Veja.

Orações coordenadas sindéticas aditivas

Rafael saiu cedo **e** foi trabalhar.

oração 1: coordenada assindética — Rafael saiu cedo

oração 2: coordenada sindética aditiva — foi trabalhar

Note que a oração 2 vem introduzida por uma conjunção (**e**) que expressa ideia de **acréscimo** ou de **adição** em relação à oração anterior. Como temos, nesse caso, uma conjunção coordenativa **aditiva**, a oração é classificada como **oração coordenada sindética aditiva**.

São **conjunções coordenativas aditivas**: e, nem, mas também, mas ainda, como também etc.

Observe outros exemplos.

Bianca não fez a prova **nem** entregou os trabalhos.

- Bianca não fez a prova → oração coordenada assindética
- entregou os trabalhos → oração coordenada sindética aditiva

André não só fez uma boa jogada, **mas também** fez um gol espetacular.

- André não só fez uma boa jogada → oração coordenada assindética
- fez um gol espetacular → oração coordenada sindética aditiva

Orações coordenadas sindéticas adversativas

Cris estudou muito, **mas** não tirou a nota de que precisava.

- Cris estudou muito → **oração 1: coordenada assindética**
- mas não tirou a nota de que precisava → **oração 2: coordenada sindética adversativa**

A oração 2 vem introduzida por uma conjunção (**mas**) que expressa ideia de **oposição** em relação à oração anterior. Como temos, nesse caso, uma conjunção coordenativa **adversativa**, a oração é classificada como **oração coordenada sindética adversativa**.

São **conjunções coordenativas adversativas**: mas, porém, todavia, contudo, no entanto, entretanto etc.

Observe outros exemplos.

Malu fez uma boa corrida, **porém** não conseguiu se classificar.

- Malu fez uma boa corrida → **oração coordenada assindética**
- porém não conseguiu se classificar → **oração coordenada sindética adversativa**

Bruno mora no litoral, **no entanto** vai pouco à praia.

- Bruno mora no litoral → **oração coordenada assindética**
- no entanto vai pouco à praia → **oração coordenada sindética adversativa**

Orações coordenadas sindéticas conclusivas

Cláudia machucou a perna, **portanto** deve ficar de repouso.

- Cláudia machucou a perna → **oração 1: oração coordenada assindética**
- portanto deve ficar de repouso → **oração 2: oração coordenada sindética conclusiva**

A oração 2 vem introduzida por uma conjunção (**portanto**) que expressa ideia de **conclusão** em relação à oração anterior. Como temos, nesse caso, uma conjunção coordenativa **conclusiva**, a oração é classificada como **oração coordenada sindética conclusiva**.

São **conjunções coordenativas conclusivas**: logo, pois (quando vem depois do verbo), portanto etc.

Observe outros exemplos.

A equipe treinou bastante, **logo** deve ter um bom resultado no jogo.

- A equipe treinou bastante → oração coordenada assindética
- logo deve ter um bom resultado no jogo → oração coordenada sindética conclusiva

Os atores ensaiaram por horas; estão, **pois**, bem-preparados.

- Os atores ensaiaram por horas → oração coordenada assindética
- estão, pois, bem-preparados → oração coordenada sindética conclusiva

Atividades

1. Reescreva os períodos conforme o exemplo.

> Marina recebeu os colegas e ofereceu um lanche para todos.
> Marina **não só** recebeu os colegas, **como também** ofereceu um lanche para todos.

a) A escritora conversou com os alunos e autografou vários livros.

___

___

b) Nosso grupo escreveu a peça e preparou o cenário para a representação.

___

___

c) Nosso time venceu o torneio e não perdeu nenhum jogo.

___

___

d) Essa música acalma e faz a criança dormir.

___

___

2. Complete as lacunas dos períodos usando uma conjunção coordenativa aditiva, adversativa ou conclusiva.

a) O rapaz estava na reunião, ______________ não quis conversar com ninguém.

b) O grupo esforçou-se para fazer a pesquisa, ______________, merece elogios.

c) A menina abriu a gaveta _______________ pegou o celular.

d) Meu pai não só me deu umas dicas sobre o trabalho, _______________ me ajudou a pesquisar na internet.

e) Eles tomaram uma decisão errada; _______________, agora devem aguentar as consequências.

f) O mar está calmo, _______________, mesmo assim, é preciso ter cuidado com a correnteza.

g) Durante o debate, ele não comentou nada _______________ parecia interessado no assunto.

h) Depois da aula, devíamos limpar a sala, _______________ poucos alunos quiseram ajudar na limpeza.

Orações coordenadas sindéticas explicativas

Vamos andar de bicicleta **que** o dia está ensolarado.

- Vamos andar de bicicleta → **oração 1: oração coordenada assindética**
- que o dia está ensolarado → **oração 2: oração coordenada sindética explicativa**

Observe que a oração 2 vem introduzida por uma conjunção (**que**) que expressa ideia de **explicação** em relação à oração anterior. Como temos, nesse caso, uma conjunção coordenativa **explicativa**, a oração é classificada como **oração coordenada sindética explicativa**.

São **conjunções coordenativas explicativas**: que, pois (quando vem antes do verbo), porque, porquanto etc.

Observe outros exemplos.

Tirem as botas, **pois** estão sujas de lama.

- Tirem as botas → **oração coordenada assindética**
- pois estão sujas de lama → **oração coordenada sindética explicativa**

Estou muito animado, **porque** as férias estão chegando!

- Estou muito animado → **oração coordenada assindética**
- porque as férias estão chegando → **oração coordenada sindética explicativa**

Orações coordenadas sindéticas alternativas

Vá logo **ou** perderá o ônibus outra vez.

- Vá logo → oração 1: oração coordenada assindética
- ou perderá o ônibus outra vez → oração 2: oração coordenada sindética alternativa

Note que a oração 2 vem introduzida por uma conjunção (**ou**) que expressa ideia de **alternância** em relação à oração anterior. Como temos, nesse caso, uma conjunção coordenativa **alternativa**, a oração recebe o nome de **oração coordenada sindética alternativa**.

São **conjunções coordenativas alternativas**: ou, ou... ou, nem... nem, ora... ora, quer... quer, seja... seja etc.

Observe outros exemplos.

Ou você me acompanha, **ou** vou sozinha à festa.

- Ou você me acompanha → oração coordenada sindética alternativa
- ou vou sozinha à festa → oração coordenada sindética alternativa

Vamos conversar aqui **ou** vocês preferem ir até minha casa?

- Vamos conversar aqui → oração coordenada assindética
- ou vocês preferem ir até minha casa? → oração coordenada sindética alternativa

Atenção

Quando as duas orações do período têm uma conjunção alternativa, ambas são classificadas como coordenadas sindéticas alternativas.

Atividades

1. **Complete as lacunas dos períodos usando as conjunções do quadro.**

pois	ou	que

a) Não toque nessas frutas, ________________ suas mãos estão sujas.

b) Tenho que estudar muito ________________ não me sentirei preparado para o teste.

c) Vamos ao parque, ________________ está uma linda manhã!

d) Precisamos de mais convites ________________ esses bastam?

e) Ela deve estar muito preocupada, __________ não conversou com ninguém a tarde toda.

f) Treine com a gente __________ não poderá jogar no domingo.

g) O cão está respirando com dificuldade, __________ está doente.

2. Complete os períodos usando conjunções sindéticas alternativas.

a) __________ você vai conosco, __________ vai ficar sozinho em casa.

b) __________ a criança queria o colo do pai, __________ o colo do avô.

c) __________ queira, __________ não, ela vai estudar a tarde inteira para o exame.

d) Faça logo sua inscrição nesse curso __________ perderá a vaga.

e) Esse rio __________ fica estreito, __________ fica bem largo.

f) __________ agora, __________ mais tarde, preciso da sua ajuda para finalizar este trabalho.

g) Você prefere ir à praia __________ passear no campo?

Dica

Mesmo

- Quando essa palavra é usada para reforçar ou realçar um substantivo ou pronome, concorda normalmente com eles. Nesse caso, equivale a "próprio".

A menina mesma enfeitou a casa. → isto é: a própria menina

Eles mesmos organizaram a festa. → isto é: eles próprios

- Mas a palavra **mesmo** não varia quando significa "realmente", "de fato".

Ela pensou mesmo em desistir do curso. → isto é: ela pensou realmente em desistir do curso

Ele cumpriu mesmo aquilo que tinha prometido. → isto é: ele cumpriu de fato aquilo que tinha prometido

Atividades suplementares

1. Leia as frases e assinale aquelas que apresentam duplo sentido.

a) Avistei meu vizinho quando corria na praia.

b) Ele é o noivo da vizinha que foi premiado no concurso.

c) Encontrei um velho amigo saindo do cinema.

d) Entrevistei a esposa desse artista, que vive em São Paulo.

e) Os alunos viram o professor de ciências entrando apressado na escola.

f) Célia está conversando com Sueli sobre sua nota na prova de ontem.

g) Conversei com a filha do professor de português, que mora no meu prédio.

- Explique qual é o duplo sentido das frases que você marcou.
- Reescreva essas frases eliminando o duplo sentido delas.

____

____

____

____

____

____

____

Dica

Você pode usar os pronomes relativos **o qual**, **a qual**, **os quais** e **as quais** e os pronomes possessivos **dele**, **dela**, **deles** e **delas**.

2. Nas frases a seguir, estão faltando algumas vírgulas. Leia com atenção e faça a pontuação correta.

a) Quem inventou as letras do alfabeto mais de dois mil anos atrás foram os fenícios.

b) Hoje em dia a música está presente em quase todos os momentos da vida. Não podemos nem imaginar festas casamentos e filmes sem ela.

c) Por meio da leitura dos livros nossa imaginação pode voar para outros mundos outras épocas levando-nos a uma viagem incrível.

d) A primavera é sinônimo de alegria vida cor. É a época das borboletas. Com suas asas coloridas elas enfeitam os jardins e os campos.

e) O cinema encanta as pessoas. No escuro da sala de projeção crianças e adultos são capazes de rir chorar e vibrar com o que acontece com as personagens. Por algumas horas vivemos outras vidas.

3. **Reescreva os períodos a seguir passando as orações destacadas para a voz passiva analítica. Veja o exemplo.**

> O professor pediu **que todos os alunos entregassem as redações.**
> O professor pediu **que as redações fossem entregues por todos os alunos.**

Atenção

Se tiver alguma dúvida, consulte o tópico "Locuções verbais na voz passiva", no capítulo 17, página 316.

a) Será **que ninguém vai ajudar esse menino**?

____

____

b) Fiquei sabendo **que a nossa seleção feminina venceu esse torneio**.

____

____

c) O professor nos disse **que muitos médicos estão pesquisando novas formas de combater esse vírus**.

____

____

d) A professora pediu **que a turma do 8º ano organizasse a exposição deste ano**.

____

____

e) Tenho certeza **de que o correio vai entregar minha encomenda amanhã**.

____

____

4. **Complete cada frase com uma das formas verbais destacadas.**

a) A quantidade de livros da nossa biblioteca ______________ bastante. [aumentou / aumentaram]

b) Na hora da tempestade, ______________ alguns acidentes na estrada. [houve / houveram]

c) A divulgação de *fake news* nas redes sociais ______________ muita gente. [prejudicam / prejudica]

d) A viagem foi tranquila, não ______________ problemas sérios com ninguém. [aconteceu / aconteceram]

5. **Escreva os substantivos referentes aos verbos das frases a seguir, conforme o exemplo.**

Suspenderam o jogo. →	**suspensão**
verbo	substantivo

a) Proibiram a passeata. ______

b) Impuseram a lei. ______

c) Cultivaram o jardim. ______

d) Reescreveram a carta. ______

e) Superaram os obstáculos. ______

f) Defenderam o castelo. ______

- Colocando em ordem alfabética as palavras que você escreveu, quais seriam as duas primeiras e as duas últimas?

______

______

6. **Observe a presença ou não da crase e explique oralmente a diferença de sentido que há entre as orações de cada item.**

a) I. Ele fotografou a tarde.
II. Ele fotografou à tarde.

b) I. Explicou aquela menina que não estava passando bem.
II. Explicou àquela menina que não estava passando bem.

c) I. Chegou a noite na fazenda.
II. Chegou à noite na fazenda.

7. **Analise o pronome se nas frases a seguir e assinale a classificação correta. Use o código.**

[1] Ação reflexiva [2] Ação recíproca

a) As crianças deram-se as mãos e formaram uma fila. [ ]

b) O público calou-se durante o filme. [ ]

c) Nós nos encontramos no cinema. [ ]

d) Juliana arrumou-se para ir à festa. [ ]

e) Esse homem se mostrou uma pessoa bondosa. [ ]

Atenção

Se tiver dúvidas, reveja o tópico "Voz reflexiva", no capítulo 17, página 326.

Aprendendo com o dicionário

Um pintor de animais

Franz Marc (1880-1916) era um pintor alemão que gostava de pintar animais em telas bem coloridas. Esse belo quadro mostra duas raposas. Linhas verticais e horizontais cortam a cena, dando uma impressão de movimento. Os animais parecem se misturar com a paisagem.

Raposas, 1913, de Franz Marc.

O adjetivo **belo** pode ter vários sentidos, dependendo do contexto. Veja alguns desses sentidos no verbete.

> **belo** (**be**.lo) *adj.* **1.** Bonito, lindo. **2.** Que merece elogio. **3.** Que é admirável por seu tamanho ou intensidade. **4.** Que dá lucro ou traz muito proveito.

1. **Em qual dos sentidos do verbete o adjetivo belo foi usado no texto?**

___

2. **Indique o sentido do adjetivo belo em cada frase, seguindo a numeração do verbete.**

a) Ele teve uma bela atitude: ajudou os colegas que estavam em dificuldade. ☐

b) A prefeitura inaugurou um belo parque infantil. ☐

c) Fizemos uma bela caminhada até o sítio e ficamos bem cansados. ☐

d) É muito belo o amanhecer na praia. ☐

e) Ele fez um belo negócio com a venda da casa e ganhou muito dinheiro. ☐

f) Essa escultura apresenta um belo rosto feminino. ☐

g) Vou para casa porque parece que vai cair uma bela chuva daqui a pouco. ☐

h) Ele se meteu em uma bela confusão e agora não sabe como sair dela. ☐

> **Aprenda mais!**
>
> Procure o verbo **embelezar** no dicionário e explique oralmente o que ele significa, elaborando uma frase de exemplo.

3. **Sublinhe o verbo mostrar no texto. Esse verbo pode ter diferentes sentidos, dependendo do contexto. Veja alguns desses sentidos no verbete a seguir.**

> **mostrar** (mos.**trar**) *v.* **1.** Exibir, apresentar, expor. **2.** Apontar. **3.** Provar. **4.** Explicar, ensinar. **5.** Revelar. **mostrar-se 6.** Apresentar-se de certo modo.

- Em qual desses sentidos o verbo **mostrar** foi usado no texto?

____

4. **Seguindo a numeração do verbete, indique o sentido do verbo mostrar em cada frase a seguir.**

a) A professora mostrou como fazer o exercício. ☐

b) O advogado mostrou que o rapaz era inocente da acusação. ☐

c) O pai mostrou ao filho como usar o computador. ☐

d) O sorriso das crianças mostrou que elas estavam felizes com os presentes. ☐

e) Mostre-me quem são seus pais nessa foto. ☐

f) A menina quis mostrar a roupa que tinha comprado. ☐

g) Ela se mostrou calma e segura ao apresentar o trabalho na aula. ☐

h) As nuvens escuras mostram que logo vai começar a chover. ☐

i) Os jogadores mostram muita confiança no técnico do time. ☐

5. **Em qual das frases da atividade anterior o verbo esconder poderia ser usado como antônimo do verbo mostrar?**

____

6. **Leia o cartaz.**

CÍNTIA VH/PEXELS

- Em qual sentido do verbete o verbo **mostrar** foi usado nesse cartaz?

____

Interpretação de textos

Leia a tira para responder às atividades de 1 a 3.

EDIBAR Lucio Oliveira

1. O humor da tira é provocado pelo duplo sentido de um verbo. Qual?

2. Explique os dois sentidos que esse verbo apresenta na tira.

3. Que mudanças você faria no diálogo das personagens para evitar o duplo sentido?

Leia o texto para responder às atividades de 4 a 6.

Flores da guerra

Um ferreiro ucraniano, morador da cidade de Donetsk, hoje uma região controlada pela Rússia, está transformando lixo de guerra em tesouros. Viktor Mikhalev pega armas quebradas e munições usadas e produz com elas o que chama de "flores da guerra".

ALEXEI ALEXANDROV/AP PHOTO/IMAGEPLUS

Viktor e suas flores da guerra.

Ele se formou como soldador. Mora e trabalha em uma casa cuja cerca e porta são decoradas com flores de ferro forjadas. Em sua oficina há pilhas de metralhadoras quebradas e projéteis meio queimados. Amigos e conhecidos os trazem como matéria-prima para sua arte.

Ele começou o projeto quando um amigo lhe trouxe metralhadoras quebradas. Um mês depois, ele exibiu sua arte de guerra em um museu de sua cidade. Desde então, vem fazendo o que chama de "flores da guerra". "As flores de verdade não duram muito e minhas rosas se tornarão uma lembrança de uma longa memória", diz Viktor.

Estadão. As flores da guerra: ferreiro ucraniano transforma armas e munição em arte. *Estadão*, 10 mar. 2023. (Adaptado.)

4. **Para fazer suas flores, o ferreiro:**

a) usa armas e munições doadas pelos soldados.

b) compra armas e munições usadas pelos soldados.

c) usa armas e munições dos seus amigos.

d) usa armas e munições descartadas pelos soldados.

5. **A transformação de armas em flores pode ser vista como:**

a) uma forma criativa de ganhar dinheiro durante a guerra.

b) uma forma de mensagem de paz no meio da guerra.

c) uma forma de passatempo do ferreiro.

d) uma forma de protesto violento contra a guerra.

6. **Releia este trecho do texto: "[...] está transformando lixo de guerra em tesouros". Como você entendeu essa passagem do texto? Que lixo é esse? E por que podemos dizer que ele se transforma em tesouros?**

CAPÍTULO 20

Orações subordinadas adverbiais

Qual é o seu sonho?

Como será minha vida daqui a alguns anos? Onde estarei? Qual será minha profissão? Essas são perguntas que muitos estudantes se fazem. Isso é normal porque todos nós temos muitos sonhos, desejos e planos. Em certos momentos, imaginamos que seria ótimo viver de determinado modo. Mas, dali a pouco, mudamos de sonho e imaginamos uma vida totalmente diferente.

1. Qual é seu sonho para o futuro, aquele que você deseja muito que se realize?
2. Como você se vê daqui a dez anos? Por quê?

Não é possível saber como será o futuro, quais planos se tornarão realidade. Mas o importante é não fechar as portas dos sonhos, pois você mal começou a andar pelos muitos caminhos que pode escolher. Não se esqueça de que são os sonhos que nos estimulam a seguir em frente. Quem para de sonhar para de viver. E lutar para vencer os desafios e realizar os sonhos é o que torna a vida especial.

3. **Você acha que, quando for adulto, o mundo será muito diferente do que é hoje? Como você imagina que ele será?**

Período composto por subordinação

Você já estudou que um período é formado por uma ou mais orações. Vamos recordar.

Quando tem apenas uma oração, o período é classificado como **simples**. Observe.

Fizemos um passeio até a cachoeira.

oração absoluta: período simples

Quando tem mais de uma oração, o período é classificado como **composto**. Observe.

Saímos de casa bem cedo e fizemos um passeio até a cachoeira.

oração 1 **oração 2**

período composto por coordenação

No período composto por coordenação, as orações têm o mesmo valor, uma não depende sintaticamente de outra.

Mas, no período composto por subordinação, pode haver também uma oração que expressa a ideia principal e outras orações que dependem dela, pois sozinhas não têm sentido completo. Veja este exemplo.

conjunção

Ele não foi à escola **porque** está muito gripado.

oração principal **oração subordinada**

período composto por subordinação

Observe que a oração subordinada expressa a causa da ocorrência da oração principal, isto é: Por que ele não foi à escola? Porque estava gripado. Sozinha, a oração "porque está muito gripado" não tem sentido completo, ela precisa da oração principal.

Vamos ver outro exemplo.

conjunção

Se você me ajudar, conseguirei acabar essa pesquisa.

oração 1
oração subordinada

oração 2
oração principal

período composto por subordinação

Nesse exemplo, a oração subordinada expressa a condição necessária para a realização da oração principal. Observe que, sozinha, a oração "se você me ajudar" não tem sentido completo.

Damos o nome de **orações subordinadas** àquelas que dependem da oração principal para ter sentido completo. Nesse caso, o período é classificado como **período composto por subordinação**.

Atividade

- **Todos os períodos a seguir são compostos por subordinação. Em cada um, circule a conjunção. Depois, sublinhe com um traço a oração principal e com dois traços a oração subordinada. Veja o exemplo.**

Ficamos muito felizes quando vimos o resultado dos testes.

a) Fomos conhecer o pomar, assim que chegamos à chácara.

b) Quando eu for à praia, vou convidar você e seu irmão.

c) Ela está contente porque vai fazer essa viagem no fim do ano.

d) Chegue cedo, se quiser um bom lugar no cinema.

e) Enquanto eu estudava, ele ficou navegando pela internet.

Orações subordinadas adverbiais

Quando exerce a função de adjunto adverbial da oração principal, a oração subordinada é classificada como **oração subordinada adverbial.** Esse tipo de oração pode expressar várias ideias: tempo, causa, finalidade, consequência etc.

Observe como há uma relação entre o adjunto adverbial e a oração subordinada adverbial.

O jogo foi adiado por causa da forte chuva.

adjunto adverbial de causa (por causa)

O jogo foi adiado **porque** a chuva estava forte.

oração principal (O jogo foi adiado)

oração subordinada adverbial *causal*
(expressa a causa da ocorrência da oração principal) (porque a chuva estava forte)

Encontrei com a Isabela na hora da saída da escola.

adjunto adverbial de tempo

Encontrei com a Isabela **quando** saía da escola.

oração principal

oração subordinada adverbial *temporal*
(expressa o tempo em que ocorre a oração principal)

As conjunções que iniciam as orações subordinadas adverbiais são classificadas como **conjunções subordinativas**. Elas podem ser: condicionais, causais, temporais, finais, concessivas, conformativas, comparativas e proporcionais.

As orações subordinadas adverbiais são classificadas de acordo com as conjunções que as iniciam. Observe estes exemplos.

Posso terminar o trabalho ainda hoje, **desde que** você me ajude.

oração principal

oração subordinada adverbial *condicional*
(expressa ideia de condição em relação à oração principal)

Não fui ao encontro **porque** estava doente.

oração principal

oração subordinada adverbial *causal*
(expressa ideia de causa em relação à oração principal)

Falarei com ela, **assim que** chegar em casa.

oração principal

oração subordinada adverbial *temporal*
(expressa ideia de tempo em relação à oração principal)

Vou à sua casa, **a fim de** conversarmos.

oração principal

oração subordinada adverbial *final*
(expressa ideia de finalidade em relação à oração principal)

Saiu sem agasalho, **embora** estivesse muito frio.

oração principal

oração subordinada adverbial *concessiva*
(expressa ideia contrária à da oração principal, sem, no entanto, impedir sua realização)

As coisas aconteceram **conforme** havíamos planejado.

oração principal

oração subordinada adverbial *conformativa*
(expressa ideia de conformidade em relação a um fato mencionado na oração principal)

Ele escreve tão bem **como** o irmão.

oração principal — oração subordinada adverbial *comparativa* (expressa ideia de comparação com o que se afirma na oração principal)

Na oração comparativa, nem sempre o verbo está claramente expresso, mas podemos reconhecê-lo facilmente. Observe: *Ele escreve tão bem como o irmão*. Isto é: *Ele escreve tão bem como o irmão* ***escreve***.

Ela ficou tão emocionada **que** quase desmaiou.

oração principal — oração subordinada adverbial *consecutiva* (expressa ideia de consequência em relação à oração principal)

Fomos ficando mais cansados **à medida que** o calor aumentava.

oração principal — oração subordinada adverbial *proporcional* (expressa ideia de proporcionalidade a um fato mencionado na oração principal)

Atividades

1. **Marque a ideia indicada pelas orações subordinadas destacadas nos períodos a seguir usando o código a seguir.**

1 Causa **2** Consequência **3** Finalidade **4** Comparação

a) Ele chamou os amigos **a fim de contar a boa notícia**. ☐

b) O calor era tão forte **que o pessoal desistiu de passear**. ☐

c) **Como gostava muito de natação**, ficou sócio desse clube. ☐

d) Todos apoiaram esse projeto **porque vai ajudar muitas famílias**. ☐

e) Ele não parece **tão simpático quanto** o irmão. ☐

f) Ele gritou de tal forma **que até os vizinhos escutaram**. ☐

g) Ligue o computador dessa sala **para que os alunos possam usá-lo**. ☐

h) **Como estava muito frio**, voltamos logo para casa. ☐

i) Eles saíram alegres de casa, **como se fossem a uma festa**. ☐

2. **Reescreva os períodos substituindo a conjunção condicional desde que pela conjunção se. Faça as adaptações necessárias. Veja o exemplo.**

> Irei ao cinema, **desde que você também vá.**
> Irei ao cinema, **se você também for**.

a) Você poderá dirigir o carro, desde que tenha habilitação.

____

____

b) Desde que você tome cuidado, poderá nadar nessa piscina.

____

____

c) Ela fará o jantar, desde que nós a ajudemos.

____

____

d) Você pode ir à festa, desde que prometa voltar cedo.

____

____

3. **Classifique as orações destacadas usando o código a seguir.**

- **1** Oração subordinada adverbial temporal
- **2** Oração subordinada adverbial final
- **3** Oração subordinada adverbial conformativa
- **4** Oração subordinada adverbial condicional

a) **Se sair agora**, você ainda o encontra em casa. ☐

b) **Logo que amanhece**, meu pai gosta de caminhar na praia. ☐

c) Fizemos o trabalho **como você orientou**. ☐

d) Venha à festa com sua irmã **para que possamos conhecê-la**. ☐

e) A conversa terminou **assim que o professor entrou na sala**. ☐

f) Ele ficou em casa, **enquanto fomos ao supermercado**. ☐

g) Ele montou o brinquedo **conforme explicava o folheto**. ☐

4. Reescreva os períodos substituindo a conjunção **apesar** por **embora** nas orações subordinadas adverbiais concessivas. Veja.

> **Apesar de se esforçar bastante**, ele não consegue ir bem no treino.
> **Embora se esforce bastante**, ele não consegue ir bem no treino.

a) Apesar de sofrer muito, assiste a tudo calado.

b) Apesar de fazer calor, não iremos nadar hoje.

c) Apesar de ter tomado todos os remédios, não conseguiu controlar a virose.

5. Desafio! Na tira a seguir, há uma oração subordinada adverbial. Qual?

GARFIELD — Jim Davis

Dica

Próprio / própria

- Quando essa palavra é usada depois de um pronome pessoal, deve concordar com ele.

> Elas próprias fizeram o almoço.
> Ele próprio se encarregou do trabalho.

- Quando vem antes de um substantivo, concorda normalmente em gênero e número com ele.

> A própria Renata foi falar com o diretor.
> Os próprios alunos pintaram a quadra.

Atividades suplementares

1. Leia o cartaz para responder às questões.

DEZIGNER...S.E.S.F/ISTOCKPHOTO/GETTY IMAGES

a) No cartaz, há um período composto de duas orações. Qual é a oração principal?

____

b) Qual é a oração subordinada? Classifique-a.

____

____

c) Em que modo e pessoa estão os verbos **economizar** e **desligar**?

____

____

d) Que função sintática exerce o pronome pessoal usado no cartaz?

____

e) No cartaz há um período simples, com uma só oração. Classifique o predicado dessa oração.

____

2. Complete as frases com os verbos indicados no tempo, no modo e na pessoa adequados. Veja o exemplo.

> Se eu ________ você, aceitaria esse convite para a festa. (ser)
>
> Se eu **fosse** você, aceitaria esse convite para a festa.

a) Se eles ______________ aqui, não aconteceria essa confusão. (estar)

b) A situação ficará complicada se ele não ______________ à reunião. (vir)

c) Não se esqueça de pegar o agasalho quando você ______________ à escola. (ir)

d) Se ______________ mais participantes no grupo, faríamos um trabalho melhor. (haver)

e) Todos exigem que você ______________ a verdade sobre esse caso. (dizer)

f) Espero que ela não ______________ a hora da aula de artes. (perder)

3. **As orações a seguir estão na voz passiva analítica. Passe-as para a voz passiva sintética. Veja o exemplo.**

> É aguardada a chegada dos artistas. → voz passiva analítica
> **Aguarda-se** a chegada dos artistas. → voz passiva sintética

a) Diariamente são divulgadas notícias sobre o problema das enchentes.

____

____

b) Nesta região, restos de civilizações antigas foram descobertos.

____

____

c) O velho depósito de madeira foi reformado recentemente.

____

____

d) Diante dessa notícia, eram esperadas tais reações da população.

____

____

e) Um novo laboratório de biologia foi feito nesse andar.

____

____

4. **Nas frases a seguir, passe para o feminino as palavras destacadas, fazendo as adaptações necessárias.**

> **Dica**
> Atente-se ao uso da crase em alguns casos.

a) Entregue essa encomenda **ao zelador** do prédio.

____

b) Peça **a todos os professores** que venham à reunião.

____

c) Ele dedicou o livro **aos filhos**.

____

d) Mostre **aos amigos do noivo** as fotos da festa.

____

e) Essa informação não será divulgada **a nenhum aluno**.

____

Aprendendo com o dicionário

Respeitem as abelhas!

FRAUKE RIETHER/PIXABAY

As abelhas são tão importantes para a vida humana que o dia 20 de maio foi escolhido como o Dia Mundial das Abelhas. Em todo o mundo, acredita-se que existam cerca de 20 mil espécies de abelhas, e muitas delas produzem mel. Elas são responsáveis pela polinização de inúmeras espécies vegetais que são alimentos para nós, como frutas, legumes e grãos, garantindo a nossa segurança alimentar. Muita gente diz que as abelhas são agressivas. Mas, na verdade, elas são defensivas. O ataque das abelhas nada mais é do que uma defesa contra aqueles que as incomodam. Por isso, atenção! Não mexa com as abelhas!

Observe, no verbete a seguir, alguns sentidos que a palavra **atenção** pode ter, dependendo do contexto.

atenção (a.ten.**ção**) *s.f.* **1.** Capacidade de manter o pensamento concentrado em alguma coisa. **2.** Atitude que mostra gentileza, consideração ou respeito por alguém. • *interj.* **3.** Pedido ou ordem para que alguém não fique distraído.

1. O verbete mostra que a palavra atenção pode pertencer a duas classes gramaticais. Quais?

____

2. Em qual dos sentidos do verbete a palavra atenção foi usada no texto?

____

3. Seguindo a numeração do verbete, indique o sentido da palavra atenção nas frases a seguir.

a) Ele não deu atenção às opiniões dos colegas. ☐

b) O professor elogiou a atenção da turma durante a aula. ☐

c) É preciso muita atenção na hora de fazer esse trabalho. ☐

d) Atenção, pessoal! O filme vai começar. ☐

e) Sempre fui tratado com atenção pelos professores. ☐

f) O barulho da rua atrapalhava a atenção dos alunos. ☐

Aprenda mais!

Procure as palavras **atencioso** e **atento** em um dicionário e explique oralmente a diferença de sentido que há entre elas, elaborando uma frase de exemplo para cada uma.

O verbo mexer também pode ter diferentes sentidos, dependendo do contexto. Veja alguns deles no verbete a seguir.

> **mexer** (me.**xer**) *v.* **1.** Movimentar. **2.** Tocar, tirar do lugar. **3.** Incomodar, importunar. **4.** Agitar o conteúdo de alguma coisa. **mexer-se 5.** Movimentar-se, apressar-se.

4. Em qual desses sentidos o verbo mexer foi usado no texto?

____

5. Indique o sentido do verbo mexer em cada frase a seguir, conforme a numeração do verbete.

a) Alguém mexeu nos livros que estavam na minha mochila. ☐

b) Não fique mexendo com o colega enquanto ele faz o exercício. ☐

c) Ele engessou a mão e não consegue mexer os dedos. ☐

d) Ela pegou uma colherzinha e mexeu o café com leite. ☐

e) Esse trabalho é urgente, vamos, mexam-se! ☐

f) Não mexa nos livros que estão nessa prateleira. ☐

g) Essa boneca mexe a cabeça e os braços. ☐

6. Leia o cartaz.

ANGELA VOO/ISTOCKPHOTO/GETTY IMAGES

a) Indique a classe gramatical da palavra **atenção** nesse cartaz.

____

b) Seguindo a numeração do verbete, indique o sentido que a palavra **atenção** tem no cartaz.

____

c) Indique o sentido do verbo **mexer** no cartaz, conforme a numeração do verbete.

____

Interpretação de textos

Leia o texto a seguir para responder às questões 1 e 2.

História do selo

Selo chamado "olho de boi", lançado em 1º de agosto de 1843, com três valores de tarifa: 30, 60 e 90 réis, nome da moeda da época.

O serviço de entrega de correspondência é muito antigo. Há documentos que mostram que o sistema de correio (a pé ou a cavalo) foi utilizado por muitos povos antigos. Mas a criação do selo é bem mais recente. Ele foi criado pelo inglês Rowland Hill (1795-1879), em 1840, com o objetivo de facilitar o pagamento para o envio de cartas. Ele propôs que as tarifas fossem pagas pelos remetentes e que esse pagamento fosse confirmado por meio de um comprovante colado ao envelope. Assim surgiu o selo.

No dia 6 de maio de 1840, as agências postais inglesas venderam os primeiros selos adesivos, que custavam muito pouco e permitiam que se enviasse uma carta comum para qualquer ponto da Inglaterra. A uniformização da tarifa foi um sucesso imediato. Em 1839, haviam sido expedidos 78 milhões de cartas; em 1840, depois da criação do selo e da tarifa única, o total de correspondências atingiu a casa dos 170 milhões de cartas!

O sucesso do selo provocou o interesse de outros países. E coube ao Brasil, em 1843, ser o segundo país do mundo a criar um selo nacional, o famoso "olho de boi", nome popular dado ao nosso primeiro selo por causa de seu desenho. Hoje, um autêntico "olho de boi" vale uma fortuna por sua raridade.

1. **Leia as afirmativas sobre o texto e escreva V (verdadeiro) ou F (falso) em cada uma delas.**

- O texto informa que:
  - a) o serviço de correio (a pé ou a cavalo) foi criado na Inglaterra em 1840. ☐
  - b) o selo colado no envelope servia como comprovante do pagamento do envio. ☐
  - c) a invenção do selo aumentou a circulação de cartas pela Inglaterra. ☐
  - d) quando o selo ficou barato, o envio de cartas aumentou bastante. ☐
  - e) Brasil e Inglaterra foram os primeiros países a usarem o selo postal. ☐

2. **Assinale a afirmativa correta.**

- Segundo o texto, pode-se dizer que:
  - a) sem a invenção do selo, não haveria o serviço de correio.

b) na Inglaterra, os primeiros selos tinham preços variados.

c) na Inglaterra, o preço do selo não variava conforme a distância, era sempre o mesmo.

d) o selo no envelope comprovava que o destinatário tinha pagado a tarifa do correio.

Leia a tira para responder às atividades de 3 a 6.

GARFIELD — Jim Davis

3. **Explique os dois sentidos que a frase do homem pode ter.**

____

____

____

4. **Qual era o sentido correto?**

____

5. **Como o gato entendeu a frase e por que ficou bravo?**

____

____

____

____

6. **Reescreva a frase do primeiro quadrinho de modo a não provocar duplo sentido.**

____

____

____

____

Revisão

1. Classifique as palavras destacadas nas frases a seguir usando o código abaixo.

S Sujeito | **OD** Objeto direto | **OI** Objeto indireto

CN Complemento nominal | **PS** Predicativo do sujeito

a) O dia amanheceu **chuvoso**. ☐

b) Vou contar-**lhe** uma história interessante. ☐

c) Ouça **essa música** atentamente. ☐

d) Está acabando **a semana** de provas. ☐

e) Essas pessoas têm muita necessidade **de ajuda**. ☐

f) Pegue esse livro e coloque-**o** na estante. ☐

2. Assinale as orações em que o termo destacado é agente da voz passiva.

a) Visitamos a exposição **pela manhã**.

b) Nossa turma será orientada **pela professora**.

c) Os visitantes foram caminhando **pelas ruas arborizadas**.

d) Esse jogo vai ser muito comentado **pelos estudantes**.

e) O trabalho de artes deve ser feito **por esse grupo de alunos**.

- Analise sintaticamente os termos destacados nas frases que você não assinalou.

____

____

____

- Passe para a voz ativa as orações que estão na voz passiva.

____

____

____

____

____

3. **Complete as lacunas com os pronomes relativos do quadro.**

que	cujo	onde	quem

a) A pessoa com ________________ ela está conversando é o pai da Laura.

b) Visitei a cidade ________________ viveram meus avós.

c) Este é o aluno ________________ pai está na sala da diretora.

d) Fizemos uma viagem ________________ jamais esqueceremos.

e) Essa escola é do tempo em ________________ chegaram os primeiros imigrantes.

f) Não sei a ________________ ela enviou essa mensagem.

4. **"No intervalo das aulas, a turma caminhou alegre para o pátio."**

- Com relação a essa oração, leia as afirmações a seguir e escreva **C** (certo) ou **E** (errado) em cada uma delas.

  a) A oração apresenta um adjunto adverbial de causa. ☐

  b) Há um predicativo do sujeito nessa oração. ☐

  c) Essa oração apresenta um predicado verbo nominal. ☐

  d) O adjetivo **alegre** exerce a função de objeto direto. ☐

  e) O sujeito da oração é indeterminado. ☐

5. **Assinale a única oração que não apresenta aposto.**

a) Caio, irmão da Marcela, é o goleiro do nosso time.

b) Região com uma fauna muito rica, o Pantanal precisa ser preservado.

c) Essa tarefa, turma, não é muito complicada.

d) Marta, jogadora de futebol, conquistou muitos prêmios.

e) Na lanchonete, encontrei o Roberto, professor de matemática.

6. **Assinale os itens em que o adjetivo destacado apresenta erro de concordância. Depois, reescreva as frases, corrigindo-as.**

a) Mantenha **fechadas** as janelas do escritório.

b) Não acho **difíceis** esses exercícios.

c) **Preocupado** com o estado do filho, a mulher foi conversar com o médico.

d) **Sorridente**, os artistas entraram no palco.

e) **Cuidado** com carinho por meus pais, nosso pequeno jardim está uma beleza!

____

____

____

____

____

7. **Nos períodos a seguir, analise as orações coordenadas sindéticas usando o código.**

[1] Aditiva [2] Explicativa [3] Adversativa [4] Conclusiva [5] Alternativa

a) Vamos para casa que está ficando tarde. [ ]

b) Na reunião, essas pessoas não reclamaram nem discutiram. [ ]

c) Mandei duas mensagens para ele, mas não tive resposta. [ ]

d) Ela fez o melhor trabalho da classe; portanto, merece os parabéns. [ ]

e) Os jogadores se esforçaram; no entanto, não conseguiram a vitória. [ ]

f) Levante-se logo ou perderá o ônibus da escola. [ ]

g) Pegue o caderno e leia as respostas dos exercícios. [ ]

8. **Complete as lacunas das frases com à, a, às ou as.**

a) Ele viajou ______ Belo Horizonte ontem ______ noite.

b) Entregue ______ professora ______ lista de presença.

c) Diga ______ seus pais que ______ festa será ______ 19 horas.

d) Por favor, informe ______ todos os seus colegas ______ data da prova.

e) Fomos ______ pracinha da cidade ver ______ festa junina.

9. **Complete as lacunas das frases com uma das formas apresentadas em destaque.**

a) Ficou combinado que ele irá ____________ todos ao passeio de domingo. conosco / com nós

b) Não sei ____________ esse cinema está fechado. porque / por que

c) Estamos ____________ de um mês para o início das aulas e a reforma da escola ainda não terminou. a menos / há menos

d) Para ____________ todos os livros na estante, ela foi ajudada por várias colegas. por / pôr

e) Esse gatinho é muito apegado à dona. Dentro de casa, ____________ ela vai, ele vai junto. aonde / onde

f) Ela saiu agora ____________ pouco de casa. há / a

g) Felizmente, a ajuda dada pelo governo veio ____________ expectativas dos estudantes. de encontro às / ao encontro das

h) ____________ dias que não vejo o Mateus. Será que há algum problema com ele? A / Há

i) Procurei esse livro na biblioteca, ____________ não consegui encontrá-lo. mas / mais

j) A mãe ____________ ajudou a filha a terminar o trabalho. mesma / mesmo

k) Espere um pouco que daqui ____________ instantes vou conversar com você. há / a

10. **Leia a tira.**

ARMANDINHO

Alexandre Beck

- Explique oralmente as regras que justificam a escrita das palavras **por que**, **por quê**, **porque** e **porquê** na tira.

Hora da leitura

A consulta

— Sua aparência é saudável, mas as aparências às vezes enganam. Vamos lá ver: que é que o senhor sente?

— O que sinto, doutor? Não sei dizer direito. É uma espécie de opressão, de angústia, de ansiedade...

— E o senhor pensa que eu também não sinto? Isto é normal. Normalíssimo. Que mais?

— Bem, doutor. Eu tenho insônias.

— E eu não tenho, por acaso? Pergunte ao seu vizinho se não tem também.

— Eu não me dou com o meu vizinho.

— É isto: não se dá com o vizinho. Eu também não me dou com o meu. Ninguém se dá com ninguém. Mas não precisa perguntar: eu sei. Seu vizinho não consegue dormir. Ninguém consegue. Isto é normal.

— Mas, doutor...

— Eu sei: o senhor anda nervoso, excitado, angustiado... Diga-me: não sente medo? Um medo sem causa, sem nenhum motivo aparente, medo de qualquer coisa que o senhor não sabe o que é?

— Realmente... Eu estava com vergonha de dizer, mas, desde que o senhor falou, é verdade: sinto, sim.

— Ótimo! O senhor sente medo. Eu também sinto. Ótimo, torno a dizer. O senhor não tem nada, meu amigo. Está inteiramente são, uma vez que sente medo. Se não sentisse, aí sim, precisaríamos procurar as causas dessa anomalia. Talvez fosse grave.

— Sabe, doutor? Às vezes, tenho a impressão de que estou ficando neurótico.

— Claro que está! E eu não estou? E o seu vizinho não está? E todo o mundo não está? E o senhor pensa que vai ficar de fora? Por quê? Mas reflita um pouco, meu caro. O senhor vive, eu vivo, toda a gente vive num mundo anormal, sádico, doente, sanguinário, onde a regra é a falta de regras, um mundo hediondo e tenebroso, onde o homem é cada vez mais — e como nunca foi — o lobo do próprio homem. Um mundo de guerras, de massacres, de hecatombes, alicerçado no ódio, na iniquidade e na violência. Acrescente a tudo isso a poluição atmosférica, a poluição sonora, a poluição moral, a degradação dos costumes, a falência dos serviços públicos, o colapso do trânsito, a morte da urbanidade, da cordialidade, da solidariedade humanas. O senhor sente angústia. É natural. O senhor tem medo. É normalíssimo. O senhor tem insônias. Como não tê-las? Meu caro cliente, vá tranquilo: o senhor não tem absolutamente nada. Passe bem. O próximo, por favor?

Luís Martins. *Ciranda dos ventos*. São Paulo: Moderna, 1981. p. 3-4.

Construindo um mundo melhor

Direito à alimentação

RENATO SOARES/PULSAR IMAGENS

Como uma criança pode estudar ou brincar se está sempre com muita fome? Não é possível, não é mesmo? Por isso, no Brasil, o direito à alimentação está garantido por lei. Está na Constituição Federal, que é o documento em que estão registradas as leis brasileiras que todos devem obedecer.

> Art. 6º – São direitos sociais a educação, a saúde, a alimentação, o trabalho, a moradia, o transporte, o lazer, a segurança, a previdência social, a proteção à maternidade e à infância, a assistência aos desamparados, na forma desta Constituição.
>
> Constituição da República Federativa do Brasil. Disponível em: https://santil.la/mqfeq. Acesso em: abr. 2024.

Mas não é só o governo que deve ajudar os que passam fome. Quem tem condições pode participar desse movimento. Talvez você conheça pessoas, inclusive crianças, que nem sempre têm o que comer. Por que não oferecer ajuda ou participar de um grupo de voluntários que está agindo para combater esse problema?

Agora é sua vez!

ODS 2

1. Em grupo, responda às questões a seguir.

a) A miséria e a fome são problemas visíveis na sua cidade? Você consegue dar um exemplo?

b) Como a sociedade poderia contribuir para o combate à fome? Liste o máximo de ideias que conseguir.

c) Você ou pessoas que você conhece participam da luta contra a fome? Como?

ODS 2

2. Em grupo, observem os cartazes a seguir. Depois, criem um *slogan* para uma campanha contra a fome.

REPRODUÇÃO/CÂMARA MUNICIPAL DE ARARAQUARA

REPRODUÇÃO/PREFEITURA DE JACAREÍ

REPRODUÇÃO/FIESP E SESI-SP

ODS 2

3. Agora, conversem sobre as ideias que vocês trocaram em grupo e concluam: de que forma podemos ajudar?

Quadro geral das regras de acentuação

Modelos de conjugação verbal e conjugação de alguns verbos irregulares

Quadro geral das regras de acentuação

1. **Palavras proparoxítonas**
Acentuam-se todas as proparoxítonas: *máquina, trágico, método, côncavo, paralelepípedo.*

2. **Palavras oxítonas**
Acentuam-se as oxítonas terminadas em:
a(s) - *Paraná, sofás* — **o(s)** - *paletó, avós, avô*
e(s) - *você, jacaré, cafés* — **em, ens** - *ninguém, armazéns*
ditongo aberto (éis, éu, éus, ói, óis) - *pastéis, troféu, troféus, herói, heróis*

3. **Palavras paroxítonas**
- Acentuam-se as paroxítonas terminadas em:
ão(s), ã(s) - *órfão, órfãos, órfã, órfãs*
ei, eis - *jóquei, vôlei, fáceis*
n - *pólen*
us - *vírus*
um, uns - *álbum, álbuns*
r - *repórter*
l - *fácil*
x - *tórax*
i, is - *júri, lápis*
- Acentuam-se as paroxítonas terminadas em ditongos crescentes:
ea(s) - *várzea* — **eo(s)** - *óleo* — **ia(s)** - *férias*
ie(s) - *série* — **io(s)** - *vício* — **oa(s)** - *mágoa*
ua(s) - *régua* — **ue(s)** - *tênue* — **uo(s)** - *ingênuo*

4. **Palavras monossílabas**
Acentuam-se as monossílabas tônicas terminadas em:
a(s) - *lá, pás* — **e(s)** - *pé, mês* — **o(s)** - *pó, nós*
ditongo aberto - *céu, réu, dói* (verbo **doer**)

5. **Hiatos**
Acentuam-se o **i** e o **u** tônicos quando formam hiato com a vogal anterior, desde que estejam sozinhos na sílaba ou acompanhados da letra **s**. Esses hiatos podem estar no interior ou no final da palavra. Exemplos: *saída, egoísmo, saúde, baú, Jundiaí.*

Atenção
As paroxítonas terminadas em **n** são acentuadas (*hífen*), mas as que terminam em **ens** não são acentuadas (*hifens, polens, liquens*).

Atenção
Não se acentua o **i** tônico dos hiatos se ele for seguido de **nh** (*moinho, rainha*) e não se acentua o **u** tônico se antes dele houver um ditongo (*feiura*).

Modelos de conjugação verbal e conjugação de alguns verbos irregulares

Agir

Como **agir**, conjugam-se **interagir** e **reagir**.

INDICATIVO

Presente	Pretérito imperfeito	Pretérito perfeito
ajo	agia	agi
ages	agias	agiste
age	agia	agiu
agimos	agíamos	agimos
agis	agíeis	agistes
agem	agiam	agiram

Pretérito mais-que-perfeito

simples	composto
agira	tinha (havia) agido
agiras	tinhas (havias) agido
agira	tinha (havia) agido
agíramos	tínhamos (havíamos) agido
agíreis	tínheis (havíeis) agido
agiram	tinham (haviam) agido

Futuro do presente	Futuro do pretérito
agirei	agiria
agirás	agirias
agirá	agiria
agiremos	agiríamos
agireis	agiríeis
agirão	agiriam

SUBJUNTIVO

Presente (que...)	Pretérito imperfeito (se...)	Futuro (quando...)
aja	agisse	agir
ajas	agisses	agires
aja	agisse	agir
ajamos	agíssemos	agirmos
ajais	agísseis	agirdes
ajam	agissem	agirem

IMPERATIVO

afirmativo	negativo
—	—
age (tu)	não ajas (tu)
aja (você)	não aja (você)
ajamos (nós)	não ajamos (nós)
agi (vós)	não ajais (vós)
ajam (vocês)	não ajam (vocês)

FORMAS NOMINAIS

Gerúndio: agindo
Particípio: agido
Infinitivo impessoal: agir
Infinitivo pessoal: agir (eu), agires (tu), agir (ele), agirmos (nós), agirdes (vós), agirem (eles)

Agredir

Como **agredir**, conjugam-se **progredir**, **regredir**, **transgredir**.

INDICATIVO

Presente	Pretérito imperfeito	Pretérito perfeito
agrido	agredia	agredi
agrides	agredias	agrediste
agride	agredia	agrediu
agredimos	agredíamos	agredimos
agredis	agredíeis	agredistes
agridem	agrediam	agrediram

Pretérito mais-que-perfeito

simples	composto
agredira	tinha (havia) agredido
agrediras	tinhas (havias) agredido
agredira	tinha (havia) agredido
agredíramos	tínhamos (havíamos) agredido
agredíreis	tínheis (havíeis) agredido
agrediram	tinham (haviam) agredido

Futuro do presente	Futuro do pretérito
agredirei	agrediria
agredirás	agredirias
agredirá	agrediria
agrediremos	agrediríamos
agredireis	agrediríeis
agredirão	agrediriam

SUBJUNTIVO

Presente (que...)	Pretérito imperfeito (se...)	Futuro (quando...)
agrida	agredisse	agredir
agridas	agredisses	agredires
agrida	agredisse	agredir
agridamos	agredíssemos	agredirmos
agridais	agredísseis	agredirdes
agridam	agredissem	agredirem

IMPERATIVO

afirmativo	negativo
—	—
agride (tu)	não agridas (tu)
agrida (você)	não agrida (você)
agridamos (nós)	não agridamos (nós)
agredi (vós)	não agridais (vós)
agridam (vocês)	não agridam (vocês)

FORMAS NOMINAIS

Gerúndio: agredindo
Particípio: agredido
Infinitivo impessoal: agredir
Infinitivo pessoal: agredir (eu), agredires (tu), agredir (ele), agredirmos (nós), agredirdes (vós), agredirem (eles)

Aguar

Como **aguar**, conjugam-se **desaguar**, **enxaguar**, **minguar**.

INDICATIVO

Presente	Pretérito imperfeito	Pretérito perfeito
águo	aguava	aguei
águas	aguavas	aguaste
água	aguava	aguou
aguamos	aguávamos	aguamos
aguais	aguáveis	aguastes
águam	aguavam	aguaram

Pretérito mais-que-perfeito

simples	composto
aguara	tinha (havia) aguado
aguaras	tinhas (havias) aguado
aguara	tinha (havia) aguado
aguáramos	tínhamos (havíamos) aguado
aguáreis	tínheis (havíeis) aguado
aguaram	tinham (haviam) aguado

Futuro do presente	Futuro do pretérito
aguarei	aguaria
aguarás	aguarias
aguará	aguaria
aguaremos	aguaríamos
aguareis	aguaríeis
aguarão	aguariam

SUBJUNTIVO

Presente (que...)	Pretérito imperfeito (se...)	Futuro (quando...)
água	aguasse	aguar
águes	aguasses	aguares
água	aguasse	aguar
aguemos	aguássemos	aguarmos
agueis	aguásseis	aguardes
águem	aguassem	aguarem

IMPERATIVO

afirmativo	negativo
—	—
água (tu)	não águes (tu)
águe (você)	não águe (você)
aguemos (nós)	não aguemos (nós)
aguai (vós)	não agueis (vós)
águem (vocês)	não águem (vocês)

FORMAS NOMINAIS

Gerúndio: aguando
Particípio: aguado
Infinitivo impessoal: aguar
Infinitivo pessoal: aguar (eu), aguares (tu), aguar (ele), aguarmos (nós), aguardes (vós), aguarem (eles)

Caber

INDICATIVO

Presente	Pretérito imperfeito	Pretérito perfeito
caibo	cabia	coube
cabes	cabias	coubeste
cabe	cabia	coube
cabemos	cabíamos	coubemos
cabeis	cabíeis	coubestes
cabem	cabiam	couberam

Pretérito mais-que-perfeito

simples	composto
coubera	tinha (havia) cabido
couberas	tinhas (havias) cabido
coubera	tinha (havia) cabido
coubéramos	tínhamos (havíamos) cabido
coubéreis	tínheis (havíeis) cabido
couberam	tinham (haviam) cabido

Futuro do presente	Futuro do pretérito
caberei	caberia
caberás	caberias
caberá	caberia
caberemos	caberíamos
cabereis	caberíeis
caberão	caberiam

SUBJUNTIVO

Presente (que...)	Pretérito imperfeito (se...)	Futuro (quando...)
caiba	coubesse	couber
caibas	coubesses	couberes
caiba	coubesse	couber
caibamos	coubéssemos	coubermos
caibais	coubésseis	couberdes
caibam	coubessem	couberem

IMPERATIVO

afirmativo	negativo
—	—
cabe (tu)	não caibas (tu)
caiba (você)	não caiba (você)
caibamos (nós)	não caibamos (nós)
cabei (vós)	não caibais (vós)
caibam (vocês)	não caibam (vocês)

FORMAS NOMINAIS

Gerúndio: cabendo
Particípio: cabido
Infinitivo impessoal: caber
Infinitivo pessoal: caber (eu), caberes (tu), caber (ele), cabermos (nós), caberdes (vós), caberem (eles)

Cantar

Este verbo pode servir de modelo para os verbos regulares da 1ª conjugação.

INDICATIVO

Presente	Pretérito imperfeito	Pretérito perfeito
canto	cantava	cantei
cantas	cantavas	cantaste
canta	cantava	cantou
cantamos	cantávamos	cantamos
cantais	cantáveis	cantastes
cantam	cantavam	cantaram

Pretérito mais-que-perfeito

simples	composto
cantara	tinha (havia) cantado
cantaras	tinhas (havias) cantado
cantara	tinha (havia) cantado
cantáramos	tínhamos (havíamos) cantado
cantáreis	tínheis (havíeis) cantado
cantaram	tinham (haviam) cantado

Futuro do presente	Futuro do pretérito
cantarei	cantaria
cantarás	cantarias
cantará	cantaria
cantaremos	cantaríamos
cantareis	cantaríeis
cantarão	cantariam

SUBJUNTIVO

Presente (que...)	Pretérito imperfeito (se...)	Futuro (quando...)
cante	cantasse	cantar
cantes	cantasses	cantares
cante	cantasse	cantar
cantemos	cantássemos	cantarmos
canteis	cantásseis	cantardes
cantem	cantassem	cantarem

IMPERATIVO

afirmativo	negativo
—	—
canta (tu)	não cantes (tu)
cante (você)	não cante (você)
cantemos (nós)	não cantemos (nós)
cantai (vós)	não canteis (vós)
cantem (vocês)	não cantem (vocês)

FORMAS NOMINAIS

Gerúndio: cantando
Participio: cantado
Infinitivo impessoal: cantar
Infinitivo pessoal: cantar (eu), cantares (tu), cantar (ele), cantarmos (nós), cantardes (vós), cantarem (eles)

Conduzir

Como **conduzir**, conjugam-se **deduzir**, **introduzir**, **produzir**, **reduzir**, **seduzir**, **traduzir**, entre outros.

INDICATIVO

Presente	Pretérito imperfeito	Pretérito perfeito
conduzo	conduzia	conduzi
conduzes	conduzias	conduziste
conduz	conduzia	conduziu
conduzimos	conduzíamos	conduzimos
conduzis	conduzíeis	conduzistes
conduzem	conduziam	conduziram

Pretérito mais-que-perfeito

simples	composto
conduzira	tinha (havia) conduzido
conduziras	tinhas (havias) conduzido
conduzira	tinha (havia) conduzido
conduzíramos	tínhamos (havíamos) conduzido
conduzíreis	tínheis (havíeis) conduzido
conduziram	tinham (haviam) conduzido

Futuro do presente	Futuro do pretérito
conduzirei	conduziria
conduzirás	conduzirias
conduzirá	conduziria
conduziremos	conduziríamos
conduzireis	conduziríeis
conduzirão	conduziriam

SUBJUNTIVO

Presente (que...)	Pretérito imperfeito (se...)	Futuro (quando...)
conduza	conduzisse	conduzir
conduzas	conduzisses	conduzires
conduza	conduzisse	conduzir
conduzamos	conduzíssemos	conduzirmos
conduzais	conduzísseis	conduzirdes
conduzam	conduzissem	conduzirem

IMPERATIVO

afirmativo	negativo
—	—
conduz / conduze (tu)*	não conduzas (tu)
conduza (você)	não conduza (você)
conduzamos (nós)	não conduzamos (nós)
conduzi (vós)	não conduzais (vós)
conduzam (vocês)	não conduzam (vocês)

FORMAS NOMINAIS

Gerúndio: conduzindo
Particípio: conduzido
Infinitivo impessoal: conduzir
Infinitivo pessoal: conduzir (eu), conduzires (tu), conduzir (ele), conduzirmos (nós), conduzirdes (vós), conduzirem (eles)

* A forma **conduz** é mais usual.

Construir

Como **construir**, conjugam-se **destruir** e **reconstruir**.

INDICATIVO

Presente	Pretérito imperfeito	Pretérito perfeito
construo	construía	construí
constróis	construías	construíste
constrói	construía	construiu
construímos	construíamos	construímos
construís	construíeis	construístes
constroem	construíam	construíram

Pretérito mais-que-perfeito

simples	composto
construíra	tinha (havia) construído
construíras	tinhas (havias) construído
construíra	tinha (havia) construído
construíramos	tínhamos (havíamos) construído
construíreis	tínheis (havíeis) construído
construíram	tinham (haviam) construído

Futuro do presente	Futuro do pretérito
construirei	construiria
construirás	construirias
construirá	construiria
construiremos	construiríamos
construireis	construiríeis
construirão	construiriam

SUBJUNTIVO

Presente (que...)	Pretérito imperfeito (se...)	Futuro (quando...)
construa	construísse	construir
construas	construísses	construíres
construa	construísse	construir
construamos	construíssemos	construirmos
construais	construísseis	construirdes
construam	construíssem	construírem

IMPERATIVO

afirmativo	negativo
—	—
constrói (tu)	não construas (tu)
construa (você)	não construa (você)
construamos (nós)	não construamos (nós)
construí (vós)	não construais (vós)
construam (vocês)	não construam (vocês)

FORMAS NOMINAIS

Gerúndio: construindo
Particípio: construído
Infinitivo impessoal: construir
Infinitivo pessoal: construir (eu), construíres (tu), construir (ele), construirmos (nós), construirdes (vós), construírem (eles)

Crer

Como **crer**, conjuga-se **descrer**.

INDICATIVO

Presente	Pretérito imperfeito	Pretérito perfeito
creio	cria	cri
crês	crias	creste
crê	cria	creu
cremos	críamos	cremos
credes	críeis	crestes
creem	criam	creram

Pretérito mais-que-perfeito

simples	composto
crera	tinha (havia) crido
creras	tinhas (havias) crido
crera	tinha (havia) crido
crêramos	tínhamos (havíamos) crido
crêreis	tínheis (havíeis) crido
creram	tinham (haviam) crido

Futuro do presente	Futuro do pretérito
crerei	creria
crerás	crerias
crerá	creria
creremos	creríamos
crereis	creríeis
crerão	creriam

SUBJUNTIVO

Presente (que...)	Pretérito imperfeito (se...)	Futuro (quando...)
creia	cresse	crer
creias	cresses	creres
creia	cresse	crer
creiamos	crêssemos	crermos
creiais	crêsseis	crerdes
creiam	cressem	crerem

IMPERATIVO

afirmativo	negativo
—	—
crê (tu)	não creias (tu)
creia (você)	não creia (você)
creiamos (nós)	não creiamos (nós)
crede (vós)	não creiais (vós)
creiam (vocês)	não creiam (vocês)

FORMAS NOMINAIS

Gerúndio: crendo
Particípio: crido
Infinitivo impessoal: crer
Infinitivo pessoal: crer (eu), creres (tu), crer (ele), crermos (nós), crerdes (vós), crerem (eles)

Criar

Como **criar**, conjugam-se quase todos os verbos terminados em -**iar**, como **adiar**, **ampliar**, **anunciar**, **iniciar**, **resfriar**, entre outros. São exceções os verbos que seguem **odiar** (página 403).

INDICATIVO

Presente	Pretérito imperfeito	Pretérito perfeito
crio	criava	criei
crias	criavas	criaste
cria	criava	criou
criamos	criávamos	criamos
criais	criáveis	criastes
criam	criavam	criaram

Pretérito mais-que-perfeito

simples	composto
criara	tinha (havia) criado
criaras	tinhas (havias) criado
criara	tinha (havia) criado
criáramos	tínhamos (havíamos) criado
criáreis	tínheis (havíeis) criado
criaram	tinham (haviam) criado

Futuro do presente	Futuro do pretérito
criarei	criaria
criarás	criarias
criará	criaria
criaremos	criaríamos
criareis	criaríeis
criarão	criariam

SUBJUNTIVO

Presente (que...)	Pretérito imperfeito (se...)	Futuro (quando...)
crie	criasse	criar
cries	criasses	criares
crie	criasse	criar
criemos	criássemos	criarmos
crieis	criásseis	criardes
criem	criassem	criarem

IMPERATIVO

afirmativo	negativo
—	—
cria (tu)	não cries (tu)
crie (você)	não crie (você)
criemos (nós)	não criemos (nós)
criai (vós)	não crieis (vós)
criem (vocês)	não criem (vocês)

FORMAS NOMINAIS

Gerúndio: criando
Participio: criado
Infinitivo impessoal: criar
Infinitivo pessoal: criar (eu), criares (tu), criar (ele), criarmos (nós), criardes (vós), criarem (eles)

Dar

INDICATIVO

Presente	Pretérito imperfeito	Pretérito perfeito
dou	dava	dei
dás	davas	deste
dá	dava	deu
damos	dávamos	demos
dais	dáveis	destes
dão	davam	deram

Pretérito mais-que-perfeito

simples	composto
dera	tinha (havia) dado
deras	tinhas (havias) dado
dera	tinha (havia) dado
déramos	tínhamos (havíamos) dado
déreis	tínheis (havíeis) dado
deram	tinham (haviam) dado

Futuro do presente	Futuro do pretérito
darei	daria
darás	darias
dará	daria
daremos	daríamos
dareis	daríeis
darão	dariam

SUBJUNTIVO

Presente (que...)	Pretérito imperfeito (se...)	Futuro (quando...)
dê	desse	der
dês	desses	deres
dê	desse	der
demos	déssemos	dermos
deis	désseis	derdes
deem	dessem	derem

IMPERATIVO

afirmativo	negativo
—	—
dá (tu)	não dês (tu)
dê (você)	não dê (você)
demos (nós)	não demos (nós)
dai (vós)	não deis (vós)
deem (vocês)	não deem (vocês)

FORMAS NOMINAIS

Gerúndio: dando
Particípio: dado
Infinitivo impessoal: dar
Infinitivo pessoal: dar (eu), dares (tu), dar (ele), darmos (nós), dardes (vós), darem (eles)

Dizer

Como **dizer**, conjugam-se **contradizer**, **desdizer**, entre outros.

INDICATIVO

Presente	Pretérito imperfeito	Pretérito perfeito
digo	dizia	disse
dizes	dizias	disseste
diz	dizia	disse
dizemos	dizíamos	dissemos
dizeis	dizíeis	dissestes
dizem	diziam	disseram

Pretérito mais-que-perfeito

simples	composto
dissera	tinha (havia) dito
disseras	tinhas (havias) dito
dissera	tinha (havia) dito
disséramos	tínhamos (havíamos) dito
disséreis	tínheis (havíeis) dito
disseram	tinham (haviam) dito

Futuro do presente	Futuro do pretérito
direi	diria
dirás	dirias
dirá	diria
diremos	diríamos
direis	diríeis
dirão	diriam

SUBJUNTIVO

Presente (que...)	Pretérito imperfeito (se...)	Futuro (quando...)
diga	dissesse	disser
digas	dissesses	disseres
diga	dissesse	disser
digamos	disséssemos	dissermos
digais	dissésseis	disserdes
digam	dissessem	disserem

IMPERATIVO

afirmativo	negativo
—	—
diz / dize (tu)*	não digas (tu)
diga (você)	não diga (você)
digamos (nós)	não digamos (nós)
dizei (vós)	não digais (vós)
digam (vocês)	não digam (vocês)

FORMAS NOMINAIS

Gerúndio: dizendo
Particípio: dito
Infinitivo impessoal: dizer
Infinitivo pessoal: dizer (eu), dizeres (tu), dizer (ele), dizermos (nós), dizerdes (vós), dizerem (eles)

* A forma **diz** é mais usual.

Estar

INDICATIVO

Presente	Pretérito imperfeito	Pretérito perfeito
estou	estava	estive
estás	estavas	estiveste
está	estava	esteve
estamos	estávamos	estivemos
estais	estáveis	estivestes
estão	estavam	estiveram

Pretérito mais-que-perfeito

simples	composto
estivera	tinha (havia) estado
estiveras	tinhas (havias) estado
estivera	tinha (havia) estado
estivéramos	tínhamos (havíamos) estado
estivéreis	tínheis (havíeis) estado
estiveram	tinham (haviam) estado

Futuro do presente	Futuro do pretérito
estarei	estaria
estarás	estarias
estará	estaria
estaremos	estaríamos
estareis	estaríeis
estarão	estariam

SUBJUNTIVO

Presente (que...)	Pretérito imperfeito (se...)	Futuro (quando...)
esteja	estivesse	estiver
estejas	estivesses	estiveres
esteja	estivesse	estiver
estejamos	estivéssemos	estivermos
estejais	estivésseis	estiverdes
estejam	estivessem	estiverem

IMPERATIVO

afirmativo	negativo
—	—
está (tu)	não estejas (tu)
esteja (você)	não esteja (você)
estejamos (nós)	não estejamos (nós)
estai (vós)	não estejais (vós)
estejam (vocês)	não estejam (vocês)

FORMAS NOMINAIS

Gerúndio: estando
Particípio: estado
Infinitivo impessoal: estar
Infinitivo pessoal: estar (eu), estares (tu), estar (ele), estarmos (nós), estardes (vós), estarem (eles)

Fazer

Como **fazer**, conjugam-se **desfazer**, **refazer**, **perfazer**, entre outros.

INDICATIVO

Presente	Pretérito imperfeito	Pretérito perfeito
faço	fazia	fiz
fazes	fazias	fizeste
faz	fazia	fez
fazemos	fazíamos	fizemos
fazeis	fazíeis	fizestes
fazem	faziam	fizeram

Pretérito mais-que-perfeito

simples	composto
fizera	tinha (havia) feito
fizeras	tinhas (havias) feito
fizera	tinha (havia) feito
fizéramos	tínhamos (havíamos) feito
fizéreis	tínheis (havíeis) feito
fizeram	tinham (haviam) feito

Futuro do presente	Futuro do pretérito
farei	faria
farás	farias
fará	faria
faremos	faríamos
fareis	faríeis
farão	fariam

SUBJUNTIVO

Presente (que...)	Pretérito imperfeito (se...)	Futuro (quando...)
faça	fizesse	fizer
faças	fizesses	fizeres
faça	fizesse	fizer
façamos	fizéssemos	fizermos
façais	fizésseis	fizerdes
façam	fizessem	fizerem

IMPERATIVO

afirmativo	negativo
—	—
faz / faze (tu)*	não faças (tu)
faça (você)	não faça (você)
façamos (nós)	não façamos (nós)
fazei (vós)	não façais (vós)
façam (vocês)	não façam (vocês)

FORMAS NOMINAIS

Gerúndio: fazendo
Particípio: feito
Infinitivo impessoal: fazer
Infinitivo pessoal: fazer (eu), fazeres (tu), fazer (ele), fazermos (nós), fazerdes (vós), fazerem (eles)

* A forma **faz** é mais usual.

Ferir

Como **ferir**, conjugam-se **conferir**, **desferir**, **interferir**, **preferir**, **referir**, **sugerir**, entre outros.

INDICATIVO

Presente	Pretérito imperfeito	Pretérito perfeito
firo	feria	feri
feres	ferias	feriste
fere	feria	feriu
ferimos	feríamos	ferimos
feris	feríeis	feristes
ferem	feriam	feriram

Pretérito mais-que-perfeito

simples	composto
ferira	tinha (havia) ferido
feriras	tinhas (havias) ferido
ferira	tinha (havia) ferido
feríramos	tínhamos (havíamos) ferido
feríreis	tínheis (havíeis) ferido
feriram	tinham (haviam) ferido

Futuro do presente	Futuro do pretérito
ferirei	feriria
ferirás	feririas
ferirá	feriria
feriremos	feriríamos
ferireis	feriríeis
ferirão	feririam

SUBJUNTIVO

Presente (que...)	Pretérito imperfeito (se...)	Futuro (quando...)
fira	ferisse	ferir
firas	ferisses	ferires
fira	ferisse	ferir
firamos	feríssemos	ferirmos
firais	ferísseis	ferirdes
firam	ferissem	ferirem

IMPERATIVO

afirmativo	negativo
—	—
fere (tu)	não firas (tu)
fira (você)	não fira (você)
firamos (nós)	não firamos (nós)
feri (vós)	não firais (vós)
firam (vocês)	não firam (vocês)

FORMAS NOMINAIS

Gerúndio: ferindo
Particípio: ferido
Infinitivo impessoal: ferir
Infinitivo pessoal: ferir (eu), ferires (tu), ferir (ele), ferirmos (nós), ferirdes (vós), ferirem (eles)

Haver

INDICATIVO

Presente	Pretérito imperfeito	Pretérito perfeito
hei	havia	houve
hás	havias	houveste
há	havia	houve
havemos	havíamos	houvemos
haveis	havíeis	houvestes
hão	haviam	houveram

Pretérito mais-que-perfeito	
simples	**composto**
houvera	tinha havido
houveras	tinhas havido
houvera	tinha havido
houvéramos	tínhamos havido
houvéreis	tínheis havido
houveram	tinham havido

Futuro do presente	Futuro do pretérito
haverei	haveria
haverás	haverias
haverá	haveria
haveremos	haveríamos
havereis	haveríeis
haverão	haveriam

SUBJUNTIVO

Presente (que...)	Pretérito imperfeito (se...)	Futuro (quando...)
haja	houvesse	houver
hajas	houvesses	houveres
haja	houvesse	houver
hajamos	houvéssemos	houvermos
hajais	houvésseis	houverdes
hajam	houvessem	houverem

IMPERATIVO

afirmativo	negativo
—	—
há (tu)	não hajas (tu)
haja (você)	não haja (você)
hajamos (nós)	não hajamos (nós)
havei (vós)	não hajais (vós)
hajam (vocês)	não hajam (vocês)

FORMAS NOMINAIS

Gerúndio: havendo
Particípio: havido
Infinitivo impessoal: haver
Infinitivo pessoal: haver (eu), haveres (tu), haver (ele), havermos (nós), haverdes (vós), haverem (eles)

Ir

INDICATIVO

Presente	Pretérito imperfeito	Pretérito perfeito
vou	ia	fui
vais	ias	foste
vai	ia	foi
vamos	íamos	fomos
ides	íeis	fostes
vão	iam	foram

Pretérito mais-que-perfeito	
simples	**composto**
fora	tinha (havia) ido
foras	tinhas (havias) ido
fora	tinha (havia) ido
fôramos	tínhamos (havíamos) ido
fôreis	tínheis (havíeis) ido
foram	tinham (haviam) ido

Futuro do presente	Futuro do pretérito
irei	iria
irás	irias
irá	iria
iremos	iríamos
ireis	iríeis
irão	iriam

SUBJUNTIVO

Presente (que...)	Pretérito imperfeito (se...)	Futuro (quando...)
vá	fosse	for
vás	fosses	fores
vá	fosse	for
vamos	fôssemos	formos
vades	fôsseis	fordes
vão	fossem	forem

IMPERATIVO

afirmativo	negativo
—	—
vai (tu)	não vás (tu)
vá (você)	não vá (você)
vamos (nós)	não vamos (nós)
ide (vós)	não vades (vós)
vão (vocês)	não vão (vocês)

FORMAS NOMINAIS

Gerúndio: indo
Particípio: ido
Infinitivo impessoal: ir
Infinitivo pessoal: ir (eu), ires (tu), ir (ele), irmos (nós), irdes (vós), irem (eles)

Ler

Como **ler**, conjuga-se **reler**.

INDICATIVO

Presente	Pretérito imperfeito	Pretérito perfeito
leio	lia	li
lês	lias	leste
lê	lia	leu
lemos	líamos	lemos
ledes	líeis	lestes
leem	liam	leram

Pretérito mais-que-perfeito

simples	composto
lera	tinha (havia) lido
leras	tinhas (havias) lido
lera	tinha (havia) lido
lêramos	tínhamos (havíamos) lido
lêreis	tínheis (havíeis) lido
leram	tinham (haviam) lido

Futuro do presente	Futuro do pretérito
lerei	leria
lerás	lerias
lerá	leria
leremos	leríamos
lereis	leríeis
lerão	leriam

SUBJUNTIVO

Presente (que...)	Pretérito imperfeito (se...)	Futuro (quando...)
leia	lesse	ler
leias	lesses	leres
leia	lesse	ler
leiamos	lêssemos	lermos
leiais	lêsseis	lerdes
leiam	lessem	lerem

IMPERATIVO

afirmativo	negativo
—	—
lê (tu)	não leias (tu)
leia (você)	não leia (você)
leiamos (nós)	não leiamos (nós)
lede (vós)	não leiais (vós)
leiam (vocês)	não leiam (vocês)

FORMAS NOMINAIS

Gerúndio: lendo
Particípio: lido
Infinitivo impessoal: ler
Infinitivo pessoal: ler (eu), leres (tu), ler (ele), lermos (nós), lerdes (vós), lerem (eles)

Odiar

Como **odiar**, conjugam-se **ansiar**, **incendiar**, **intermediar**, **mediar** e **remediar**. Os outros verbos terminados em **-iar** seguem a conjugação de **criar** (página 399).

INDICATIVO

Presente	Pretérito imperfeito	Pretérito perfeito
odeio	odiava	odiei
odeias	odiavas	odiaste
odeia	odiava	odiou
odiamos	odiávamos	odiamos
odiais	odiáveis	odiastes
odeiam	odiavam	odiaram

Pretérito mais-que-perfeito

simples	composto
odiara	tinha (havia) odiado
odiaras	tinhas (havias) odiado
odiara	tinha (havia) odiado
odiáramos	tínhamos (havíamos) odiado
odiáreis	tínheis (havíeis) odiado
odiaram	tinham (haviam) odiado

Futuro do presente	Futuro do pretérito
odiarei	odiaria
odiarás	odiarias
odiará	odiaria
odiaremos	odiaríamos
odiareis	odiaríeis
odiarão	odiariam

SUBJUNTIVO

Presente (que...)	Pretérito imperfeito (se...)	Futuro (quando...)
odeie	odiasse	odiar
odeies	odiasses	odiares
odeie	odiasse	odiar
odiemos	odiássemos	odiarmos
odieis	odiásseis	odiardes
odeiem	odiassem	odiarem

IMPERATIVO

afirmativo	negativo
—	—
odeia (tu)	não odeies (tu)
odeie (você)	não odeie (você)
odiemos (nós)	não odiemos (nós)
odiai (vós)	não odieis (vós)
odeiem (vocês)	não odeiem (vocês)

FORMAS NOMINAIS

Gerúndio: odiando
Particípio: odiado
Infinitivo impessoal: odiar
Infinitivo pessoal: odiar (eu), odiares (tu), odiar (ele), odiarmos (nós), odiardes (vós), odiarem (eles)

Partir

Este verbo pode servir de modelo para os verbos regulares da 3ª conjugação.

INDICATIVO

Presente	Pretérito imperfeito	Pretérito perfeito
parto	partia	parti
partes	partias	partiste
parte	partia	partiu
partimos	partíamos	partimos
partis	partíeis	partistes
partem	partiam	partiram

Pretérito mais-que-perfeito

simples	composto
partira	tinha (havia) partido
partiras	tinhas (havias) partido
partira	tinha (havia) partido
partíramos	tínhamos (havíamos) partido
partíreis	tínheis (havíeis) partido
partiram	tinham (haviam) partido

Futuro do presente	Futuro do pretérito
partirei	partiria
partirás	partirias
partirá	partiria
partiremos	partiríamos
partireis	partiríeis
partirão	partiriam

SUBJUNTIVO

Presente (que...)	Pretérito imperfeito (se...)	Futuro (quando...)
parta	partisse	partir
partas	partisses	partires
parta	partisse	partir
partamos	partíssemos	partirmos
partais	partísseis	partirdes
partam	partissem	partirem

IMPERATIVO

afirmativo	negativo
—	—
parte (tu)	não partas (tu)
parta (você)	não parta (você)
partamos (nós)	não partamos (nós)
parti (vós)	não partais (vós)
partam (vocês)	não partam (vocês)

FORMAS NOMINAIS

Gerúndio: partindo
Particípio: partido
Infinitivo impessoal: partir
Infinitivo pessoal: partir (eu), partires (tu), partir (ele), partirmos (nós), partirdes (vós), partirem (eles)

Passear

Como **passear**, conjugam-se os verbos terminados em -**ear**, como **bobear**, **branquear**, **bronzear**, **cear**, **chatear**, **encadear**, **folhear**, **golpear**, **massagear**, **pentear**, **recear**, entre outros.

INDICATIVO

Presente	Pretérito imperfeito	Pretérito perfeito
passeio	passeava	passeei
passeias	passeavas	passeaste
passeia	passeava	passeou
passeamos	passeávamos	passeamos
passeais	passeáveis	passeastes
passeiam	passeavam	passearam

Pretérito mais-que-perfeito

simples	composto
passeara	tinha (havia) passeado
passearas	tinhas (havias) passeado
passeara	tinha (havia) passeado
passeáramos	tínhamos (havíamos) passeado
passeáreis	tínheis (havíeis) passeado
passearam	tinham (haviam) passeado

Futuro do presente	Futuro do pretérito
passearei	passearia
passearás	passearias
passeará	passearia
passearemos	passearíamos
passeareis	passearíeis
passearão	passeariam

SUBJUNTIVO

Presente (que...)	Pretérito imperfeito (se...)	Futuro (quando...)
passeie	passeasse	passear
passeies	passeasses	passeares
passeie	passeasse	passear
passeemos	passeássemos	passearmos
passeeis	passeásseis	passeardes
passeiem	passeassem	passearem

IMPERATIVO

afirmativo	negativo
—	—
passeia (tu)	não passeies (tu)
passeie (você)	não passeie (você)
passeemos (nós)	não passeemos (nós)
passeai (vós)	não passeeis (vós)
passeiem (vocês)	não passeiem (vocês)

FORMAS NOMINAIS

Gerúndio: passeando
Particípio: passeado
Infinitivo impessoal: passear
Infinitivo pessoal: passear (eu), passeares (tu), passear (ele), passearmos (nós), passeardes (vós), passearem (eles)

Pedir

Como **pedir**, conjugam-se **despedir**, **impedir**, **medir**, entre outros.

INDICATIVO

Presente	Pretérito imperfeito	Pretérito perfeito
peço	pedia	pedi
pedes	pedias	pediste
pede	pedia	pediu
pedimos	pedíamos	pedimos
pedis	pedíeis	pedistes
pedem	pediam	pediram

Pretérito mais-que-perfeito

simples	composto
pedira	tinha (havia) pedido
pediras	tinhas (havias) pedido
pedira	tinha (havia) pedido
pedíramos	tínhamos (havíamos) pedido
pedíreis	tínheis (havíeis) pedido
pediram	tinham (haviam) pedido

Futuro do presente	Futuro do pretérito
pedirei	pediria
pedirás	pedirias
pedirá	pediria
pediremos	pediríamos
pedireis	pediríeis
pedirão	pediriam

SUBJUNTIVO

Presente (que...)	Pretérito imperfeito (se...)	Futuro (quando...)
peça	pedisse	pedir
peças	pedisses	pedires
peça	pedisse	pedir
peçamos	pedíssemos	pedirmos
peçais	pedísseis	pedirdes
peçam	pedissem	pedirem

IMPERATIVO

afirmativo	negativo
—	—
pede (tu)	não peças (tu)
peça (você)	não peça (você)
peçamos (nós)	não peçamos (nós)
pedi (vós)	não peçais (vós)
peçam (vocês)	não peçam (vocês)

FORMAS NOMINAIS

Gerúndio: pedindo
Participio: pedido
Infinitivo impessoal: pedir
Infinitivo pessoal: pedir (eu), pedires (tu), pedir (ele), pedirmos (nós), pedirdes (vós), pedirem (eles)

Poder

INDICATIVO

Presente	Pretérito imperfeito	Pretérito perfeito
posso	podia	pude
podes	podias	pudeste
pode	podia	pôde
podemos	podíamos	pudemos
podeis	podíeis	pudestes
podem	podiam	puderam

Pretérito mais-que-perfeito

simples	composto
pudera	tinha (havia) podido
puderas	tinhas (havias) podido
pudera	tinha (havia) podido
pudéramos	tínhamos (havíamos) podido
pudéreis	tínheis (havíeis) podido
puderam	tinham (haviam) podido

Futuro do presente	Futuro do pretérito
poderei	poderia
poderás	poderias
poderá	poderia
poderemos	poderíamos
podereis	poderíeis
poderão	poderiam

SUBJUNTIVO

Presente (que...)	Pretérito imperfeito (se...)	Futuro (quando...)
possa	pudesse	puder
possas	pudesses	puderes
possa	pudesse	puder
possamos	pudéssemos	pudermos
possais	pudésseis	puderdes
possam	pudessem	puderem

IMPERATIVO

afirmativo	negativo
—	—
pode (tu)	não possas (tu)
possa (você)	não possa (você)
possamos (nós)	não possamos (nós)
podei (vós)	não possais (vós)
possam (vocês)	não possam (vocês)

FORMAS NOMINAIS

Gerúndio: podendo
Particípio: podido
Infinitivo impessoal: poder
Infinitivo pessoal: poder (eu), poderes (tu), poder (ele), podermos (nós), poderdes (vós), poderem (eles)

Pôr

Como **pôr**, conjugam-se os verbos terminados em **-por**, como **compor**, **depor**, **dispor**, **opor**, **propor**, **repor**, entre outros.

INDICATIVO

Presente	Pretérito imperfeito	Pretérito perfeito
ponho	punha	pus
pões	punhas	puseste
põe	punha	pôs
pomos	púnhamos	pusemos
pondes	púnheis	pusestes
põem	punham	puseram

Pretérito mais-que-perfeito

simples	composto
pusera	tinha (havia) posto
puseras	tinhas (havias) posto
pusera	tinha (havia) posto
puséramos	tínhamos (havíamos) posto
puséreis	tínheis (havíeis) posto
puseram	tinham (haviam) posto

Futuro do presente	Futuro do pretérito
porei	poria
porás	porias
porá	poria
poremos	poríamos
poreis	poríeis
porão	poriam

SUBJUNTIVO

Presente (que...)	Pretérito imperfeito (se...)	Futuro (quando...)
ponha	pusesse	puser
ponhas	pusesses	puseres
ponha	pusesse	puser
ponhamos	puséssemos	pusermos
ponhais	pusésseis	puserdes
ponham	pusessem	puserem

IMPERATIVO

afirmativo	negativo
—	—
põe (tu)	não ponhas (tu)
ponha (você)	não ponha (você)
ponhamos (nós)	não ponhamos (nós)
ponde (vós)	não ponhais (vós)
ponham (vocês)	não ponham (vocês)

FORMAS NOMINAIS

Gerúndio: pondo
Particípio: posto
Infinitivo impessoal: pôr
Infinitivo pessoal: pôr (eu), pores (tu), pôr (ele), pormos (nós), pordes (vós), porem (eles)

Possuir

Como **possuir**, conjugam-se **concluir**, **diminuir**, **distribuir**, **incluir**, **retribuir**, entre outros.

INDICATIVO

Presente	Pretérito imperfeito	Pretérito perfeito
possuo	possuía	possuí
possuis	possuías	possuíste
possui	possuía	possuiu
possuímos	possuíamos	possuímos
possuís	possuíeis	possuístes
possuem	possuíam	possuíram

Pretérito mais-que-perfeito

simples	composto
possuíra	tinha (havia) possuído
possuíras	tinhas (havias) possuído
possuíra	tinha (havia) possuído
possuíramos	tínhamos (havíamos) possuído
possuíreis	tínheis (havíeis) possuído
possuíram	tinham (haviam) possuído

Futuro do presente	Futuro do pretérito
possuirei	possuiria
possuirás	possuirias
possuirá	possuiria
possuiremos	possuiríamos
possuireis	possuiríeis
possuirão	possuiriam

SUBJUNTIVO

Presente (que...)	Pretérito imperfeito (se...)	Futuro (quando...)
possua	possuísse	possuir
possuas	possuísses	possuíres
possua	possuísse	possuir
possuamos	possuíssemos	possuirmos
possuais	possuísseis	possuirdes
possuam	possuíssem	possuírem

IMPERATIVO

afirmativo	negativo
—	—
possui (tu)	não possuas (tu)
possua (você)	não possua (você)
possuamos (nós)	não possuamos (nós)
possuí (vós)	não possuais (vós)
possuam (vocês)	não possuam (vocês)

FORMAS NOMINAIS

Gerúndio: possuindo
Particípio: possuído
Infinitivo impessoal: possuir
Infinitivo pessoal: possuir (eu), possuíres (tu), possuir (ele), possuirmos (nós), possuirdes (vós), possuírem (eles)

Precaver

Este verbo é mais usado na forma pronominal (**precaver-se**).

INDICATIVO

Presente	Pretérito imperfeito	Pretérito perfeito
—	precavia	precavi
—	precavias	precaveste
—	precavia	precaveu
precavemos	precavíamos	precavemos
precaveis	precavíeis	precavestes
—	precaviam	precaveram

Pretérito mais-que-perfeito

simples	composto
precavera	tinha (havia) precavido
precaveras	tinhas (havias) precavido
precavera	tinha (havia) precavido
precavêramos	tínhamos (havíamos) precavido
precavêreis	tínheis (havíeis) precavido
precaveram	tinham (haviam) precavido

Futuro do presente	Futuro do pretérito
precaverei	precaveria
precaverás	precaverias
precaverá	precaveria
precaveremos	precaveríamos
precavereis	precaveríeis
precaverão	precaveriam

SUBJUNTIVO

Presente (que...)	Pretérito imperfeito (se...)	Futuro (quando...)
—	precavesse	precaver
—	precavesses	precaveres
—	precavesse	precaver
—	precavêssemos	precavermos
—	precavêsseis	precaverdes
—	precavessem	precaverem

IMPERATIVO

afirmativo	negativo
—	—
—	—
—	—
—	—
precavei (vós)	—
—	—

FORMAS NOMINAIS

Gerúndio: precavendo
Particípio: precavido
Infinitivo impessoal: precaver
Infinitivo pessoal: precaver (eu), precaveres (tu), precaver (ele), precavermos (nós), precaverdes (vós), precaverem (eles)

Querer

INDICATIVO

Presente	Pretérito imperfeito	Pretérito perfeito
quero	queria	quis
queres	querias	quiseste
quer	queria	quis
queremos	queríamos	quisemos
quereis	queríeis	quisestes
querem	queriam	quiseram

Pretérito mais-que-perfeito

simples	composto
quisera	tinha (havia) querido
quiseras	tinhas (havias) querido
quisera	tinha (havia) querido
quiséramos	tínhamos (havíamos) querido
quiséreis	tínheis (havíeis) querido
quiseram	tinham (haviam) querido

Futuro do presente	Futuro do pretérito
quererei	quereria
quererás	quererias
quererá	quereria
quereremos	quereríamos
querereis	quereríeis
quererão	quereriam

SUBJUNTIVO

Presente (que...)	Pretérito imperfeito (se...)	Futuro (quando...)
queira	quisesse	quiser
queiras	quisesses	quiseres
queira	quisesse	quiser
queiramos	quiséssemos	quisermos
queirais	quisésseis	quiserdes
queiram	quisessem	quiserem

IMPERATIVO

afirmativo	negativo
—	—
quer / quere (tu)*	não queiras (tu)
queira (você)	não queira (você)
queiramos (nós)	não queiramos (nós)
querei (vós)	não queirais (vós)
queiram (vocês)	não queiram (vocês)

FORMAS NOMINAIS

Gerúndio: querendo
Particípio: querido
Infinitivo impessoal: querer
Infinitivo pessoal: querer (eu), quereres (tu), querer (ele), querermos (nós), quererdes (vós), quererem (eles)

* A forma **quer** é mais usual.

Reaver

Conjuga-se como o verbo **haver**, mas só se usa nas formas em que ocorre a letra **v**.

INDICATIVO

Presente	Pretérito imperfeito	Pretérito perfeito
—	reavia	reouve
—	reavias	reouveste
—	reavia	reouve
reavemos	reavíamos	reouvemos
reaveis	reavíeis	reouvestes
—	reaviam	reouveram

Pretérito mais-que-perfeito

simples	composto
reouvera	tinha (havia) reavido
reouveras	tinhas (havias) reavido
reouvera	tinha (havia) reavido
reouvéramos	tínhamos (havíamos) reavido
reouvéreis	tínheis (havíeis) reavido
reouveram	tinham (haviam) reavido

Futuro do presente	Futuro do pretérito
reaverei	reaveria
reaverás	reaverias
reaverá	reaveria
reaveremos	reaveríamos
reavereis	reaveríeis
reaverão	reaveriam

SUBJUNTIVO

Presente (que...)	Pretérito imperfeito (se...)	Futuro (quando...)
—	reouvesse	reouver
—	reouvesses	reouveres
—	reouvesse	reouver
—	reouvéssemos	reouvermos
—	reouvésseis	reouverdes
—	reouvessem	reouverem

IMPERATIVO

afirmativo	negativo
—	—
—	—
—	—
—	—
reavei (vós)	—
—	—

FORMAS NOMINAIS

Gerúndio: reavendo
Particípio: reavido
Infinitivo impessoal: reaver
Infinitivo pessoal: reaver (eu), reaveres (tu), reaver (ele), reavermos (nós), reaverdes (vós), reaverem (eles)

Requerer

INDICATIVO

Presente	Pretérito imperfeito	Pretérito perfeito
requeiro	requeria	requeri
requeres	requerias	requereste
requer / requere*	requeria	requereu
requeremos	requeríamos	requeremos
requereis	requeríeis	requerestes
requerem	requeriam	requereram

Pretérito mais-que-perfeito

simples	composto
requerera	tinha (havia) requerido
requereras	tinhas (havias) requerido
requerera	tinha (havia) requerido
requerêramos	tínhamos (havíamos) requerido
requerêreis	tínheis (havíeis) requerido
requereram	tinham (haviam) requerido

Futuro do presente	Futuro do pretérito
requererei	requereria
requererás	requererias
requererá	requereria
requereremos	requereríamos
requerereis	requereríeis
requererão	requereriam

* A forma **requer** é mais usual.

SUBJUNTIVO

Presente (que...)	Pretérito imperfeito (se...)	Futuro (quando...)
requeira	requeresse	requerer
requeiras	requeresses	requereres
requeira	requeresse	requerer
requeiramos	requerêssemos	requerermos
requeirais	requerêsseis	requererdes
requeiram	requeressem	requererem

IMPERATIVO

afirmativo	negativo
—	—
requer / requere (tu)*	não requeiras (tu)
requeira (você)	não requeira (você)
requeiramos (nós)	não requeiramos (nós)
requerei (vós)	não requeirais (vós)
requeiram (vocês)	não requeiram (vocês)

FORMAS NOMINAIS

Gerúndio: requerendo
Particípio: requerido
Infinitivo impessoal: requerer
Infinitivo pessoal: requerer (eu), requereres (tu), requerer (ele), requerermos (nós), requererdes (vós), requererem (eles)

* A forma **requer** é mais usual.

Rir

Como **rir**, conjuga-se **sorrir**.

INDICATIVO

Presente	Pretérito imperfeito	Pretérito perfeito
rio	ria	ri
ris	rias	riste
ri	ria	riu
rimos	ríamos	rimos
rides	ríeis	ristes
riem	riam	riram

Pretérito mais-que-perfeito

simples	composto
rira	tinha (havia) rido
riras	tinhas (havias) rido
rira	tinha (havia) rido
ríramos	tínhamos (havíamos) rido
ríreis	tínheis (havíeis) rido
riram	tinham (haviam) rido

Futuro do presente	Futuro do pretérito
rirei	riria
rirás	ririas
rirá	riria
riremos	riríamos
rireis	riríeis
rirão	ririam

SUBJUNTIVO

Presente (que...)	Pretérito imperfeito (se...)	Futuro (quando...)
ria	risse	rir
rias	risses	rires
ria	risse	rir
riamos	ríssemos	rirmos
riais	rísseis	rirdes
riam	rissem	rirem

IMPERATIVO

afirmativo	negativo
—	—
ri (tu)	não rias (tu)
ria (você)	não ria (você)
riamos (nós)	não riamos (nós)
ride (vós)	não riais (vós)
riam (vocês)	não riam (vocês)

FORMAS NOMINAIS

Gerúndio: rindo
Particípio: rido
Infinitivo impessoal: rir
Infinitivo pessoal: rir (eu), rires (tu), rir (ele), rirmos (nós), rirdes (vós), rirem (eles)

Saber

INDICATIVO

Presente	Pretérito imperfeito	Pretérito perfeito
sei	sabia	soube
sabes	sabias	soubeste
sabe	sabia	soube
sabemos	sabíamos	soubemos
sabeis	sabíeis	soubestes
sabem	sabiam	souberam

Pretérito mais-que-perfeito

simples	composto
soubera	tinha (havia) sabido
souberas	tinhas (havias) sabido
soubera	tinha (havia) sabido
soubéramos	tínhamos (havíamos) sabido
soubéreis	tínheis (havíeis) sabido
souberam	tinham (haviam) sabido

Futuro do presente	Futuro do pretérito
saberei	saberia
saberás	saberias
saberá	saberia
saberemos	saberíamos
sabereis	saberíeis
saberão	saberiam

SUBJUNTIVO

Presente (que...)	Pretérito imperfeito (se...)	Futuro (quando...)
saiba	soubesse	souber
saibas	soubesses	souberes
saiba	soubesse	souber
saibamos	soubéssemos	soubermos
saibais	soubésseis	souberdes
saibam	soubessem	souberem

IMPERATIVO

afirmativo	negativo
—	—
sabe (tu)	não saibas (tu)
saiba (você)	não saiba (você)
saibamos (nós)	não saibamos (nós)
sabei (vós)	não saibais (vós)
saibam (vocês)	não saibam (vocês)

FORMAS NOMINAIS

Gerúndio: sabendo
Particípio: sabido
Infinitivo impessoal: saber
Infinitivo pessoal: saber (eu), saberes (tu), saber (ele), sabermos (nós), saberdes (vós), saberem (eles)

Sair

Como **sair**, conjugam-se **atrair**, **cair**, **decair**, **distrair**, **extrair**, **sobressair**, **subtrair**, **trair**, entre outros.

INDICATIVO

Presente	Pretérito imperfeito	Pretérito perfeito
saio	saía	saí
sais	saías	saíste
sai	saía	saiu
saímos	saíamos	saímos
saís	saíeis	saístes
saem	saíam	saíram

Pretérito mais-que-perfeito

simples	composto
saíra	tinha (havia) saído
saíras	tinhas (havias) saído
saíra	tinha (havia) saído
saíramos	tínhamos (havíamos) saído
saíreis	tínheis (havíeis) saído
saíram	tinham (haviam) saído

Futuro do presente	Futuro do pretérito
sairei	sairia
sairás	sairias
sairá	sairia
sairemos	sairíamos
saireis	sairíeis
sairão	sairiam

SUBJUNTIVO

Presente (que...)	Pretérito imperfeito (se...)	Futuro (quando...)
saia	saísse	sair
saias	saísses	saíres
saia	saísse	sair
saiamos	saíssemos	sairmos
saiais	saísseis	sairdes
saiam	saíssem	saírem

IMPERATIVO

afirmativo	negativo
—	—
sai (tu)	não saias (tu)
saia (você)	não saia (você)
saiamos (nós)	não saiamos (nós)
saí (vós)	não saiais (vós)
saiam (vocês)	não saiam (vocês)

FORMAS NOMINAIS

Gerúndio: saindo
Particípio: saído
Infinitivo impessoal: sair
Infinitivo pessoal: sair (eu), saíres (tu), sair (ele), sairmos (nós), sairdes (vós), saírem (eles)

Seguir

Como **seguir**, conjugam-se **conseguir**, **perseguir**, **prosseguir**, entre outros.

INDICATIVO

Presente	Pretérito imperfeito	Pretérito perfeito
sigo	seguia	segui
segues	seguias	seguiste
segue	seguia	seguiu
seguimos	seguíamos	seguimos
seguis	seguíeis	seguistes
seguem	seguiam	seguiram

Pretérito mais-que-perfeito

simples	composto
seguira	tinha (havia) seguido
seguiras	tinhas (havias) seguido
seguira	tinha (havia) seguido
seguíramos	tínhamos (havíamos) seguido
seguíreis	tínheis (havíeis) seguido
seguiram	tinham (haviam) seguido

Futuro do presente	Futuro do pretérito
seguirei	seguiria
seguirás	seguirias
seguirá	seguiria
seguiremos	seguiríamos
seguireis	seguiríeis
seguirão	seguiriam

SUBJUNTIVO

Presente (que...)	Pretérito imperfeito (se...)	Futuro (quando...)
siga	seguisse	seguir
sigas	seguisses	seguires
siga	seguisse	seguir
sigamos	seguíssemos	seguirmos
sigais	seguísseis	seguirdes
sigam	seguissem	seguirem

IMPERATIVO

afirmativo	negativo
—	—
segue (tu)	não sigas (tu)
siga (você)	não siga (você)
sigamos (nós)	não sigamos (nós)
segui (vós)	não sigais (vós)
sigam (vocês)	não sigam (vocês)

FORMAS NOMINAIS

Gerúndio: seguindo
Particípio: seguido
Infinitivo impessoal: seguir
Infinitivo pessoal: seguir (eu), seguires (tu), seguir (ele), seguirmos (nós), seguirdes (vós), seguirem (eles)

Sentir

Como **sentir**, conjugam-se **consentir**, **desmentir**, **mentir**, **pressentir**, entre outros.

INDICATIVO

Presente	Pretérito imperfeito	Pretérito perfeito
sinto	sentia	senti
sentes	sentias	sentiste
sente	sentia	sentiu
sentimos	sentíamos	sentimos
sentis	sentíeis	sentistes
sentem	sentiam	sentiram

Pretérito mais-que-perfeito

simples	composto
sentira	tinha (havia) sentido
sentiras	tinhas (havias) sentido
sentira	tinha (havia) sentido
sentíramos	tínhamos (havíamos) sentido
sentíreis	tínheis (havíeis) sentido
sentiram	tinham (haviam) sentido

Futuro do presente	Futuro do pretérito
sentirei	sentiria
sentirás	sentirias
sentirá	sentiria
sentiremos	sentiríamos
sentireis	sentiríeis
sentirão	sentiriam

SUBJUNTIVO

Presente (que...)	Pretérito imperfeito (se...)	Futuro (quando...)
sinta	sentisse	sentir
sintas	sentisses	sentires
sinta	sentisse	sentir
sintamos	sentíssemos	sentirmos
sintais	sentísseis	sentirdes
sintam	sentissem	sentirem

IMPERATIVO

afirmativo	negativo
—	—
sente (tu)	não sintas (tu)
sinta (você)	não sinta (você)
sintamos (nós)	não sintamos (nós)
senti (vós)	não sintais (vós)
sintam (vocês)	não sintam (vocês)

FORMAS NOMINAIS

Gerúndio: sentindo
Particípio: sentido
Infinitivo impessoal: sentir
Infinitivo pessoal: sentir (eu), sentires (tu), sentir (ele), sentirmos (nós), sentirdes (vós), sentirem (eles)

Ser

INDICATIVO

Presente	Pretérito imperfeito	Pretérito perfeito
sou	era	fui
és	eras	foste
é	era	foi
somos	éramos	fomos
sois	éreis	fostes
são	eram	foram

Pretérito mais-que-perfeito

simples	composto
fora	tinha (havia) sido
foras	tinhas (havias) sido
fora	tinha (havia) sido
fôramos	tínhamos (havíamos) sido
fôreis	tínheis (havíeis) sido
foram	tinham (haviam) sido

Futuro do presente	Futuro do pretérito
serei	seria
serás	serias
será	seria
seremos	seríamos
sereis	seríeis
serão	seriam

SUBJUNTIVO

Presente (que...)	Pretérito imperfeito (se...)	Futuro (quando...)
seja	fosse	for
sejas	fosses	fores
seja	fosse	for
sejamos	fôssemos	formos
sejais	fôsseis	fordes
sejam	fossem	forem

IMPERATIVO

afirmativo	negativo
—	—
sê (tu)	não sejas (tu)
seja (você)	não seja (você)
sejamos (nós)	não sejamos (nós)
sede (vós)	não sejais (vós)
sejam (vocês)	não sejam (vocês)

FORMAS NOMINAIS

Gerúndio: sendo
Particípio: sido
Infinitivo impessoal: ser
Infinitivo pessoal: ser (eu), seres (tu), ser (ele), sermos (nós), serdes (vós), serem (eles)

Subir

Como **subir**, conjugam-se **acudir**, **consumir**, **sacudir**, entre outros.

INDICATIVO

Presente	Pretérito imperfeito	Pretérito perfeito
subo	subia	subi
sobes	subias	subiste
sobe	subia	subiu
subimos	subíamos	subimos
subis	subíeis	subistes
sobem	subiam	subiram

Pretérito mais-que-perfeito

simples	composto
subira	tinha (havia) subido
subiras	tinhas (havias) subido
subira	tinha (havia) subido
subíramos	tínhamos (havíamos) subido
subíreis	tínheis (havíeis) subido
subiram	tinham (haviam) subido

Futuro do presente	Futuro do pretérito
subirei	subiria
subirás	subirias
subirá	subiria
subiremos	subiríamos
subireis	subiríeis
subirão	subiriam

SUBJUNTIVO

Presente (que...)	Pretérito imperfeito (se...)	Futuro (quando...)
suba	subisse	subir
subas	subisses	subires
suba	subisse	subir
subamos	subíssemos	subirmos
subais	subísseis	subirdes
subam	subissem	subirem

IMPERATIVO

afirmativo	negativo
—	—
sobe (tu)	não subas (tu)
suba (você)	não suba (você)
subamos (nós)	não subamos (nós)
subi (vós)	não subais (vós)
subam (vocês)	não subam (vocês)

FORMAS NOMINAIS

Gerúndio: subindo
Particípio: subido
Infinitivo impessoal: subir
Infinitivo pessoal: subir (eu), subires (tu), subir (ele), subirmos (nós), subirdes (vós), subirem (eles)

Ter

Como **ter**, conjugam-se **conter**, **deter**, **entreter**, **manter**, entre outros.

INDICATIVO

Presente	Pretérito imperfeito	Pretérito perfeito
tenho	tinha	tive
tens	tinhas	tiveste
tem	tinha	teve
temos	tínhamos	tivemos
tendes	tínheis	tivestes
têm	tinham	tiveram

Pretérito mais-que-perfeito

simples	composto
tivera	tinha (havia) tido
tiveras	tinhas (havias) tido
tivera	tinha (havia) tido
tivéramos	tínhamos (havíamos) tido
tivéreis	tínheis (havíeis) tido
tiveram	tinham (haviam) tido

Futuro do presente	Futuro do pretérito
terei	teria
terás	terias
terá	teria
teremos	teríamos
tereis	teríeis
terão	teriam

SUBJUNTIVO

Presente (que...)	Pretérito imperfeito (se...)	Futuro (quando...)
tenha	tivesse	tiver
tenhas	tivesses	tiveres
tenha	tivesse	tiver
tenhamos	tivéssemos	tivermos
tenhais	tivésseis	tiverdes
tenham	tivessem	tiverem

IMPERATIVO

afirmativo	negativo
—	—
tem (tu)	não tenhas (tu)
tenha (você)	não tenha (você)
tenhamos (nós)	não tenhamos (nós)
tende (vós)	não tenhais (vós)
tenham (vocês)	não tenham (vocês)

FORMAS NOMINAIS

Gerúndio: tendo
Particípio: tido
Infinitivo impessoal: ter
Infinitivo pessoal: ter (eu), teres (tu), ter (ele), termos (nós), terdes (vós), terem (eles)

Trazer

INDICATIVO

Presente	Pretérito imperfeito	Pretérito perfeito
trago	trazia	trouxe
trazes	trazias	trouxeste
traz	trazia	trouxe
trazemos	trazíamos	trouxemos
trazeis	trazíeis	trouxestes
trazem	traziam	trouxeram

Pretérito mais-que-perfeito

simples	composto
trouxera	tinha (havia) trazido
trouxeras	tinhas (havias) trazido
trouxera	tinha (havia) trazido
trouxéramos	tínhamos (havíamos) trazido
trouxéreis	tínheis (havíeis) trazido
trouxeram	tinham (haviam) trazido

Futuro do presente	Futuro do pretérito
trarei	traria
trarás	trarias
trará	traria
traremos	traríamos
trareis	traríeis
trarão	trariam

SUBJUNTIVO

Presente (que...)	Pretérito imperfeito (se...)	Futuro (quando...)
traga	trouxesse	trouxer
tragas	trouxesses	trouxeres
traga	trouxesse	trouxer
tragamos	trouxéssemos	trouxermos
tragais	trouxésseis	trouxerdes
tragam	trouxessem	trouxerem

IMPERATIVO

afirmativo	negativo
—	—
traz / traze (tu)*	não tragas (tu)
traga (você)	não traga (você)
tragamos (nós)	não tragamos (nós)
trazei (vós)	não tragais (vós)
tragam (vocês)	não tragam (vocês)

FORMAS NOMINAIS

Gerúndio: trazendo
Particípio: trazido
Infinitivo impessoal: trazer
Infinitivo pessoal: trazer (eu), trazeres (tu), trazer (ele), trazermos (nós), trazerdes (vós), trazerem (eles)

* A forma **traz** é mais usual.

Valer

Como **valer**, conjuga-se **equivaler**.

INDICATIVO

Presente	Pretérito imperfeito	Pretérito perfeito
valho	valia	vali
vales	valias	valeste
vale	valia	valeu
valemos	valíamos	valemos
valeis	valíeis	valestes
valem	valiam	valeram

Pretérito mais-que-perfeito

simples	composto
valera	tinha (havia) valido
valeras	tinhas (havias) valido
valera	tinha (havia) valido
valêramos	tínhamos (havíamos) valido
valêreis	tínheis (havíeis) valido
valeram	tinham (haviam) valido

Futuro do presente	Futuro do pretérito
valerei	valeria
valerás	valerias
valerá	valeria
valeremos	valeríamos
valereis	valeríeis
valerão	valeriam

SUBJUNTIVO

Presente (que...)	Pretérito imperfeito (se...)	Futuro (quando...)
valha	valesse	valer
valhas	valesses	valeres
valha	valesse	valer
valhamos	valêssemos	valermos
valhais	valêsseis	valerdes
valham	valessem	valerem

IMPERATIVO

afirmativo	negativo
—	—
vale (tu)	não valhas (tu)
valha (você)	não valha (você)
valhamos (nós)	não valhamos (nós)
valei (vós)	não valhais (vós)
valham (vocês)	não valham (vocês)

FORMAS NOMINAIS

Gerúndio: valendo
Particípio: valido
Infinitivo impessoal: valer
Infinitivo pessoal: valer (eu), valeres (tu), valer (ele), valermos (nós), valerdes (vós), valerem (eles)

Vender

Este verbo pode servir de modelo para os verbos regulares da 2ª conjugação.

INDICATIVO

Presente	Pretérito imperfeito	Pretérito perfeito
vendo	vendia	vendi
vendes	vendias	vendeste
vende	vendia	vendeu
vendemos	vendíamos	vendemos
vendeis	vendíeis	vendestes
vendem	vendiam	venderam

Pretérito mais-que-perfeito

simples	composto
vendera	tinha (havia) vendido
venderas	tinhas (havias) vendido
vendera	tinha (havia) vendido
vendêramos	tínhamos (havíamos) vendido
vendêreis	tínheis (havíeis) vendido
venderam	tinham (haviam) vendido

Futuro do presente	Futuro do pretérito
venderei	venderia
venderás	venderias
venderá	venderia
venderemos	venderíamos
vendereis	venderíeis
venderão	venderiam

SUBJUNTIVO

Presente (que...)	Pretérito imperfeito (se...)	Futuro (quando...)
venda	vendesse	vender
vendas	vendesses	venderes
venda	vendesse	vender
vendamos	vendêssemos	vendermos
vendais	vendêsseis	venderdes
vendam	vendessem	venderem

IMPERATIVO

afirmativo	negativo
—	—
vende (tu)	não vendas (tu)
venda (você)	não venda (você)
vendamos (nós)	não vendamos (nós)
vendei (vós)	não vendais (vós)
vendam (vocês)	não vendam (vocês)

FORMAS NOMINAIS

Gerúndio: vendendo
Particípio: vendido
Infinitivo impessoal: vender
Infinitivo pessoal: vender (eu), venderes (tu), vender (ele), vendermos (nós), venderdes (vós), venderem (eles)

Ver

Como **ver**, conjugam-se **antever**, **prever**, **rever**, entre outros.

INDICATIVO

Presente	Pretérito imperfeito	Pretérito perfeito
vejo	via	vi
vês	vias	viste
vê	via	viu
vemos	víamos	vimos
vedes	víeis	vistes
veem	viam	viram

Pretérito mais-que-perfeito

simples	composto
vira	tinha (havia) visto
viras	tinhas (havias) visto
vira	tinha (havia) visto
víramos	tínhamos (havíamos) visto
víreis	tínheis (havíeis) visto
viram	tinham (haviam) visto

Futuro do presente	Futuro do pretérito
verei	veria
verás	verias
verá	veria
veremos	veríamos
vereis	veríeis
verão	veriam

SUBJUNTIVO

Presente (que...)	Pretérito imperfeito (se...)	Futuro (quando...)
veja	visse	vir
vejas	visses	vires
veja	visse	vir
vejamos	víssemos	virmos
vejais	vísseis	virdes
vejam	vissem	virem

IMPERATIVO

afirmativo	negativo
—	—
vê (tu)	não vejas (tu)
veja (você)	não veja (você)
vejamos (nós)	não vejamos (nós)
vede (vós)	não vejais (vós)
vejam (vocês)	não vejam (vocês)

FORMAS NOMINAIS

Gerúndio: vendo
Particípio: visto
Infinitivo impessoal: ver
Infinitivo pessoal: ver (eu), veres (tu), ver (ele), vermos (nós), verdes (vós), verem (eles)

Vir

Como **vir**, conjugam-se **convir**, **intervir**, entre outros. Os derivados de **vir** levam acento agudo na 2ª e na 3ª pessoa do singular do presente do indicativo.

INDICATIVO

Presente	Pretérito imperfeito	Pretérito perfeito
venho	vinha	vim
vens	vinhas	vieste
vem	vinha	veio
vimos	vínhamos	viemos
vindes	vínheis	viestes
vêm	vinham	vieram

Pretérito mais-que-perfeito

simples	composto
viera	tinha (havia) vindo
vieras	tinhas (havias) vindo
viera	tinha (havia) vindo
viéramos	tínhamos (havíamos) vindo
viéreis	tínheis (havíeis) vindo
vieram	tinham (haviam) vindo

Futuro do presente	Futuro do pretérito
virei	viria
virás	virias
virá	viria
viremos	viríamos
vireis	viríeis
virão	viriam

SUBJUNTIVO

Presente (que...)	Pretérito imperfeito (se...)	Futuro (quando...)
venha	viesse	vier
venhas	viesses	vieres
venha	viesse	vier
venhamos	viéssemos	viermos
venhais	viésseis	vierdes
venham	viessem	vierem

IMPERATIVO

afirmativo	negativo
—	—
vem (tu)	não venhas (tu)
venha (você)	não venha (você)
venhamos (nós)	não venhamos (nós)
vinde (vós)	não venhais (vós)
venham (vocês)	não venham (vocês)

FORMAS NOMINAIS

Gerúndio: vindo
Particípio: vindo
Infinitivo impessoal: vir
Infinitivo pessoal: vir (eu), vires (tu), vir (ele), virmos (nós), virdes (vós), virem (eles)

Voar

Como **voar**, conjugam-se **abençoar**, **abotoar**, **doar**, **magoar**, **perdoar**, **soar**, entre outros.

INDICATIVO

Presente	Pretérito imperfeito	Pretérito perfeito
voo	voava	voei
voas	voavas	voaste
voa	voava	voou
voamos	voávamos	voamos
voais	voáveis	voastes
voam	voavam	voaram

Pretérito mais-que-perfeito

simples	composto
voara	tinha (havia) voado
voaras	tinhas (havias) voado
voara	tinha (havia) voado
voáramos	tínhamos (havíamos) voado
voáreis	tínheis (havíeis) voado
voaram	tinham (haviam) voado

Futuro do presente	Futuro do pretérito
voarei	voaria
voarás	voarias
voará	voaria
voaremos	voaríamos
voareis	voaríeis
voarão	voariam

SUBJUNTIVO

Presente (que...)	Pretérito imperfeito (se...)	Futuro (quando...)
voe	voasse	voar
voes	voasses	voares
voe	voasse	voar
voemos	voássemos	voarmos
voeis	voásseis	voardes
voem	voassem	voarem

IMPERATIVO

afirmativo	negativo
—	—
voa (tu)	não voes (tu)
voe (você)	não voe (você)
voemos (nós)	não voemos (nós)
voai (vós)	não voeis (vós)
voem (vocês)	não voem (vocês)

FORMAS NOMINAIS

Gerúndio: voando
Particípio: voado
Infinitivo impessoal: voar
Infinitivo pessoal: voar (eu), voares (tu), voar (ele), voarmos (nós), voardes (vós), voarem (eles)

Conheça mais estas obras de DOUGLAS TUFANO

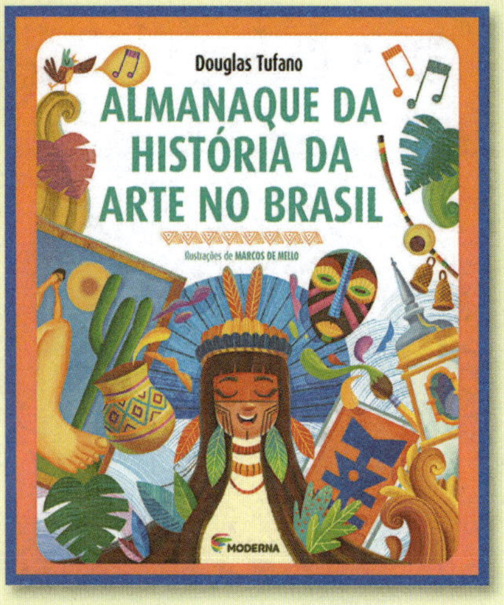

Arte brasileira das origens até hoje.

Almanaque ilustrado da arte renascentista.

Origem e desenvolvimento do português.

Histórias para discutir ética e comportamento.